李朝霞 等著

本书主要研究了以下几个方面的问题：中国应该建立一个什么样的银行卡产业监
管制度？国际银行卡产业监管动态中最有影响力的监管举措有哪些？国际上对银行卡
产业反垄断和公共政策讨论的焦点问题集中在哪些方面？这些国际经验对中国又有哪
些启示？与其他有关国家和地区的银行卡产业相比，中国的银行卡产业发展有哪些特
点、存在哪些问题、应如何改进等？

ZHONGGUO YINHANGKA CHANYE
JIANGUAN YU DINGJIA YANJIU

中国银行卡产业
监管与定价研究

中国社会科学出版社

图书在版编目（CIP）数据

中国银行卡产业监管与定价研究/李朝霞等著．—北京：中国社会科学出版社，2009.6

ISBN 978 - 7 - 5004 - 7880 - 5

Ⅰ．中…　Ⅱ．李…　Ⅲ．信用卡—银行业务—研究—中国

Ⅳ．F832.2

中国版本图书馆 CIP 数据核字（2009）第 096958 号

策划编辑　卢小生（E - mail：georgelu@ vip. sina. com）
责任编辑　卢小生
责任校对　郭　娟
封面设计　杨　蕾
技术编辑　李　建

出版发行　中国社会科学出版社
社　　址　北京鼓楼西大街甲 158 号　　　　邮　编　100720
电　　话　010 - 84029450（邮购）
网　　址　http：//www. csspw. cn
经　　销　新华书店
印　　刷　北京新魏印刷厂　　　　　　　　装　订　丰华装订厂
版　　次　2009 年 6 月第 1 版　　　　　　印　次　2009 年 6 月第 1 次印刷
开　　本　710×1000　1/16　　　　　　　 插　页　2
印　　张　18.5　　　　　　　　　　　　　印　数　1—6000 册
字　　数　298 千字
定　　价　38.00 元

前　　言

　　近几年来，随着商业银行对零售银行业务重视程度的不断提高等，中国银行卡业务快速增长。据中国人民银行统计，截至 2007 年年底，全国银行卡发卡总量 149995.06 万张，同比增长 32.63%。其中，借记卡 140968.78 万张，同比增长 30.36%；贷记卡 7161.53 万张，同比增长 144.08%；准贷记卡 1864.75 万张，同比减少 7.9%。银行卡消费额（扣除房地产和批发类交易）占同期社会商品零售总额的比重为 21.9%，比上年提高 4.9 个百分点；转账 189637.01 万笔，金额 429030.88 亿元，同比分别增长 19.49% 和 103.19%。同时，进入 21 世纪后，我国的 ATM 数量以每年超过 20% 的速度增长，到 2007 年年底，我国 ATM 保有量迅速上升到约 13.8 万台，其中银联联网 ATM 约 12.3 万台。目前，我国 ATM 市场规模全球排名第四，仅次于美国、日本和巴西。如果我国 ATM 继续保持这样的增长速度，预计到 2011 年，我国 ATM 市场规模将会突破 20 万台。

　　由于相对陈旧的业务监管制度不能满足银行卡产业的快速发展的需求，最近几年来，中国银行卡产业"事件"不断，先是有所谓的"银商之争"；再有银行卡 ATM 跨行查询收费的推出，人大代表提议取消，持卡人向法院提起诉讼，到最终由银行业协会通知停止收取这项费用；以及从 2006 年 6 月开始，到 2007 年中又再次升温的关于"双币卡"问题的争论。这些事件已经引起了国家发改委、中国人民银行和中国银监会等相关部门的重视，有关监管制度也正在酝酿之中。

　　从国际视角来看，业界瞩目的美国沃尔玛案件在 2003 年达成庭外和解后，国际银行卡产业的争论和反垄断案件并未平静。相反，直接或间接地源于该案件的启示，新一轮的反垄断诉讼或公共政策监管仍风起云涌，特别是欧盟地区为建立统一欧元支付区（SEPA）而推出的一系列对银行卡产业的调查报告和监管措施以及澳大利亚自 2003 年以来的银行卡产业监管改革措施，引起了国际银行卡界的广泛关注和讨论，这也增加了各国银行卡产业公共政策变化的可能性以及该行业价格及盈利变化趋势的不确定性。

在以上背景下，人们不禁要问的主要问题包括：中国应该建立什么样的银行卡产业监管制度？国际银行卡产业监管动态中最有影响力的监管举措有哪些？国际上对银行卡产业反垄断和公共政策讨论的焦点问题集中在哪些方面？这些国际经验对中国又有哪些启示？与其他有关国家和地区的银行卡产业相比，中国的产业发展有哪些特点、存在哪些问题、应如何改进等？

本书正是围绕以上问题展开研究的。我们的目标是：在现有文献基础上，建立一个银行卡产业监管和定价问题研究框架，并在这个框架下对国际经验和中国现状展开研究；最后，根据现有理论和国际经验以及中国的产业发展特点，提出中国银行卡产业改革的有关建议。

本书内容分为五篇。第一篇是理论基础篇，共包括五章内容：第一章介绍银行卡产业特征和主要研究领域；第二、三、四章分别从银行卡交换费理论、平台竞争条件下银行卡定价理论和最优定价理论；第五章试图建立银行卡产业监管政策分析的理论框架。

第二篇重点研究银行卡产业监管政策的国际经验，共包括三章内容：第六章在分析和梳理国际银行卡产业监管框架和政策演变情况基础上，重点对国际银行卡产业监管政策趋势进行了分析；第七章则着重于最新现状，分析了国际银行卡产业监管动态及其影响；第八章从一些国家的金融监管体制比较的角度，分析总结这些国家在银行业监管框架下对银行卡产业监管的职能配置。

第三篇探讨中国银行卡产业监管的政策框架。该篇共包括三章，内容安排如下：第九章从政府监管的基本概念出发，首先讨论银行卡产业监管的主要问题，其次论述银行卡产业监管的目标，并根据这些目标，就解决上述监管的主要问题需要纳入政府监管的重点内容进行分析。第十章讨论银行卡产业监管体制。监管体制是监管制度的核心问题，也是我国银行卡监管改革的关键。第十一章在深入分析我国产业发展现状的基础上，重点讨论中国银行卡产业的监管问题，并提出相应的政策建议。

第四篇银行卡产业定价研究。包括三章内容：第十二章总结梳理国际银行卡业务定价的主要经验，并对总体价格变化趋势进行分析；第十三章和第十四章分别就中国银行卡 POS 和 ATM 业务定价问题进行研究，并提出了研究结论和相关政策建议。

第五篇互联网支付研究，包括两章内容：第十五章重点分析银行卡互联网支付的商业模式和产业链；第十六章研究银行卡互联网支付定价问题。

本书主要有两大特点和三个方面的研究创建。第一个特点是：从问题角度，在一系列相互交错的复杂现实问题中，始终围绕产业监管和产业定价问题展开讨论；第二个特点是：对监管和定价的研究，都采用了“建立理论框架—总结主要国际经验—研究中国产业特点和现状—得出对中国产业有关改革的建议”的研究路径。

本书的研究创建，一是体现在对银行卡产业监管理论框架的建立上。我们首次试图将金融监管和一般产业监管纳入一个统一的分析框架下，研究了这两者之间的区别与联系，并根据这个分析框架指出了银行卡产业监管政策建立需要考虑的主要问题。二是体现在对国际银行卡产业监管和定价问题的密切跟踪和详细分析上。我们不仅从主要事件，而且从监管制度框架演变的角度梳理了主要的银行卡产业国际监管经验；还从平台企业的角度，梳理和总结了两大国际品牌平台企业——维萨和万事达在各国和地区银行卡定价较详细的最新经验。不仅如此，我们分别就国际最新监管动态和两大品牌企业定价的新鲜经验，对银行卡产业发展趋势的影响进行了分析，并得出了一些重要结论。三是体现在对中国银行卡产业现实问题的分析判断和与国际经验的比较分析上。正是在实证调研和与国际比较分析的基础上，我们运用现有理论，并有针对性地提出了中国银行卡产业监管和定价改革的一些建议。

当然，我们建立的银行卡产业监管政策研究理论框架还有待进一步深化，国际经验的研究也还有很多细化的空间，而相对于产业界分析人士而言，对中国现实问题的分析也可能并不全面，对这些问题的进一步分析，需要我们在今后的研究中，加大现实问题调研力度。另外，还有许多相关的问题有待进一步研究，比如，随着中国《反垄断法》的实施，关于如何做好反垄断执法机构和产业部门监管机构之间的分工协作的探讨，这不仅对于银行卡产业监管有重要意义，而且对电信等基础设施产业的监管也非常重要。还有，由于作为发卡和收单机构的商业银行与商家的战略合作，在一些情况下使消费者陷于更加不利的地位，那么，建立什么样的监管制度能够保护消费者利益等具体问题也尚需深入研究。

如果本书的研究能在这些方面引起进一步讨论或不断引发新的研究，也是对本书研究艰辛付出的最好回报，我们将因此深感欣慰。

本书是在中国社会科学院银行卡产业研究中心三年多研究成果的基础上、研究中心主任张昕竹教授主持、指导下完成的，而且，一些研究也是在张昕竹教授更早研究的基础上推进的，尤其其中的一些创新直接源于张教授的一些思考和与他的讨论。可以说，没有张教授的引导、组织和直接参与，一定没有目前呈现在读者面前的研究成果。对此，我们对张教授深表感激！也祝愿张教授在他今后的学术生涯中，继续取得辉煌成就！

本书第二章由张昕竹教授完成；第三章由董维刚、张昕竹完成；胡洁博士提供了第四、十三、十四、十五、十六章的初稿、第一、五、六、七、八、九、十、十一、十二章由李朝霞完成。李朝霞具体完成了全书的框架安排和整理编辑工作。另外，本书的研究过程中，中国银联的林采宜博士、刘剑先生也提供过意见，作者在此对他们表示感谢。

目　　录

第二篇　银行卡产业监管政策的国际经验

第三篇　银行卡产业监管的政策框架

第四篇　银行卡产业定价研究

第五篇 互联网支付研究

第一篇 银行卡产业——理论基础

作为零售银行业务与现代网络通信技术相结合的产品，银行卡从其诞生之日起，就既不是一种简单的金融产品，更不只是信息技术的创新应用。传统上，银行卡产业链主要由从事银行卡发行的发卡机构、为银行卡受理商户进行账户管理的收单机构，从事跨行信息转接服务的平台型企业，以及银行卡的两端用户——持卡人和商户组成。

从产业组织的角度，现代银行卡理论认为，由以上产业链组成的银行卡产业，是一个典型的双边市场。通俗地说，银行卡市场是由平台企业这样的交易网络平台，通过直接联系发卡和收单机构，以及适当的定价，使持卡人和银行卡受理商户形成互动。可以说，双边市场理论至少部分地解释了现有的银行卡产业组织模式，从而也成为银行卡理论研究的重要出发点。

一方面由于现实中平台企业的业务组织模式，另一方面由于双边市场理论框架下平台企业在产业链中作用的特殊性，平台对其服务对象的定价以及监管机构对平台企业的监管，已成为银行卡产业研究的两大核心问题。国际银行卡产业平台企业的例子是两大著名银行卡品牌经营商——维萨（Visa）和万事达（Master Card）。中国银联是中国银行卡传统支付市场的平台企业。

为了深入研究银行卡产业中平台企业的定价，并从公共政策角度探讨银行卡产业的监管，本篇首先从银行卡产业特征入手，提出该产业需要重点研究的问题。其次对交换费理论以及平台竞争条件下交换费确定的有关现有研究进行了综述，并得出了一些重要结论。

第一章　银行卡产业特征及主要研究领域

近年来，随着银行卡持卡人数量和刷卡交易额在零售支付体系中的份额不断增长，对银行卡支付服务产业开始引起各国和地区政府及学术界的关注。

第一节　典型的银行卡业务

为了对银行卡产业有一个概括性了解，并更好地将理论与实际相结合，本节首先重点介绍两类典型的银行卡业务——POS 交易和 ATM 交易，并分别对这两种交易的网络构成和产业链参与主体进行概括性介绍，使我们能从纷繁复杂的产业现实中了解最为重要的银行卡产业轮廓。

一、POS 交易业务

（一）POS 业务的含义

POS 业务是由持卡人在商户（或其他机构收银柜台上的）销售终端机上刷卡消费所启动的银行卡交易。这里的银行卡主要包括借记卡和信用卡。当然，利用 POS 终端支付消费的另一种重要载体是储值卡，由于这类支付卡的交易流程与前两者不同，不是一般银行卡产业研究的重点，也不在本书研究范围之内。

（二）业务主体

银行卡 POS 业务的主要参与者包括：持卡人、安装有 POS 机的商户、发卡机构、收单机构（为商户提供账户管理的机构）以及在发卡和收单不是同一家机构情况下，提供网络信息或称为跨行信息转接服务的网络平台企业。这里需要说明的是，由于国际两大著名银行卡网络平台维萨和万事达在 2006 年之前均为非营利性会员组织，其会员主要由从事发卡和收单的商业银行构成，因此，传统上一般将其称为银行卡组织。但由于种种原因，美国的万事达和维萨通过改制先后于 2006 年和 2008 年成为上市公司，因此，我们认为称其为平台型企业更为合适。

另外，在 POS 交易中，当发卡和收单为同一家银行时，不需要跨行信息转接，这类交易为该机构的自主交易。直接与银行清算系统相联结的 POS 自主交易，不涉及提供跨行信息转接服务的平台企业，我们的研究也基本不涉及此类业务。

（三）开放式银行卡网络业务流程

对于银行卡 POS 业务，本书的重点是研究需要开放式平台企业提供信息转接服务的业务。开放式银行卡系统的例子是以国际著名银行卡网络维萨、万事达和中国的中国银联为信息转接平台企业的系统，系统内的各参与方之间由一系列复杂的电信及数据传输网络相互联结。图 1.1 是开放式系统 POS 交易支付简图。

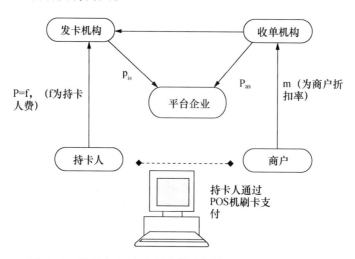

图 1-1 银行卡 POS 交易支付流程简图（开放式卡系统）

注：（1）P_{as} 和 P_{is} 分别为收单机构和发卡机构支付平台企业的转接费；
（2）转接费和交换费支付均来自商户支付的费用即商户折扣率 m。

图 1-1 中箭头指向代表交易中的支付流向，持卡人通过在商户收银台 POS 机上刷卡，向商户支付购物款项，为商户提供账户管理服务的银行——收单机构通过平台企业向该持卡人的银行——发卡机构发出信息，要求发卡

机构从持卡人账户上支取购物款。在这个过程中，收单机构在货款支付给商户之前，从中扣取一个商户费用——通常称为商户扣率（m），该扣率的一部分作为收单服务费用由收单机构留取，其余部分由收单机构转交给发卡机构，这部分费用被称为交换费。此外，发卡机构和收单机构分别支付信息转接服务费用给平台企业，即转接费；发卡人向发卡机构支付年费等。

从上述网络构成和业务流程来看，提供跨行信息转接服务的平台企业是银行卡跨行 POS 交易业务网络中的核心环节，平台企业通过联结不同的服务机构，将这些机构与持卡人和商户联系起来，使银行卡跨行业务市场得以形成。在后面的分析中我们将看到，这类企业的定价、及与定价相关的一些规则是银行卡批发定价需要重点关注的方面。

与开放式系统相对应的是，以美国运通、日本 JCB 等传统上的业务组织方式为代表的独立式系统，也称为封闭式系统，该系统的发卡、收单和信息清算都在系统内部完成。

二、ATM 交易

（一）ATM 业务的含义

ATM 业务是指持卡人通过在银行网点或商场等其他地方布放的自动取款机上刷卡，以提取现金、进行转账或账户信息查询等业务。

在经济学意义上，尽管 ATM 可能具有多种功能，但 ATM 本身并不是一种支付手段，而只是提供取代人工服务的一种接入银行账户的方式，以此取得现金或进行其他相关交易活动，换句话说，ATM 网络的作用是对现有银行网点的一种替代，是对成本更加昂贵的柜台服务的替代。对于金融机构来讲，ATM 网络可以节约业务成本；对于持卡人来讲，ATM 业务提供的是一种便利。因此，ATM 服务已经成为银行差异化服务的重要手段。

（二）参与主体

一般而言，ATM 网络的参与主体主要有：ATM 收单机构、持卡人、发卡机构和 ATM 网络组织等。与 POS 交易中平台企业的功能相类似，ATM 网络组织一般具备两个主要功能：（1）转接传送交易信息，并进行交易清算；（2）设置网络标识，制定网络规则，并维护和争取更多的持卡人和 ATM 机使用网络。这种网络服务机构也是一种平台型企业。

在成熟的 ATM 网络市场上，随着 ATM 市场利益机制的完善和专业化分工的深化，第三方专业化服务渗透到了 ATM 网络的各个方面，比如出现了非银行 ATM 出机机构、独立销售商（ISO）、ATM 处理商和提供机具维护服务的 ATM 专业化服务机构等。

ATM 第三方处理商提供交易处理系统活动中的多种服务，包括交易发起，交易信息的传递、交易信息的清分和整合、资金流的传送。具体可分为三类：一是交易处理，指交易路径选择和路由确认，并把信息传送到相关的机构；二是数据处理，包括打单、轧账和清算；三是维护服务，包括 ATM 机的驱动、通信连接装置和机具代理加钞等服务。

ATM 独立销售商拥有 ATM，租赁 ATM，直接销售 ATM，并运营属于他们的 ATM。他们的主要业务就是管理他们拥有和代理的 ATM。他们作为商户和小型金融机构的代表与交易处理商签订合约，进行 ATM 的驱动和交易处理；从事 ATM 维护、装钞及空白凭条，或再次将业务外包。近年来，银行营业网点外 ATM 的增加，促使了 ATM 独立销售商的快速发展，因为独立销售商能提供价格较低的运营服务。营业网点外 ATM 的增加也促使了独立销售商之间的并购。

目前，中国 ATM 产业的主要参与者有发卡行、收单行、持卡人和银联（ATM 网络组织），尚未出现非银行收单机构和发卡机构以及第三方专业化的 ATM 处理商。目前中国业已存在提供机维护服务的 ATM 专业化服务机构。

（三）交易类型及商业模式

根据交易流程和信息路径，可以把 ATM 交易分为行内交易、网络内跨行交易和双向互惠交易三个层次。行内交易是指持卡人在发卡行布放的 ATM 上交易。由于整个交易只需经过发卡行系统，没有必要经过网络转接，因此不存在交换费和转接费的问题，也不属于本书研究的内容。网络内跨行交易是指持卡人在该网络的另一个成员布放的 ATM 上交易，整个交易只需经由一个网络进行转接。双向交易是指持卡人使用另一个网络的成员机构布放的 ATM 进行的交易，通常通过两个网络进行转接完成交易，这两个网络间已签有双向协议，该协议保证双方网络在受理另一网络的卡交易时进行信息交换。网络内跨行交易和双向交易都属于跨行交易，只要是跨行交易就需要通过网络进行转接，因而涉及发卡机构、受理方及网络组织之间的利益分配。ATM 交易通过交换费和转接费机制来平衡各方利益，顺利完成一项交易。

（四）业务流程

在 ATM 跨行交易过程中，持卡人在非发卡银行提供的 ATM 上发起交易，持卡人需向发卡银行支付跨行费，向 ATM 所有者支付额外费。两笔费用都直接从持卡人账户借记；发卡行需向 ATM 机所有者支付一笔交换费作为对使用其 ATM 损耗的补偿；同时向网络运营商支付转接费以补偿其提供转接服务所发生的成本。ATM 出机方根据其获得的服务，向第三方交易处理商支付终端驱动费和交易路由费，发卡行则向第三方交易处理商支付授权服务费。

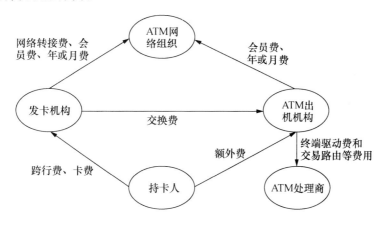

图 1-2　ATM 交易及收费流程

第二节　银行卡产业基本经济特征

一、一般经济特征

现实的企业生产过程中，一些产品有时随产量的增加其平均成本下降，也就是规模收益递增。此外，若将某些产同时组织生产，这些产品的平均成本也可能在一定区间内下降。提供银行卡支付服务的网络平台企业，其生产同时具有这两种特征，即规模收益和范围收益特征。

（一）规模收益

规模收益是指随着某种产品生产规模或者是产出的增加，由于固定成本被摊薄，单位产品的平均成本降低。就银行卡产业而言，随着平台企业提供的信息转接服务量上升，单笔业务的平均成本降低。由于银行卡平台企业信息网络建设需要投入大量的固定成本，因此随着交易量的增加，单笔业务的固定成本迅速降低，其规模效益显著。

（二）范围收益

规模经济是就厂商提供单一产品或服务而言的，而现实中的大多数企业并非仅仅生产一种产品或提供一种服务，银行卡产业中的平台企业也不例外。比如，平台企业既提供 POS 交易转接服务，也同时提供 ATM 业务转接服务。银行卡平台服务产业的范围收益，是指随着服务业务种类的增加，这些业务的共同成本被进一步摊薄。相对于单独提供其中某类服务而言，企业若同时提供多类服务业务，各类业务的单位业务平均成本会进一步降低。由于规模收益和范围收益的存在，银行卡产业平台企业需要具有一定的规模，产业集中度也因此很高。

二、双边市场

除具有一般经济学意义上的规模经济和范围经济特征外，由巴克斯特（Baxter，1983）开创的银行卡交易理论，其基础和出发点是双边市场和外部性这两个基本经济学概念。该理论后来由法国经济学家罗奇特和泰勒尔（Rochet & Tirole，2002，2004）进一步发展。国内已经有不少文献对该理论有过综述，由于本书旨在研究银行卡产业现实问题，因此我们只对书后将要用到的基本概念和理论做简单介绍。双边市场（多边市场），是指通过某个（多个）交易平台，使得终端用户形成互动，并通过适当的定价，使市场的每一端都能够参与的一类市场。也就是说，交易平台既要吸引每一端的用户，同时总体上保持盈利或者至少保持盈亏平衡。

在经济学意义上，双边市场的定义是，给定每一端市场的定价总和，如果交易平台上实现的交易与价格结构或两端的相对价格有关，这样的市场就是双边市场；反之，如果交易平台上实现的交易额只与总价格有关，而与相对价格无关，这种市场就是单边市场（Rochet & Tirole，2004）。

因为运价可以在发货人和收货人之间转嫁，所以铁路是一个典型的单边市场；同样，如果把政府看成一个消费者和商家之间的交易平台，不管市场竞争程度如何，那么增值税或销售税可以在商家和消费者之间相互转嫁；最后，如果商家可以完全转嫁用卡成本，那么银行卡支付系统就是单边市场，或者说价格结构或交换费为中性。但后边我们将会看到，由于交易成本或制度上的原因，商家用卡成本并不能完全转嫁，因此银行卡支付是一个典型的双边市场，此时交换费并不是中性的。除了银行卡支付以外，其他典型的双边市场还包括婚姻介绍所（双边市场分别为征婚男女双方）、媒体（市场双边分别为广告商和受众）、计算机操作系统（双边市场分别为用户和应用软件开发商）等。

双边市场之所以引起人们的极大关注，主要是双边市场具有非常独特的定价方式或商业模式，更确切地讲，就是在这些市场中，不同用户或者市场的每一端所承受的价格往往不平衡，在很多情形，市场中某一方承担大部分甚至全部费用。比如婚姻介绍所或舞厅对男方收费较高，甚至由男方承担全部费用；电视或报纸的成本主要由广告商承担，而观众免费观看节目；计算机操作系统主要从用户而不是向开发商收取费用等。这种定价模式与双边市场所具有的外部性密切相关。

三、网络外部性

在网络经济学中，人们通常区分两种不同的外部性。一种是网络外部性或成员外部性，而网络外部性又包括直接外部性和间接外部性。所谓直接外部性是指网络规模越大，网络的价值越大。比如，在电信网中，入网用户越多，可以通话的对象越多，因此入网带来的收益越大。但是，在银行卡产业，并不存在这种直接外部性。间接外部性是指某种产品的价值随着互补产品需求的增加而增加。在银行卡产业，因为受理银行卡的商家越多，持卡人越可以方便地进行持卡消费，因此持卡所带来的价值越大；反过来，持卡人越多，商家受理银行卡业务的价值越大。由此可见，银行卡产业存在显著的间接网络外部性。

另一种外部性为使用外部性，即市场某一边的需求决策影响另一边的成本和收益。对于持卡人来讲，当存在多种支付手段选择的时候，如果持卡人选择现金支付，商家就要承担现金管理的成本，但同时会使商家节省银行收取的银行卡支付的费用；同样，如果商家拒绝接收银行卡，那么就会迫使消费者寻找 ATM 提现，并且使消费者不能得到刷卡消费带来的某些收益。也是就说，支付系统的每一端用户的选择决策，会对另一端用户的福利产生影响，但用户在做出选择决策时，又不会考虑这种影响。

区分这些不同外部性的意义在于：首先，在产业或网络发展的不同阶段，不同外部性的重要性有所不同。在网络发展初期，由于正反馈效应，市场双边的用户只有达到临界规模，网络才能够得以生存（达到有效、稳定的网络规模），所以此时（直接或间接）网络外部性非常重要。但是在网络达到一定规模后，网络外部性就变得不那么重要了。对于使用外部性来讲，无论在网络发展的初期，还是进入成熟期以后，因为都涉及网络的有效使用问题，这种外部性的重要性一直存在。在银行卡经济学中，通常将使用外部性称为基本外部性。

其次，对于不同的外部性，需要解决的问题不同，采取的策略也必然有所不同。当存在间接网络外部性时，需要解决的问题是，设法吸引市场双方加入平台，通过吸引持卡用户和接收银行卡消费的商家，增加银行卡网络的规模；而对于使用外部性需要解决的问题是，如何促使持卡用户合理的选择支付手段，从而达到有效的银行卡交易水平。

在后面的内容中，我们将会了解到：如何将这些外部性内部化，将成为确定交换费所必须考虑的最重要因素。

第三节　银行卡 POS 交易和 ATM 交易的区别

一、网络特征不同

（一）两者支付流不同

一个典型的 ATM 网络由发卡行、收单机构、银行卡网络服务提供商以及持卡人构成，用户是持卡人。在 POS 交易时，主要参与主体是持卡人、发卡行，商户和收单行，用户是持卡人和商户。在 ATM 交易过程中，如果使用他行 ATM，持卡人可能需要支付跨行费给发卡行，持卡人可能也需要支付额外费给 ATM 出机方。发行银行支付交换费给出机方，并支付转接费给 ATM 跨行网络。在 POS 交易中，发卡行从收单行处获得交换费，并能从密码借记卡持卡人处获得密码费，商户支付给收单行商户扣率。发卡行和收单行根据路由协议支付转接费，如果交易中出现第三方服务提供商，还必须支付其相应费用。

（二）ATM 网络服务不是双边市场

尽管 ATM 系统存在直接网络外部性，但由于在 ATM 市场中只有持卡人一种用户，因此 ATM 市场不是双边市场，这是 ATM 交易区别于银行卡POS 支付交易服务的最主要区别。ATM 市场最重要的经济特征是，ATM 网络具有某些基本设施特点，比如竞争者很难重复设置这些设备，或者重复设置的成本比较高，因此 ATM 网络面临的主要问题是避免重复建设，如何解决网络之间的互联互通，或者说如何利用交换费机制，合理补偿 ATM 所有者，以便提供投资安装 ATM，建立共享网络的激励。

因此，银行卡 ATM 跨行交易定价理论与银行卡跨行支付（基于 POS）的定价理论存在着本质上的不同：前者的基础是双向接入理论，在通常情况下，最优定价采取基于成本的定价原则；而对后者，由于存在双边市场特征，最优定价取决于双边市场的发展状况，或者说并不基于成本。

二、交易需求特征不同

与 POS 交易所不同的银行卡 ATM 交易需求特征，主要体现在交换费的双向接入和转接费的单向接入两个方面。

ATM 业务是典型的网络型产业，网络效应是网络型产业的一个突出特征，网络效应的实现途径是互联互通和网络接入，一个孤立的网络是没有任何价值的。因此，双向接入（互联互通和网络接入）成了 ATM 业务发展与改革过程中不可回避的问题，正因为如此，ATM 接入价格（交换费）机制就成为 ATM 定价研究的一个重要方面。

双向接入是指两个（或多个）网络服务商分别拥有各自的瓶颈设施，需要互相接入对方的设施，实现互联互通，由此可以引发正反馈，产生网络效应，或者可以衍生新的网络服务业务。对于 ATM 业务，在竞争性用户市场的前提下，当用户和 ATM 分属不同银行而发生跨行 ATM 交易时，用户所在的银行只有向收单银行购买接入服务，才能实现跨行交易，也就是说，发卡行向收单行支付的交换费是接入价格，因此可以利用双向接入分析框架，在银行卡 ATM 交易的环境下，分析银行卡 ATM 跨行交易的均衡零售价格，在此基础上讨论最优批发价格的确定。

在研究网络接入定价的经典文献中，拉丰、雷伊和泰勒尔（Lafont, Rey & Tirole, 1998）与阿姆斯特朗和维克斯（Armstrong & Vickers, 1998）的论文被认为是奠基性文献。尽管他们是以电信业为例研究了网络接入定价问题，但正如拉丰、雷伊和泰勒尔所指出的那样，ATM 网络和电信网络具有很强的相似性。接入价格是实现有效互联互通的经济基础，因此，有些专家认为接入价格应被设计为仅仅实现有效互联互通的目标，而不能兼顾其他政策目标，为了促进有效的互联互通，接入价格的确定是政府监管和反垄断实践的关键问题。接入定价的制订必须兼顾在位者和进入者。对在位者而言，接入政策要能够激励其建造和维护基础设施的积极性；对进入者而言，接入政策要允许有效率者能够进入而将无效率者淘汰出局。从而最终导致对网络的有效使用。

所谓转接费的单向接入是从网络经济学的角度而言的，从网络经济学角度，转接费和交换费具有不同的定价原理。为了业务发展，银行必须建立与转接网络的连接。要想实现跨行交易，发卡行需要向 ATM 网络平台企业购买接入服务，这是单向接入问题。也就是说，ATM 网络平台企业拥有"瓶颈"并提供"瓶颈"服务，所以银行向用户提供 ATM 跨行业务时，需要 ATM 网络平台企业提供接入服务。发卡行向提供转接服务的银行卡平台企业支付的转接费是一种单向接入费。

第四节　银行卡产业研究重点

银行卡理论的产生，本身也来自对银行卡产业定价和监管的一系列争论。而理论的产生并没有使之前存在的争议停止，甚至相反的是，随着银行卡产业的不断发展，似曾相识的诉讼和争论日益升级。从美国 20 世纪 70 年代末期的 Nabanco 公司指控维萨在制定交换费标准时涉嫌非法价格限制行为的案件，到 2003 年沃尔玛案件庭外和解之后美国新一轮商户对维萨和万事达交换费违法的诉讼（Litan，2006）；从澳大利亚 2003 年银行卡产业监管改革引起的广泛热议到欧盟 2007 年 12 月判定万事达在欧盟境内各国间的跨境交换费违法，等等。这一系列的案件和引起的讨论均主要围绕两个问题：一是目前平台企业的交换费定价机制是否合理？二是是否应该并如何对平台企业进行政府监管？这也本书的研究重点。

一、监管政策

银行卡业务首先是零售银行业务的延伸，因此，谈到对银行卡产业的监管，实践中人们首先想到的是：这是金融监管框架内的问题。实际上，近年来各国反垄断当局对该产业间市场经济权利的监管，即经济监管是国际银行卡产业这些年来最热闹的领域。关于金融监管与经济监管的区别与联系，本书后面会有详细论述。

正是因为经济监管的影响，使这个行业"天下大乱"。监管机构，特别是经济性监管机构，对这个行业如此关注，主要有以下几个原因。

第一，银行卡是非常重要的支付手段，持卡数量近年来不断增加，已经远远超过了电话数量；从交易额来讲，行业所占的份额也越来越高，虽然份额仍不如现金和支票的交易额，但现金和支票是在政府或者央行提供很大补贴的前提下发展起来的，而许多国家的银行卡支付则是在完全市场化的前提下发展起来的。银行卡在生活中的不可或缺性，是一些国家在这个行业引入公用事业的监管方式的重要原因之一。

第二，监管部门对这个行业给予了很大关注。首先，银行卡支付行业有很大的外部性，比如网络外部性。该行业既有持卡人又有商家，银行卡产业链的价值，体现在持卡人和商家的良性平衡发展。另外是使用外部性，即持卡人选择使用银行卡的时候，并没有考虑到自己使用银行卡对商家产生的成本。这些外部性使银行卡支付具有双边市场的商业模式，到目前为止，银行卡产业主要是由商家来买单，换句话说，商家认为其所支付的费用，远远超过相应的成本。这也是引起很多诉讼的一个原因。

第三，银行卡支付网络平台企业的治理结构。银行卡的整个产业链，一方面由众多发卡行之间和收单机构之间进行激烈的竞争，同时这些发卡行和收单机构又是银行卡支付网络的成员，支付网络多年来一直以合作式非营利组织模式运行，这种制度特征是导致银行卡组织受到监管当局关注的重要原因。国际著名的银行卡支付网络万事达和维萨，正是受到这方面的压力先后于近几年改组成公司制形式，并分别于 2006 年和 2008 年在纽约交易所上市，成为上市公司。

第四，与行业的市场集中度有关，特别是从网络支付来讲，市场集中度很高。比如美国来的 Visa 和万事达占据的市场份额高达 80% 以上。

正是由于这些特征，传统的法律和监管制度做出了相应的制度安排。对于市场权力的经济监管，目前的主要法律框架是《反垄断法》，采用的监管方式是事后监管。但是，这种法律制度和监管制度安排，目前受到了很多的挑战，使得银行卡产业的法律和监管制度在不断演化。

澳大利亚央行自 2003 年开始对银行卡产业实行了事前监管机制，这也引起了业界的一系列监管政策争论。此外，在各国和国际机构对金融系统风险重视程度不断提高的情况下，对于金融风险相关的银行卡支付系统风险的监管也引起了业界的广泛讨论。

正是在以上背景下，对银行卡产业监管政策的研究显得格外重要。而对于中国这样一个银行卡产业近年来高速发展、以往的监管政策和框架都已严重落后于产业发展现状的情况下，对产业监管的研究无疑对建立新的监管原则和框架有着非常急迫的现实意义。

二、定价研究

由于不同于其他产业的双边市场、网络外部性特征，以及平台企业的规模经济和范围经济等因素，平台企业的定价似乎也应该具有不同于其他产业的特殊性，而价格本身又是最为重要和敏感的市场参数，那么，如何体现这种特殊性，或者说什么样的特殊安排是合理而又能被市场各方广泛认同的？银行卡的定价、特别是批发定价也因此成为学术研究和市场实践中的重要问题。

另外，从以上一些反垄断案件我们已经了解到，首先，银行卡产业的交换费定价机制和价格水平一直以来是商户质疑的关键点。其次，平台企业所规定的一系列规则也受到商户、反垄断当局等的密切关注，而这些规则往往与定价机制以及价格水平直接相关。再次，就事前经济监管机制而言，价格也是最为重要的控制因素，那么，如何通过对价格的监管最大限度地保证公共福利、同时又能够保持对监管对象本身投资和发展的激励，是经济监管部门首先需要考虑的问题。

上述背景使价格成为银行卡产业研究的另一重要问题。由于产业链的复杂性，有必要对产业各环节的价格构成有一个梳理，并分析需要特别关注哪些价格。

（一）POS业务定价

从本章前面的内容我们了解到，无论是POS业务还是ATM业务，其业务链是由多个环节构成的，也就是说，每一个环节都存在定价问题。

从银行卡POS交易来看，交易中的各类价格可以分为零售价格和批发价格两大类别。根据POS交易支付流程，一般将直接针对最终用户，即对持卡人和商户的收费定义为零售价格。零售价格主要包括，对持卡人收取的固定费用（如年费）、与刷卡消费交易额有关的费用和对商户受理银行卡支付收取的手续费，一般称为商户扣率，即根据消费者在某商户POS机上刷卡消费交易金额或交易笔数对商户收取的费用。

与零售收费相对应的是批发收费。一般将发卡机构与收单机构之间以及这两类机构与平台企业之间的支付定价定义为批发收费或批发定价。批发价格主要包括从收单机构支付给发卡机构、来自商户扣率的交换费，以及收单机构和发卡机构支付给平台企业的信息转接费。零售定价是基于平台企业的转接及相应的服务成本定价，而批发定价无论从定价机制还是定价水平两个方面，一直在学术和产业界存在争论，因此也是银行卡定价研究将要讨论的重点问题。

（二）ATM业务定价

与POS业务相类似，银行卡ATM跨行交易收费涉及批发和零售两个层次的定价。所谓批发定价主要是指运营商所支付的价格，包括发卡行向收单行支付的交换费和发卡行向平台型企业支付的转接费；而零售价格为持卡人向发卡行、收单机构或ATM所有者支付的各种费用，包括持卡人向发卡行支付的跨行交易费，以及向收单机构直接支付的附加费等。表1-1列出了持卡人支付的各种ATM交易费用项目。有些费用是一次性或按月/年支付的，有些是基于每笔交易支付的。属于前者的有：银行向持卡人收取的年费和开办费。属于后者的有：当持卡人行内取款时，发卡行向持卡人收取的行内交易费；当持卡人跨行取款时，发卡行向持卡人收取的跨行费，

表1-1 　　　　　　　　　ATM交易的费用

分类	支付频率	费用类型	收费制定方	费用支付方	费用收取方
零售费用	一次性或按月或年支付	年费	发卡银行	持卡人	发卡行
		开办费	发卡银行	持卡人	发卡行
	每笔交易	跨行费	发卡银行	持卡人	发卡行
		附加费	ATM出机方	持卡人	收单行
		交易费	发卡银行	持卡人	发卡行
批发费用	一次性或按月或年支付	会员费	网络运营商	发卡行和收单行	网络运营商
		月费或年费	网络运营商	发卡行	网络运营商
	每笔交易	转接费	网络运营商	发卡行	网络运营商
		交换费	网络运营商	发卡行	收单行

ATM 出机方向持卡人收取的附加费。

第五节　　本章小结

　　银行卡产业最典型的业务是 POS 交易和 ATM 交易。本章在简单介绍了这两种业务的支付流和产业链组成等交易的主要流程后，重点分析了银行卡交易的经济特征。除规模收益和范围收益外，双边市场特性和网络外部性是银行卡产业两个重要的经济特征，也是现代银行卡理论的出发点。

　　需要注意的是，并不是所有的银行卡交易都具有双边市场特征，为了说明这一点并对本书后面的对两种典型业务的定价分析奠定基础，本节还初步讨论了 POS 交易和 ATM 交易的主要区别。

　　ATM 网络与 POS 网络的重要区别是，尽管 ATM 系统存在直接网络外部性，但它不属于双边市场。ATM 市场最重要的经济特征是，ATM 网络具有某些基本设施特点。从银行卡业务网络构成和业务流程来看，提供跨行信息转接服务的平台企业是银行卡跨行 POS 交易业务网络中的核心环节，平台企业通过联结不同的服务机构，将这些机构与持卡人和商户联系起来，使银行卡跨行业务市场得以形成。在后面的分析中我们将看到，这类企业的定价以及与定价相关的一些规则是银行卡批发定价需要重点关注的方面。

　　银行卡产业自诞生以来的反垄断诉讼以及新近出现的事前监管政策争论，使对该产业的监管问题以及最为重要的监管内容——定价问题成为学术和产业界重点关注的问题，因此也成为本书两个重点研究方面。另外，我们对产业定价研究重点关注批发定价。

第二章　银行卡交易交换费理论综述

从第一章典型银行卡业务介绍可以看出，无论是银行卡 POS 交易还是 ATM 交易，交换费的确定都是实践中需要解决的难点问题，也是银行卡支付业务学术研究的重点内容之一。因此，本章重点介绍目前银行卡研究中对交换费问题的前沿讨论。

第一节　交换费在银行卡产业中的作用

首先需要说明的是，关于交换费机制在银行卡支付交易中的作用问题，无论在学术研究还是政策实践领域，目前为止仍然存在较大争议。比如，2007 年 12 月，欧洲初审法院判定：万事达在欧洲经济区内的跨境交换费违反了欧盟条约中关于限制性商业措施的条款。而在美国，一场早已开始并在沃尔玛案件之后声势更大的反交换费浪潮仍在继续[①]。但从平台企业实践看，尽管像澳大利亚等国对这些企业的交换费水平实行了价格上限等监管措施，但交换费机制目前仍普遍存在。下面我们从巴克斯特（1983）的分析框架出发，综述有关交换费作用的研究成果。

一、交换费机制的分析框架

在银行卡产业，交换费是一种重要的制度安排[②]。为了说明交换费的基本作用，我们需要回到银行支付系统的外部性。为了简化分析，下面只考虑使用外部性[③]，并假设交易额给定，而且消费者的支付选择只有现金

---

① 可参见下列网址上的相关信息：http：//www.unfaircreditcardfees.com。

② 封闭系统也存在隐含的交换费。

③ 罗奇特和泰勒尔（2004）分析了同时存在网络外部性和使用外部性时的定价问题。在我国，随着发卡市场和受理市场的逐步成熟，网络外部性的重要性会逐步减弱，所以我们的定价模型主要考虑使用外部性。这样做主要是简化分析，但不会对估计结果产生影响。

或者银行卡。分析使用外部性的影响，需要回答的问题是，在什么情况下，应该使用银行卡作为支付手段，而不是选择现金？

答案取决于持卡人和商家利用银行卡支付和现金支付分别得到的净效用。假设 b^B 为持卡人使用银行卡（相对于使用现金支付）的净效用，b^S 为商家使用银行卡的净效用，c 为银行卡支付系统提供支付服务的（相对于现金支付）的总（增量）成本。很显然，选择银行卡支付的社会最优条件为，社会总收益大于总社会成本[①]：

$$b^B + b^S \geq c \qquad\qquad (2-1)$$

作为维萨的咨询专家和斯坦福大学的法律经济学教授（后成为美国司法部反垄断处官员），巴克斯特（1983）开创了银行卡经济学分析的先河，最先建立了银行卡交易的经济学分析框架，他把持卡人和商家对于支付的需求看成是互补产品，并把交易服务的供给成本看成是共同成本。通过这个分析框架，他发现在完全竞争条件下，如果不借助发卡银行和收单机构之间的转移支付，可能难以满足选择有效支付手段的条件（2-1）也就是说，使用外部性会带来市场缺陷。

为了说明这一点，假设持卡人和商家对银行卡业务支付的价格分别为 p^B 和 p^S，发卡银行和收单机构的边际成本分别为 c^B 和 c^S，并且满足 $c^B + c^S = c$。假设发卡市场和收单市场满足完全竞争条件，那么市场竞争导致持卡人支付的银行卡业务的价格等于相应的边际成本，同时商家支付的收单价格等于收单边际成本。容易看出，在市场竞争情形下，只有持卡人和商家都从交易中收益，才能完成银行卡交易，因此需要满足以下条件：

$$b^B \geq p^B = c^B, \ b^S \geq p^S = c^S \qquad\qquad (2-2)$$

由于条件（2-2）比条件（2-1）更为苛刻，因此当不存在转移支付及商家策略性的情况下，在某些时候，尽管从社会意义上，应该使用银行卡作为支付手段，但由于边际成本定价不能同时满足持卡人和商家的成本收益条件，银行卡支付交易不能实现（见图2-1），由此造成银行卡的使用水平低于社会最优水平。下面的例子说明，这种效率损失与前面提到的使用外部性直接相关。假设 $b^B = 1, b^S = 8, c^B = 3, c^S = 2$（在图2-1中用 A 点表示）。此时持卡人的意愿支付低于价格或边际成本（$b^B < p^B = c^B$），

---

① 本小节的讨论主要基于罗奇特和泰勒尔（2003）以及巴克斯特（1983）。

因此持卡人将不会使用银行卡；但如果持卡人使用银行卡，那么商家得到的净效用为 $b^S - c^S = 6$，换句话说，持卡人选择现金消费使商家损失的效用为 6，或者说持卡人对商家产生了 -6 的外部性。但如果此时选择银行卡作为支付手段，那么社会最优条件(2-1)将得到满足，也就是说，$b^B + b^S = 9 > c^B + c^S = 5$。

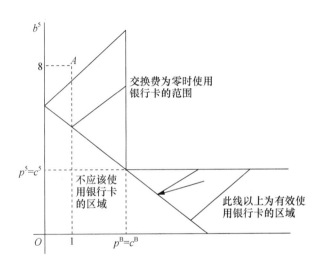

图 2-1　银行卡交易的社会最优与个人最优条件

巴克斯特认为，如果在收单机构与发卡行之间进行适当的转移支付（交换费），就可以校正使用外部性所带来的市场缺陷，从而达到有效的银行卡交易水平。假设收单机构向发卡行支付交换费 $a = b^S - c^S$，发卡行的净成本变成 $c^B + c^S - b^S = c - b^S$，在完全竞争条件下，成本变化将完全反映到持卡人对银行卡业务支付的价格上。因此，实现银行卡交易的条件变成：

$$b^B \geq c - b^S \qquad\qquad (2-3)$$

容易看出，这个条件与社会最优条件（2-1）等价。

巴克斯特的主要贡献在于，清晰明确地阐明了交换费的作用：交换费可以作为转移支付手段，平衡市场双边的商家和持卡人的成本和收益，以便得到帕累托改进的资源配置结果。这显然是一个非常重要的结论。但容易看出，将使用外部性内部化的手段并非唯一。实际上，如果商家能够使用区别定价手段，把不同支付手段的成本分别转嫁给使用不同支付手段的消费者，那么使用外部性也可以被内部化（Carlton & Frankel，1995），换句话说，区别定价同样可以解决使用外部性问题。为了看清这一点，只需注意到此时商家接收银行卡的净成本为 $c^S - b^S$，在发卡市场和收单市场满足完全竞争条件时，持卡人使用银行卡进行交易的条件变成：

$$b^B - p^B \geq c^S - b^S \text{ 或者 } b^B + b^S \geq c \qquad (2-4)$$

尽管区别定价可以达到相同的目的，但是在实际中，平台企业往往规定不能对持卡消费额外收费（No surcharge rule[①]），或者即使没有这样的规定，由于交易成本方面的考虑，商家也不会对持卡消费和使用其他支付手段采取区别定价。在这种情况下，银行卡支付的交易额不仅取决于银行卡业务的总价格水平，还取决于对持卡人和商家的收费结构。此时银行卡支付就变成一个双边市场，作为调整持卡人和商家的收费结构的手段，交换费的确定变成一个非中性的重要决策。

需要指出的是，虽然巴克斯特的分析框架很好地解释了交换费的作用，但并没有回答交换费如何确定的问题，这是因为，在完全竞争条件下，无论交换费如何确定，发卡银行和收单机构的经济利润为零，因此他们对交换费的水平并不在乎。为了解决如何确定最优交换费的问题（无论是从社会福利的角度，还是从银行组织极大化利润的角度），必须拓展巴克斯特的分析框架。

二、ATM 网络交换费

上一小节的交换费分析框架主要是基于银行卡 POS 交易的。而由于 POS 交易与 ATM 交易的区别，对 ATM 交易交换费的分析也有不同的角度，本小节综述关于 ATM 网络交换费的主要研究结论。

对于 ATM 网络，萨罗纳和谢泼德（Saloner & Shepard，1995）认为，共享网络或 ATM 网络互联的主要原因是，存在需求网络效应。马图蒂斯和帕迪利亚（Matutes & Padilla，1994）认为，共享网络的优点是降低交通成本，从而使用户愿意接受比较低的存款利率，但缺点是减少了地域市场区分，因此在均衡状态下，银行之间会共享 ATM，但不会实现完全共

---

① 银行卡文献认为，无额外收费规则也与双边市场特征密切相关。

享。对于 ATM 网络的交换费，马图蒂斯和帕迪利亚进一步认为，由于跨行交易增加成本，因此吸引储户的动机降低，交换费由此减弱银行竞争，此时交换费可能导致完全网络共享。从 ATM 的相关文献来看，作为补偿 ATM 投资、避免"搭便车"的一种机制，很多人认为，交换费的潜在影响是减少竞争，或者作为合谋的一种工具（McAandrews，2003）。

需要说明的是，以上讨论是基于 ATM 所有者不能收取附加费的假设，但如果可以直接向用户收费，那么交换费的必要性就需要进一步讨论。

其次，有研究表明 ATM 交易的交换费通过影响银行在该业务上的感知收益来影响银行投资 ATM 的激励。根据拉丰、雷伊和泰勒尔（1998a，1998b）的研究结果，ATM 的社会成本和社会收益与银行的感知成本和感知收益①是不一致的。当不存在跨行取款收费时，银行客户的取款行为可分为三类：一是本行客户在本行的 ATM 上取款，此类交易不会产生交换费，因而也不存在感知成本（收益）和社会成本（收益）的区别；二是本行客户在他行 ATM 上取款，银行在此类交易上的感知成本为交换费和转接费的支出，感知收益为零，所以对于此类交易来说，感知成本占主导地位；三是他行客户在本行 ATM 上取款，银行在此类交易上的感知成本为 ATM 运行的边际成本，感知收益为交换费收入，由于在现实中，交换费总是大于边际成本，所以对于此类交易来说，感知收益占主导地位。在 ATM 取款业务上，银行拥有的 ATM 所产生的全部收益皆来源于第三类交易，银行反而愿意他行客户到本行的 ATM 上取款，自然地，较高的交换

---

① 拉丰、雷伊和泰勒尔（1998a，1998b）在研究电信竞争的文章中最早提出了感知收益和感知成本的概念，电信运营商 A 的客户呼 1 属于另一家运营商 B 的客户时，由于实行发话端付费原则，所以 A 将会得到这笔电话费，但是 A 不能独自占有这笔钱，因为这种呼 1 也动用了 B 的设备，增加了 B 的成本，所以 A 需要分一部分钱给 B，这被称作电信竞争中的"接入费"。一般而言，A 收到的来自 B 的接入费和付给 B 的接入费是基本相等的，并且如果把电信运营商当做一个整体来看，交换费只不过是各家运营商间的转移支付，它对于电信运营商整体来说是利润中性的。所以呼 1 的社会收益（此处的"社会"指的是电信运营商整体）就是收取自消费者的电话费，社会成本就是两家运营商的成本支出之和，社会成本和社会收益均与接入费无关。但是对于单个运营商来说，己方客户拨叫对方客户的呼 1 的感知收益为话费收入，感知成本为发送讯号的边际成本加上接入费支出；己方客户被对方客户拨 1 的呼 1 的感知收益为接入费收入，感知成本为接收讯号的边际成本。并且运营商总是较易（通过定价策略）影响己方客户拨 1 对方客户的呼叫数量，而较难影响对方客户拨 1 己方客户的呼 1 数量，感知收益与感知成本均与接入费有关。

费将会引致较多的 ATM 供给。也就是说，较高的交换费就意味着银行在 ATM 业务上的感知收益较高，银行增设 ATM 的激励取决于感知收益。

唐兹和杜布克（Donze & Dubec，2003）拓展了拉丰、雷伊和泰勒尔（1998a，1998b）的研究，认为较高的交换费率降低了银行在吸引储户上的竞争强度，因而也降低了储户的存款利率，同时还加剧了银行在取款市场上的竞争，所以是一种银行间的隐性合谋，并且他们预测较多的银行数目会导致 ATM 的过度供给。

克罗夫特和斯潘塞（Croft & Spener，2003）证明了，在禁收额外费的条件下，当交换费等于 ATM 的边际成本时，银行可以通过征收最优的跨行费而达到利润最大化，这一结论从直觉上解释就是，由于交换费等于边际成本，客户无论在本行还是他行取款对银行来讲是无差异的，所以银行在 ATM 费率上的价格扭曲被消除了，从而银行总可以制定适当的跨行费以达成利润最大化。从短期来看，征收额外费可能会损害消费者福利，但能促使 ATM 数量大幅度上升，因此从长期看可能会增加消费者剩余。

第二节 最优交换费定价模型

在讨论最优交换费的定价模型之前，必须区分极大化利润的交换费和极大化社会福利的交换费。从定价制度安排上，这两种交换费分别对应银行卡组织制定的交换费（极大化组织成员的利润），以及政府监管机构确定的交换费。实际上，目前有关交换费争议的一个焦点问题是，平台企业确定的交换费是否高于极大化社会福利的交换费，对这个问题的回答直接决定了是否有必要通过反垄断执法或政府直接监管方式对现有的交换费定价进行干预。因此，在讨论最优定价模型时，有必要区分极大化利润的交换费和极大化社会福利的交换费①。

一、基于双边市场的基本定价模型

在不完全市场竞争条件下，罗奇特和泰勒尔（2002）首次提出了分析银行卡交易的完整模型。与巴克斯特模型相比，该模型有两个显著特

---

① 这也是银行卡产业反垄断管制争议的一个焦点。

征：一是假设发卡市场为不完全竞争。为了反映此时发卡行的定价行为，作者并没有直接得出发卡市场的均衡价格，而是假设均衡价格为发卡银行竞争成本的函数 $[p^B = f(\gamma^B), \gamma^B = c^B - a]$。模型所做的一个关键假设是 $0 \leqslant f' \leqslant 1$。这个假设的基本含义是，当发卡行的成本增加时，持卡人承担的支付业务的价格增加，但发卡银行的利润加价并不增加。这个假设实际上意味着，随着交换费的提高，持卡人对银行卡支付的需求将会增加，并对发卡行的利润加价产生影响，使发卡行的利润增加。

罗奇特和泰勒尔（2002）模型的另一个显著特征是，假设商家存在策略行为，也就是说，商家会把接受银行卡消费作为增加竞争优势的手段。与巴克斯特（1983）模型不同的是，商家在考虑是否接受银行卡时，不仅会考虑相应的成本，还会考虑接受银行卡支付可能带来的竞争实力的增加。容易推断，与巴克斯特的模型相比，考虑这种竞争策略上的因素后，商家会更愿意接收银行卡交易。为了简化分析，该模型还假设收单市场为完全竞争，总交易额给定，以及垄断的银行卡组织等，这些假设看起来有很大的限制，不过在由此文而引发的大量讨论中，这些假设逐渐被其他作者放松，但放松这些条件后得出的结论与原文中的结论非常类似，从这个意义上讲，基于该模型得出的主要结论非常稳健。

罗奇特和泰勒尔（2002）得出的主要结论包括：首先，商家接受银行卡的充分必要条件是交换费 a 低于某个关键值 $\bar{a}$，而 $\bar{a}$ 满足以下条件：

$$\bar{a} - \alpha \nu^B [f(c^B - \bar{a})] = b^S - c^S \qquad (2-5)$$

其中 α 为持卡人中，事前知道商家是否接收银行卡支付的比例。由于接收银行卡可以增加竞争实力[1]，而不接收银行卡会失去客户，商家对银行卡交易的意愿支付变成 $b^S + \alpha \nu^B(p^B)$，其中 $\nu^B(p^B)$ 为选择银行卡交易的用户的平均净剩余。容易看出，与巴克斯特模型相比，商家更容易接收银行卡交易，而（2-5）就是商家此时接收银行卡支付的条件。

其次，根据 $\bar{a}$ 的定义，由于发卡行的利润随着交换费递增，由此可知 $\bar{a}$ 为极大化利润的交换费，因此极大化利润（如果交换费由银行组织确定）的交换费，等于使商家接受银行卡的最大交换费，即满足（2-5）的 $\bar{a}$。

---

① 比如带来更多的增量需求。

再次，当交换费 $a < \bar{a}$ 时，极大化社会福利（如果交换费由政府监管机构确定）的交换费满足：

$$c - b^S = f(c^B - a^{**}) = p^B \qquad (2-6)$$

容易看出，此时的交换费 a^{**} 使外部性完全内部化。

总结前面的结果可知，极大化社会福利的交换费 $a^* = \min\{\bar{a}, a^{**}\}$，或者说等于完全将使用外部性内部化的交换费，与商家接受的最高水平的交换费两者之间的较小者。

罗奇特和泰勒尔（2002）的主要贡献在于①，首先给出了更加符合实际环境的完整定价模型，并得出交换费的确定，将以非常复杂的方式，取决于需求、成本、竞争态势等因素。根据他们研究的结果，满足利润极大化的交换费，并不一定比极大化社会福利的交换费高，也就是说，没有理由认为银行卡组织确定的交换费一定高于社会最优水平，因此需要政府干预。实际上，他们的研究结果说明，如果商家的意愿支付比较低（对应低利润商家），那么满足社会最优的交换费等于利润极大化的交换费；但如果商家的意愿支付比较高，利润极大化的交换费确实要高于极大化社会福利的交换费。作为一个特例，当所有消费者事前都不知道商家是否接受银行卡时，又回到巴克斯特模型的情形，此时满足利润极大化的交换费等于极大化社会福利的交换费。

到目前为止，罗奇特和泰勒尔的模型假设，商家接受银行卡的收益相同（相对于现金支付的增量收益），但同时假设消费者具有不同的收益，这种建模上的非对称处理可能带来一些潜在的问题，因为此时得出的结论是：银行卡组织会选择使商家接受银行卡的最高交换费，与极大化社会福利的交换费相比，极有可能高估极大化利润的交换费。

二、对称定价模型

施马伦西（Schmalensee，2001）最先引入更为对称的模型，他假设银行卡交易额为各边市场需求的积：

---

① 该模型和得出的结论在美国、欧洲和澳大利亚等国家的反垄断案例中发挥了重要作用。但非常遗憾的是，反垄断机构往往引用对他们有利的证据，比如澳大利亚联储引用了该模型的一部分结论，认为极大化利润的交换费可能高于极大化社会福利的交换费，但忽略了原文中的相反结论。

$$Q = D^B(p^B) D^S(p^S) \qquad (2-7)$$

利用这样的需求设定，同时假设发卡端为不完全竞争，利润加价为常数，收单市场完全竞争，商家不存在策略行为等，沿用前面的符号，施马伦西（2001）得到：

$$p^B = c^B - a + m \qquad (2-8)$$
$$p^S = c^S + a \qquad (2-9)$$

其中 m 为发卡市场加价。由此得出，极大化社会福利的交换费需要满足的条件为：

$$\frac{\eta^B}{p^B \nu^B} = \frac{\eta^S}{p^S \nu^S} \qquad (2-10)$$

其中 $v^k = E[b^k - p^k \mid b^k \geq p^k]$，$k = B, S$，表示某一端市场的用户的净剩余；与此相对应，极大化利润的交换费满足的条件为：

$$\frac{\eta^B}{p^B} = \frac{\eta^S}{p^S} \qquad (2-11)$$

我们用一个例子说明这个定价模型的含义。假设在均衡状态下，商家对银行卡支付的需求为持卡人需求的 5 倍，分别为 500 和 100，因此总需求为 5 万。由于总需求等于双边需求相乘，持卡人需求变化对总需求产生的影响程度，等于商家同样大小的变化对总需求影响的 5 倍。如果持卡人需求减少一个单位变成 99，那么总需求减少 500；但如果商家需求减少 1 个单位，总需求减少 100 个单位。在均衡状态下，发卡市场单位价格变化所引起的利润变化，必然等于受理市场单位价格变化所引起的利润变化，因此银行卡组织确定的价格满足，边际价格变动带来的发卡市场需求的变化，等于收单市场边际价格变动所引起的需求变动的 1/5，即满足 $\eta^B p^S = \eta^S p^B$。

在更现实的假设条件下同样可以得出，银行卡组织（平台企业）根据极大化利润原则确定的交换费，既有可能比极大化社会福利的交换费高，也有可能低。实际上容易验证，在对数线性的需求设定下，银行卡组织确定的交换费高于社会最优交换费的充分必要条件是，商家的弹性低于持卡人的弹性；而对于线性需求函数（双边弹性等于 1），银行卡组织确定的交换费与社会最优的交换费相等。赖特（Wright，2002）采用了同样的需求设定，但在考虑商家策略行为的情况下，得出了类似的结论。

三、考虑网络外部性的定价模型

注意前面的模型只考虑了使用外部性，但如果同时存在网络外部性，定价决策必须同时考虑网络外部性和使用外部性。在这种情况下，银行卡组织确定的总价格水平极大化利润 $\pi_T = (p^B + p^S - c)D^B(p^B)D^S(p^S)$，由此得到反比弹性定价公式[①]：

$$\frac{(p^B + p^S) - c}{p^B + p^S} = \frac{1}{\eta^B + \eta^S} \qquad (2-12)$$

而达到最优价格结构时，交易额对每一端价格的导数相等：

$$(12)\quad \frac{\frac{\partial D^B}{\partial p^B}}{D^B} + \frac{\frac{\partial D^B}{\partial p^B}\frac{\partial D^S}{\partial D^B}}{D^S} = \frac{\frac{\partial D^S}{\partial p^S}}{D^S} + \frac{\frac{\partial D^S}{\partial p^S}\frac{\partial D^B}{\partial D^S}}{D^B} \qquad (2-13)$$

在最优定价结构计算公式中，需要同时考虑直接效应（左边和右边的第一项）和间接效应（左边和右边的第二项）。容易验证，如果只存在使用外部性或基本外部性，最优价格（2-13）变成（2-11），或者可以改写成标准的定价公式：

$$\frac{p^i - (c - p^j)}{p^i} = \frac{1}{\eta^i}, i = B, S$$

注意当 i 端市场价格 p^i 增加时，因为银行卡支付的成本需要由 j 端的用户支付 p^j 来回收，其机会成本为 $c - p^j$。

上面的交易定价模型将成为后面交换费模型设定的基础。容易看出，这些定价模型并没有直接给出最优交换费的定价公式，而只是隐含地确定了最优交换费。但如果知道市场定价与双边市场的成本之间的关系，就可以推导出交换费与需求、成本以及竞争态势之间的复杂关系。比如为具体起见，假设 $p^B = c^B - a + m^B$，$p^S = c^S + a + m^S$，其中 m^B 和 m^S 为发卡市场和收单市场加价，基于（2-11）可以得到最优交换费：

$$a = \frac{(m^B + c^B)\eta^S - (m^S + c^S)\eta^B}{\eta^S + \eta^B} \qquad (2-14)$$

在设定待估计的模型时，可以把（2-14）作为交换费定价的理论模型，并在此基础上简化得到待估计的模型设定。

[①] 这些模型的详细推导请见罗奇特和泰勒尔（2004）。

四、ATM 网络最优交换费模型

下面简要讨论 ATM 网络最优交换费的确定。假设 N 个银行提供基本储蓄和提现服务，在共享网络中可以使用 ATM 卡在任何 ATM 上提现，ATM 机总数量或网络规模为 n^*，安装和运营 ATM 的固定成本为 c，处理取现交易的边际成本为 s，取现交易的次数为 w。假设 a 为交换费，唐茨和杜布克（2003）得到的子对策完美均衡为：

$$a^* = s + \frac{N}{N-1} \frac{c}{w} n^* \qquad (2-15)$$

根据（2 – 15），为了避免"搭便车"，交换费必须大于边际成本，加价幅度取决于银行的个数和 ATM 的数量。

第三节 交换费定价机制的争议及评述

目前为止，交换费是银行卡产业运行实践中的核心定价机制。正如前文所述，围绕交换费问题产生了很多争议，使银行卡产业不但成为反垄断机构关注的一个焦点，也成为网络经济学的一个重要研究领域。事实上，早在 1979 年，美国的 NaBanco 公司就针对交换费问题起诉维萨（美国）。在这个案件中，作为主要从事收单业务的公司，NaBanco 认为交换费机制属于发卡银行卡特尔的集体定价，其目的是对竞争对手实施垄断定价，因而违背谢尔曼法案。但最终美国的地方法院和上诉法院都支持了维萨的立场。

在 Nabanco 与维萨的诉讼案中，影响判决结果的一个非常关键的因素是，法官吸收了经济学家巴克斯特提出的银行卡的交换费理论。作为维萨雇用的经济学家，巴克斯特首次建立了交换费的经济学分析框架，并指出交换费的主要作用是，平衡发卡市场和收单市场的成本和收益，从而将双边市场的外部性内部化。法官接受了这个重要观点，因此判定维萨的交换费定价机制合法。这个判决的重要意义在于，为交换费机制的存在扫清了法律障碍（Evans & Schmalensee，1999）。

虽然巴克斯特指明了交换费的作用，但在他的分析框架下，没有办法判定交换费的水平是否合理。从这以后，经济学家试图建立更完备的分析框架，分析交换费机制的作用和最优交换费的确定，其中泰勒尔和罗奇特

（2002）奠定了交换费机制经济分析的基础。在交换费理论的建立和发展过程中，有一个非常有趣的现象是，绝大多数重要的理论工作都是由受雇于利益各方的经济学家做出的，由此不难理解，尽管从同样的理论框架出发，但却得出了不同的政策结论。

一、支持交换费机制的主要观点

在双边市场分析框架下，一些经济学家（比如，巴克斯特，1983；泰勒尔和罗奇特，2002 和 2004；施马伦西，1999 和 2002 等）得出了支持交换费机制的观点。这些观点可以概括为以下几个方面：

第一，银行卡产业是个典型的双边市场，该市场存在各种复杂的外部性，因此银行卡支付系统的价值取决于发卡和收单双边市场的共同发展。

第二，交换费是银行卡产业平衡双边市场成本和收益，从而将外部性内部化的重要机制。虽然从理论上讲，可以实行区别定价，让终端用户承担不同支付手段的成本，但由于现实中存在巨大的交易成本，区别定价难以取代交换费的作用，或者说，对 POS 交易直接从用户收费很难实行，从这个意义上讲，交换费成为唯一可行的机制。

第三，虽然由银行卡组织确定的交换费，并不一定等于满足社会最优条件的交换费，但从理论上讲，同样没有任何理由说明前者比后者高，或者前者比后者低。实际上，市场定价和政府定价需要考虑的因素非常相似。值得一提的是，在某些非常一般的条件下，市场定价等于政府定价。

第四，在银行卡组织非盈利的情况下，引入系统竞争只会影响价格结构。在不同银行卡系统产品趋同的情况下[①]，与普通市场不同的是，引入多个银行卡组织并不一定提高社会福利（罗奇特和泰勒尔，2003）。在银行卡支付市场，系统竞争可能产生两个作用，一是降低价格总水平，二是影响相对价格。但在银行卡组织具有非营利目标时，系统竞争只会对价格结构产生影响，而这种影响取决于双边市场的市场支配权力，这样就会对价格机构产生扭曲，从而降低社会福利。

最后，政府没有必要对交换费进行管制，特别是基于成本决定交换费

---

① 即银行卡系统层次的产品区分，而不是银行的产品细分（如发卡银行的公里计划），而后者即使不存在系统竞争也会存在。根据豪斯曼（Hausman）等（2003），如果系统竞争带来系统层次的产品区分，系统竞争可能提高福利，否则系统竞争并不会提高社会福利。

缺乏理论根据。从根本上讲，交换费本身并不是对任何业务的收费，交换费的存在只是影响双边市场的协调发展，因此基于成本定价是对双边市场的误解。至少在理论上，交换费的确定并不存在严重的市场缺陷，所以政府对交换费进行管制缺乏充分的理论依据（罗奇特和泰勒尔，2003）。

二、反对交换费的主要观点

除上一小节综述的主要观点之外，不难看出，自从巴克斯特提出交换费的经济学分析框架以后，反对交换费机制的声音一直未曾间断。

早在1995年，芝加哥大学的经济学家卡尔顿和莱克西康（Carlton & Lexecon）咨询公司的经济学家弗兰克尔（Frankel）就对巴克斯特的结论提出质疑。他们认为，在巴克斯特的完全竞争框架下，交换费不会影响最终价格，也不会起到补偿发卡银行的作用。在这种理想状况下，完全可以通过对不同支付手段确定不同价格的方式，回收支付系统的成本。他们认为，交换费机制的存在，与银行之间的竞争不充分密切相关。而在不完全竞争时，交换费机制可能是有害的：一方面，由于竞争力量不足以消除交换费给发卡银行带来的超额利润，由此可能造成不同支付系统相对价格的扭曲，从而使消费者不能有效的选择不同的支付手段；另一方面，市场竞争不充分使交换费成为默契合谋的工具（卡尔顿和弗兰克尔，1995）。

弗兰克尔（1998）进一步分析了交换费的福利效应。他承认由于交易成本的原因，对不同支付手段采取区别定价并不现实。但正是这种事实，造成银行卡组织在制定交换费时存在很大的市场支配权力，而且更重要的是，银行卡组织可能会滥用这种市场支配权力，其结果会造成银行卡相对于其他支付手段的过度使用。为了解决这个问题，他明确建议，应该像支票等支付系统一样，通过政府干预使交换费为零。

巴尔托（Balto，2000）对 NaBanco 案例进行了反思。他认为：首先，上世纪80年代以后，银行卡处理成本下降很快，而且随着银行卡产业的发展，直接从用户收费变得更为现实，而不必间接地从商家收费，但他特别注意到，随着成本的降低，交换费实际上在上升。其次，由于银行的兼并，银行之间一对一谈判变得越来越现实，因此不再需要集中定价，更重要的是，直接向用户收费变得越来越可行，这样就不需要交换费机制。再次，维萨和万事达的市场支配权力在增加，所以交换费机制有可能被滥用成为合谋定价的工具；最后，他认为由于第三方的进入，银行逐渐退出收单市场，而集中精力于发卡市场，所以银行卡组织有动机，通过制定较高的交换费偏向发卡端，使交换费成为非中性机制。

另一个比较有影响的研究是卡茨（Katz，2001）。作为澳大利亚联储雇用的美国加州大学伯克利分校经济学家，卡茨承认银行卡支付存在复杂的网络效应，但他认为存在多种机制，可以将这些网络效应内部化。特别值得一提的是，他在报告中引用了泰勒尔和罗奇特（2002）的结论，认为银行卡组织确定的交换费，有可能高于社会最优的交换费。正是基于这一点，澳联储得出需要对交换费实行政府管制，并基于成本定价的结论。但即使是卡茨本人也注意到，罗奇特和泰勒尔并没有认为，银行卡组织确定的交换费一定高于社会最优的交换费。实际上，在有些情况下，完全可能出现相反的情况。这至少反映出，政策制定者对经济学家的研究成果仍然存在一定的误解。

三、银行卡产业是否需要交换费机制

无论是从理论层面还是政策层面，多数人仍然倾向于认为，由于银行卡产业的双边市场特征，交换费是校正外部性带来的市场缺陷所必不可少的机制。但对于交换费究竟应该怎样确定，以及确定什么样的交换费能够满足社会最优，或者银行卡组织确定的交换费是否存在显著的市场缺陷，特别是政府对于交换费的确定究竟应该发挥什么作用上，无论是专家还是业界人士，似乎还存在明显的不同意见。

目前，理论界对于交换费的确定有三种代表性的意见：一是交换费等于零；二是基于成本确定交换费；三是交换费由市场决定或由平台企业确定。零交换费意味着政府补贴，所以在现实中不大可能成为通行的定价机制。到目前为止，多数情形下交换费仍实行市场定价，即由银行卡组织确定。但随着反垄断机构的干预，市场定价方式正逐步趋向基于成本定价，或者政府定价。实际上，尽管管制方式上略有不同，澳大利亚和欧洲都已经开始对交换费实行基于成本的管制，另外一些国家的反垄断机构也在对银行卡产业展开反垄断调查，并准备采取类似的行动。作为沃尔玛案件和解的直接结果，美国的维萨和万事达必须降低签名借记卡的交换费。在降低签名借记卡的交换费后，这些银行卡组织相继宣布提高信用卡的交换费。尽管这里有重新平衡收入方面的考虑，但多数人认为，这种行为有明显的滥用银行卡组织在信用卡市场的支配权力的嫌疑，因此很有可能在未来面临商家的进一步起诉。在不断的反垄断压力下，银行卡组织很有可能最终放弃市场定价机制，被迫接收政府定价。

总之，我们认为，在可见的未来，交换费仍然是银行卡产业的重要机制，但交换费的制定将受到反垄断部门越来越严密的监管，平台企业或成员银行滥用其市场支配地位的空间将变得越来越小。

第四节　本章小结

自从巴克斯特于1983年建立了关于银行卡产业交换费作用的分析框架以来，学术界基于双边市场、并不断模拟更多产业现实因素的交换费理论模型不断得到发展，这些研究为交换费机制本身存在的合理性分析、合理交换费水平的进一步研究奠定了理论基础。

到目前为止，无论是从理论层面还是政策层面，多数人倾向于认为，由于银行卡产业的双边市场特征，交换费是校正外部性带来的市场缺陷所必不可少的机制。但对于交换费究竟应该怎样确定，以及确定什么样的交换费能够满足社会最优，或者银行卡组织确定的交换费是否存在显著的市场缺陷，特别是政府对于交换费的确定究竟是否应该，以及如何干预上，无论是专家还是业界人士，似乎还存在明显的不同意见。

从理论界来看，目前对于交换费的确定有三种代表性的意见：一是交换费等于零，二是基于成本确定交换费，三是交换费由市场决定或由平台企业确定。而从政策实践层面看，欧盟和澳大利亚等国倾向于基于成本对价格进行监管或对其合理性给予判断。而在美国，虽然存在激烈争论，但目前为止仍维持市场定价。

从未来研究方向来看，由于万事达和维萨从非营利性组织转向上市公司，这种平台企业治理结构的转变对其今后的定价策略、定价机制及定价水平有何影响？而其新的定价策略、机制、水平又会对双边市场用户，以及整个银行卡产业的发展产生何种影响？另外，价格等的监管对平台企业的研发、投资等激励有何影响？实施监管后社会福利是否得到、如何得到提高，等等，都是银行卡产业需要不断探讨的问题。

第三章 平台竞争条件下银行卡定价理论综述

第一节 引 言

随着银行卡产业的发展，其经济特征和运作模式越来越受到经济学家们的关注。特别是因具有典型的双边市场性，使得该产业的定价机制与一般产业明显不同。这又引起了各国反垄断和规制机构的密切关注。一系列反垄断案件接连发生，许多理论难题尚待破解。

就银行卡产业的定价机制而言，已经有很多学者从不同角度进行了研究。例如，巴克斯特（1983）强调了使用银行卡进行交易的条件，以及费率结构的重要性，特别是交换费机制的作用；施马伦西（2002）以及罗奇特和泰勒尔（2002）则开始进行实证分析，解释了开放式卡组织（如维萨、万事达）中银行卡费率结构的决定因素，其中，施马伦西主要关注于卡组织在吸引消费者和商户之间的权衡，罗奇特和泰勒尔主要分析了何种情况下所有商户均受理银行卡；赖特（2003）则分析了银行卡定价过程中，导致私人最优和社会最优费率结构发生偏离的因素。

然而，已有的银行卡定价方面的文献，大部分都是从垄断平台（即只有一个卡组织）的角度出发进行分析的。从巴克斯特、施马伦西、罗奇特和泰勒尔到赖特，均是如此。尽管研究发现，即便卡组织垄断，也可能会按照社会最优的费率结构为消费者和商户制定价格，但是很多情况下，私人最优和社会最优会发生冲突，垄断卡组织也始终存在运用市场势力的可能。因而，非常有必要对引入平台竞争（即有多个卡组织）后的银行卡定价问题进行深入分析。对于反垄断和监管机构来说，这一点尤为重要，因为这类研究结果可能会对这些机构规范银行卡市场运行提供重要依据。

近年来，罗奇特和泰勒尔（2003）、格思里（Guthrie）和赖特（2003，2006）、Chakravorti 和罗森（Roson，2006）等人已经开始对平台竞争下的银行卡定价问题进行分析，并且取得了一些进展，达成了部分共识。除此之外，阿姆斯特朗（2005）、罗奇特和泰勒尔（2005）、Caillaud 和朱利恩（Jullien，2003）等人对一般性双边市场中平台竞争的很多研究结论，也可以推广到银行卡市场中。

第二节 垄断平台下的银行卡定价

对于垄断平台下的银行卡定价问题，现有的研究已经很多[①]。罗奇特和泰勒尔（2003）、阿姆斯特朗（2005）、格思里和赖特（2003）以及 Chakravorti 和罗森（2006）等人在研究卡组织竞争下的双边市场或银行卡定价问题时，也均首先分析了垄断平台下的情况，以便于进行对比。

假定垄断平台根据持卡交易的数量，对消费者和商户实行单位收费制，分别收取 p_B 和 p_S 的费用，此时消费者和商户对支付服务的需求函数分别为 $D_B(p_B)$ 和 $D_S(p_S)$。当持卡交易量用 $D_B(p_B)$ 与 $D_S(p_S)$ 的乘积表示时，单位服务总成本为 c 的垄断平台利润可表示为：

$$\pi = (p_B + p_S - c)D_B(p_B)D_S(p_S)$$

在对数凹性的假定下，通过求一阶条件，罗奇特和泰勒尔（2003）推导出了垄断平台实现利润最大化时的定价公式：

（1）价格水平方面，满足

$$\frac{p - c}{p} = \frac{1}{\eta}$$

即垄断平台向消费者和商户收取的总价格满足标准的勒纳指数。其中，$p = p_B + p_S$，$\eta = \eta_B + \eta_S$，$\eta_B = -\dfrac{p_B(D_B)'}{D_B}$ 为消费者端的需求弹性，

---

① 如巴克斯特（1983）、罗奇特和泰勒尔（2002）、施马伦西（2002）、赖特（2003）、Chakravorti 和埃蒙斯（Emmons，2001）、施瓦茨和文森特（Schwartz & Vincent，2003）等。

$\eta_s = -\dfrac{p_s(D_s)'}{D_s}$ 为商户端的需求弹性。

（2）价格结构方面，满足

$$\frac{p_B}{\eta_B} = \frac{p_s}{\eta_s}$$

即垄断平台向消费者和商户收取的相对价格之比等于二者的需求弹性之比。

阿姆斯特朗（2005）、Chakravorti 和罗森（2006）等也都得出了类似的结论。格思里和赖特（2003）在此基础上进一步从商户垄断与竞争两种情况，分析了开放式卡组织作为市场中唯一的支付服务提供者，如何设定交换费。他们的结论是，当商户垄断时，垄断卡组织设定的交换费就是满足社会福利最大化时的水平；而当商户竞争时，垄断卡组织设定的交换费则可能高于社会福利最大化时的水平。该结论可以推广到封闭式卡组织的情况，只是在封闭式卡组织中，由于没有交换费，因而该结论的含义是商户垄断下，消费者支付的卡费和商户支付的扣率之比满足社会福利最大化的价格结构；商户竞争下，相比于社会最优条件而言，消费者支付的卡费偏低，商户支付的扣率偏高。

第三节　平台竞争下的银行卡定价

一、符号与假定

本书在下面的论述过程中对部分变量用如下符号表示：

（1）卡组织为消费者和商户服务的成本分别是 c_B 和 c_s，总成本 $c = c_B + c_s$；向每个消费者和商户收取的单位费用分别由 p_B^i 和 p_s^i 表示，i 表示所属卡组织，假定有两个卡组织 I 和 J。

（2）开放式卡组织中，向商户收取的交换费由 a^i 表示；发卡行和收单机构的利润加价分别为 m_B 和 m_s，总加价 $m = m_B + m_s$。

（3）定义 $\eta_B^o = -\dfrac{p_B \partial\ d_B^i / \partial\ p_B^i}{d_B}$ 为平台竞争下消费者端的自品牌需求弹性（以下简称"自弹性"），其中 d_B 为对称性平台竞争下消费者端的需求。

（4）定义 $\sigma_i = \dfrac{d_B^I + d_B^J - D_B^j}{d_B^i}$（其中 $i, j = I, J; i \neq j$）为平台 i 的单归属指数，表示平台竞争下消费者对平台 i 的忠诚度。当平台为对称竞争时，$\sigma_I = \sigma_J = \sigma$。

（5）定义 $V_k(p_k) = \displaystyle\int_{p_k}^{+\infty} D_k(t)\,dt, k \in \{B, S\}$ 表示平台 k 端用户平均单位交易的净剩余。

另外，本书假定平台竞争下，卡组织对商户采用禁止额外收费规则。

二、不同假设下的分析

对于平台竞争下的银行卡定价问题，学者们从不同的假设出发，分别进行了研究。有些情况下，假设条件的不同使得他们得出了不尽相同甚至完全相反的结论。下面针对三个关键假设，分别进行论述。

（一）假设 1：价格总水平固定与否

银行卡市场属于典型的双边市场，而双边市场的特征是平台向两端消费者收取的价格总水平和价格结构都会影响到交易量。而在罗奇特和泰勒尔（2003）、格思里和赖特（2003）等人对开放式卡组织的分析模型中，都仅考虑了给定价格水平，竞争对价格结构以及社会福利带来的影响。因为在他们的模型中，实际上都是假定均衡情况下卡费和商户扣率分别为 $p_B^i = c_B - a^i + m_B$ 和 $p_S^i = c_S - a^i + m_S$ 的形式，其中 m_B 和 m_S 假定为常数。而由于卡组织服务成本 $c = c_B + c_S$ 通常也为常数，这样一来，每个卡组织向消费者和商户收取的总价格就是常数 $c + m$。

根据这样的假定，罗奇特和泰勒尔、格思里和赖特得到的结论是，卡组织之间的竞争一般不能形成有效率的价格结构。原因是：一方面卡组织在竞争中不会去内部化消费者和商户剩余；另一方面，卡组织过多地参与了吸引商户和争夺消费者的竞争，而最优定价结构则没有这方面的考虑。由于价格总水平固定，卡组织竞争又会降低价格结构的效率，因而容易发现，在罗奇特和泰勒尔、格思里和赖特的模型中，平台竞争可能有害于消费者和商户，并降低社会福利。

而在 Chakravorti 和罗森（2006）的分析框架中，卡组织向消费者和商户收取的总价格则是允许随竞争而变化的，即 m_B 和 m_S 不是常数。这种情况下，他们比较了双寡头和垄断卡特尔的定价情况，结论为：无论是消费者还是商户价格,在双寡头情况下都比在垄断卡特尔情况下更低,或者起码是不会更高。较低的卡费提高了消费者福利,这又间接地提高了商户福利,因为卡组织有了更多的消费者。较低的商户扣率会提高商户福利,这也会间接地提高消费者福利,因为卡组织有了更多的受理卡商户。

这与罗奇特和泰勒尔、格思里和赖特的结论形成鲜明对比。之所以如此,就是因为他们对卡组织向两端用户收取总价格的假定不同。实际上,Chakravorti 和罗森分别研究了卡组织竞争对价格水平和价格结构两方面的影响,他们发现,竞争一方面有助于价格总水平的下降,持卡交易量的上升,从而提高消费者和商户总福利;另一方面又会恶化价格结构,从而降低消费者和商户总福利。因此,平台竞争在银行卡市场中究竟是提高福利还是降低福利,要看两方面的权衡。

显然,罗奇特和泰勒尔、格思里和赖特的分析可以看做是 Chakravorti 和罗森分析的一部分,在卡组织竞争对价格结构的影响这一点上,他们的结论是一致的,即平台竞争可能会降低价格结构的效率和福利影响。当某些情况下,如果能保证卡组织的利润固定,那么平台竞争通常只会改变市场两端的价格结构。从垄断到竞争非但没有好处,而且还可能对社会总福利造成损害。然而,更一般的情况下,如果利润不受限制,总价格下降的影响超过价格结构变动的影响时,竞争就可能会提高福利。

（二）假设 2：单归属与多归属

银行卡市场中,所谓单归属,是指无论有多少种银行卡,用户都只选择使用其中的一种。而所谓多归属,是指用户可以选择使用两种或两种以上的银行卡。

根据用户单归属与多归属的不同,平台竞争下卡组织定价策略存在根本差异。罗奇特和泰勒尔（2003）分别在封闭式卡组织和开放式卡组织下,

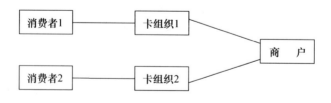

图 3-1　单归属与多归属

说明：图中消费者 1 和消费者 2 均为单归属,商户则为多归属。

研究了消费者多归属对卡组织定价所产生的影响。他们的结论是，无论是对封闭式卡组织还是对开放式卡组织，消费者多归属时，平台竞争均会对商户更有利[①]。从直观上说，这是因为在消费者多归属的情况下，一方面为商户运用引导策略，将消费者引向商户扣率低的卡种提供了可能，另一方面也使得商户采取引导策略更加有利可图，因为卡组织间的商户扣率常常有所差异。

Caillaud 和朱利恩（2003）对竞争性中介的研究发现：（1）当所有用户均是单归属时，除了因为另一端有较多的用户或价格较低外，用户没有对某个平台的内在偏好。结果，市场均衡时所有用户均加入同一个平台，此时的价格结构最有效率。平台利润为 0，因为此时的市场是高度进退无障碍的。（2）当一端用户多归属时，另一端用户也有多归属的激励，因为：一方面，多归属会提高交易成功的概率，因为多加入一个平台，一般新平台能实现原有平台实现不了的交易，这种情况对应整个经济效率的提高；另一方面，在新旧平台均能实现交易的情况下，用户有机会选择费率更低的平台。在所有用户均多归属时，市场均衡也会产生有效率的市场配置。这些结论都适用于银行卡市场。

Chakravorti 和罗森（2006）则在消费者单归属，商户多归属的框架下分析了平台竞争对卡组织定价的影响。这种情况下，卡组织竞争的直接对象是消费者，为此他们尽可能地降低消费者费率；同时由于交叉网络外部性的存在，作为吸引消费者的手段之一，卡组织也要尽可能多地吸引商户，特别是独有——即对自己平台专一的商户，因为卡组织拥有的商户越多，消费者选择该卡组织越能实现更多的交易。但是，Chakravorti 和罗森认为，这并不意味着平台两端价格下降的幅度会是相同的，也就是说，价格结构有可能发生变化。

而阿姆斯特朗（2005）在关于双边市场下平台竞争的研究中，针对一端用户单属，另一端用户多归属的情况，进一步提出了"竞争性瓶颈"的模型。所谓"竞争性瓶颈"，是指当一端用户单归属，同时另一端用户多归属时，平台就不必为吸引多归属一端的用户展开竞争。结果平台在单归属一端竞争激烈，以求独占单归属用户的接入权，单归属端的用户

---

① 参见原文的命题 3 和命题 5。

费率降低，福利提高；平台选择多归属端的用户数目，以最大化平台和单归属端用户的联合剩余，多归属端用户的利益则被忽略。除非多归属端用户之间存在直接外部性①，否则给定每个平台中单归属端用户的数目，多归属端用户数目过少。这实际上意味着存在市场失灵：给定单归属一端的用户分布，多归属端参与人数目可能是次优的。这源于无效率的价格结构，即在平台竞争的情况下，一端用户单归属，另一端用户多归属，所造成的价格结构不但不利于多归属一端，对整个社会而言，也不是最优的。

他所述的情况可以直接用于判断银行卡产业中的效率问题。例如，在银行卡产业中，尽管无论是消费者和商户通常都非单归属，但是瑞斯曼（2004）发现，在美国，尽管消费者可能持有不止一种卡，但是大多数持卡人通常真正使用的只有一张卡，这实际上就是单归属。在商户多归属的情况下，引入平台竞争并不会对该市场的定价问题带来优化，相反却可能降低经济效率和社会总福利。

格思里和赖特（2003）对银行卡市场竞争的研究证实了阿姆斯特朗的结论。进而他们发现，只要有一些消费者多归属，竞争性瓶颈就不存在，此时唯一的均衡要求竞争性卡组织通过提供受理卡激励吸引独有商户。当商户垄断时，这意味着最大化商户的期望剩余；当商户竞争时，则意味着要最大化商户和消费者的期望总剩余。无论商户垄断还是竞争，消费者多归属时交换费在卡组织竞争下都更低。这与罗奇特和泰勒尔（2003）的结论是一致的。

总之，从已有文献看，基本规律是：（1）卡组织竞争下，单归属一端用户通常会得到更低的费率水平；（2）卡组织竞争下，有效率的价格结构要么是平台两端均单归属，要么是两端均多归属，不可能是单归属和多归属的混合（Caillaud & Jullien，2003）；（3）平台两端用户是单归属还是多归属会对竞争情况下的定价机制产生重要影响，任何分析都必须先对该属性界定清楚。

（三）假设3：固定收费制与单位收费制

无论是开放式卡组织还是封闭式卡组织，都既可以对平台两端用户采

---

① 直接外部性是指网络规模越大，网络的价值越大。比如在电信网络中，入网用户越多，可以通话的对象越多，因此入网带来的收益越大。

用固定收费制（fixed fee），也可以采用单位收费制（usage fee），还可以采用两部收费制，即将固定收费制与单位收费制结合。采用不同的收费方式可能对平台竞争下银行卡定价和卡组织利润产生影响。

阿姆斯特朗（2005）的研究认为，固定收费制和单位收费制的关键差别在于：单位收费制下的交叉外部性更弱一些，因为与增加一个用户互动产生的收益会被所增加的支付抵消一部分。如果用户只在交易成功时付费，其就不必担心平台在另一端的表现好坏。这也意味着，为吸引市场一端的用户，平台不必首先使另一端加入平台，每一端的用户都不必担心付"冤枉钱"，从而更愿意加入平台。当两端参与人都这样做时，在一定程度上就解决了"鸡—蛋"问题，平台利润会提高。关于这一点阿姆斯特朗在文中也给出了数学证明[1]。当然，两种收费方式的差别只有在平台竞争时才起作用。在平台垄断时，则没有差别。

尽管罗奇特和泰勒尔（2003）的研究中，大部分内容是假定了采用单位收费制，但是在模型扩展部分，他们也对引入固定收费后的两部定价制进行了讨论。结果发现，引入固定费用，特别是固定使用费后，网络外部性的影响不仅表现在最终用户剩余上，而且还会影响用户需求，从而外部性影响更强。在银行卡产业中，这就意味着对竞争性卡组织而言，他们更加难以内部化这种外部性，因而会影响到卡组织的利润。

Caillaud和朱利恩的研究也肯定了固定收费制与单位收费制存在的差异。特别是，他们发现，为阻止进入，在位厂商向交易收费（即采用单位收费制）而不向注册收费（即固定收费制）更有利可图，此时会形成高度进退无障碍的市场结构。这也是Caillaud和朱利恩研究的一大贡献。

当然，采用不同的收费方式究竟是否会影响到定价，还要看其他条件。例如，罗奇特和泰勒尔（2004）指出，当用户能够对均衡情况下的交易数量做出理性预期时，两种收费方式就没有多大差别，不会对最终的均衡定价和交易量产生实质影响，也不会影响卡组织的利润。

三、平台竞争下银行卡定价的共识

尽管目前针对平台竞争下银行卡定价的专门文献还不多，但是已有的研究已经在一些方面取得了共识，一些在一般双边市场框架下取得的结论

---

[1]　参见原文命题3。

也适用于银行卡产业。这些共识主要可以概括为：

（一）需求弹性是影响银行卡定价的重要因素

与垄断平台下的结果相同，两端用户的需求弹性对平台竞争下的银行卡定价也具有重要影响。这一点从罗奇特和泰勒尔（2003）一文的命题3和命题4中可以清楚地看到。例如，该文的命题3中，他们推导出封闭式卡组织竞争所形成的对称均衡定价满足公式：

$$p_B + p_S - c = \frac{p_B}{\eta_B^o} = \frac{p_S}{(\eta_S/\sigma)}$$

显然，无论是对消费者端还是商户端，自弹性或弹性本身都对竞争所带来的价格具有重要影响。一般而言弹性越高，该端的定价越低。类似的结论在阿姆斯特朗（2005）、Chakravorti 和罗森（2006）中也都有所论述。

（二）商户竞争性影响定价

格思里和赖特（2003）通过比较发现，无论卡组织是竞争还是垄断，商户垄断时银行卡的定价结构均对商户有利。在封闭式卡组织中，这表现为较低的商户扣率和较高的卡费，在开放式卡组织中则表现为较低的交换费。商户竞争则会降低受理卡抵制力，从而降低商户与收单机构谈判时的影响力，因为受理银行卡是吸引消费者的策略性工具之一。这种情况下，"挖墙脚"效应会导致商户扣率或交换费无效率地高。阿姆斯特朗（2005）通过双寡头和垄断平台的比较，也得到了类似的结论。

（三）交叉外部性的相对大小影响定价

阿姆斯特朗（2005）提出交叉外部性的相对大小会对银行卡的定价结构产生影响。他发现，如果平台一端的用户对另一端用户产生相对更强的正外部性，则前一端的用户就会成为平台竞争的目标。特别是在竞争性市场中，是一端用户为另一端用户所带来的收益，而非得到的收益决定了前一端用户的价格。一端用户带来的外部性收益越高，其价格越低。在银行卡产业中，如果消费者从与商户的互动中收益相对更多，成本相对更少，则消费者所面临的卡费就会更高一些。对于这一结论，从阿姆斯特朗（2005）一文命题2和命题3的结论中不难理解。

（四）卡组织类型不影响竞争结果

银行卡产业中一般有两类卡组织类型——开放式卡组织和封闭式卡组

织。对于不同的类型，引入竞争后定价机制是否有所不同？罗奇特和泰勒
尔和（2003）分别进行了研究。结果发现，封闭式卡组织竞争所形成的
对称均衡满足公式①是：

$$p_B + p_S - c = \frac{p_B}{\eta_B^0} = \frac{p_S}{(\eta_S/\sigma)}$$

而开放式卡组织竞争所形成的对称均衡满足条件②是：

$$p_B + p_S = c + m（价格水平）$$

$$\frac{p_B}{\sigma\eta_B^0} = \frac{p_S}{\eta_S}（价格结构）$$

　　可见，尽管由于罗奇特和泰勒尔在开放式卡组织中的分析是假定了固
定的价格水平，但是两类卡组织竞争下所产生的价格结构是一致的。格思
里和赖特（2003）的研究，分别从消费者单归属与多归属、消费者持卡
本身有收益与无收益、商户垄断与竞争等角度出发，比较了封闭式卡组织
竞争和开放式卡组织竞争的定价机制，结果发现就配置效率和社会福利而
言，平台竞争下银行卡的定价机制与卡组织的类型没有内在联系。这一点
从 Chakravorti 和罗森（2006）的研究中也可以得到证实。

　　（五）消费者类型与定价

　　罗奇特和泰勒尔（2003）就消费者类型对银行卡定价的影响进行了
研究。他们认为，大客户③、受控制的消费者④和多归属消费者的存在都
会影响到银行卡的定价。

　　当卡组织中存在大客户时，会使得平台对商户更有吸引力，加入大客
户所属的平台可能成为商户竞争的策略性工具，从而商户会愿意为加入平
台付出更高的成本。这种情况下卡组织就可以提高商户扣率，以降低向消
费者提供服务的成本，消费者所支付的卡费也因此会降低。结果，形成较
低的卡费、较高的交换费和商户扣率。

　　面对受控制的消费者，卡组织不必担心竞争对手的争夺会使得这部分

①　原文命题3。
②　原文命题4。
③　所谓大客户是指对商品购买量较大的消费者。这类消费者无论是对商品本身价格还是对
支付服务价格都有较高的需求弹性。
④　所谓受控制的消费者是指不论卡费如何变化，都会忠于同一个卡组织的消费者。

用户流失，而可以更多地为争夺商户进行竞争。一般而言，这时卡组织可以提高卡费，降低商户扣率。相反，如果消费者不够"忠诚"，而对自身所面临的价格较敏感，面对价格下降，他们会迅速转向其他卡种，则卡组织不敢随心所欲地提高卡费，这时商户扣率相对较高。

关于多归属问题，前面已经提到了，消费者多归属的增加会使商户的引导策略更有利可图，他们可以通过某些手段诱使多归属消费者采用商户扣率较低的银行卡类型，这显然有利于降低商户扣率。

而拥有的现金受限①时，消费者会更倾向于用银行卡进行支付。这种情况下，商户拒卡带来的损失会更大，他们就会愿意为受理银行卡而承担较高的价格。有些情况下，这也会成为商户吸引消费者的重要手段。从而，在存在现金受限的消费者时，竞争性卡组织通常会设定更高的交换费和商户扣率，同时降低消费者所支付的卡费。

第四节　政策含义

关于平台竞争下银行卡定价的研究对公共政策提供了一些启示，这些启示对于反垄断和监管机构采取合理的思路和方法规范银行卡市场运行具有重要意义。

一、垄断未必是无效率的

根据本书第二部分对垄断平台下银行卡定价机制的描述，垄断卡组织价格结构满足条件：

$$\frac{p_B}{\eta_B} = \frac{p_S}{\eta_S}$$

而根据罗奇特和泰勒尔（2003）关于拉姆齐（Ramsey）价格结构的分析，对社会而言，最优价格结构满足条件：

$$\frac{p_B}{\eta_B}\left[\frac{V_B}{D_B}\right] = \frac{p_S}{\eta_S}\left[\frac{V_S}{D_S}\right]$$

可见，相比于垄断平台下的定价结构，社会最优结构下等式两端分别

---

① 详细情况可参考格思里和赖特（2003）关于这一部分的分析。

加入了一个调整项，$\left[\dfrac{V_B}{D_B}\right]$ 和 $\left[\dfrac{V_S}{D_S}\right]$ 分别表示单位交易为消费者和商户提供的平均剩余。当这两项相同时，垄断平台的定价结构就可以满足社会最优条件。尽管目前尚没有文献对究竟哪些条件下可以既保持垄断，又不至于带来市场势力运用和社会福利损失这一问题进行详尽的分析，但是，如前所述，至少格思里和赖特已经证明了，当商户垄断时，垄断卡组织设定的交换费就能满足社会福利最大化条件。而且，相对于竞争，单个卡组织提供支付服务可能会产生某些额外收益，如规模经济与范围经济收益，这也从"生产"的角度为垄断平台的效率问题提供了支持。

二、社会最优定价并非要求公平的成本分配

由格思里和赖特对拉姆齐定价的分析可知，社会最优的拉姆齐定价并非要求在平台两端用户之间进行公平的价格分配，即并不是根据用户两端价格对社会福利的边际影响相等这一条件来定价，而是要以使两端参与人尽可能多地参与平台为目标。这正是双边市场的最大特点。

进一步说，私人和拉姆齐价格结构的主要区别是：拉姆齐价格结构考虑了当在市场一端增加一个最终用户时，对另一端所产生的平均净剩余，从而拉姆齐价格内部化了市场一端对另一端产生的交叉网络外部性；私人商业模式下则没有这种考虑。值得一提的是，线性需求的特殊情况下，所有私人价格结构（无论是垄断还是竞争，也不管是开放式卡组织还是封闭式卡组织）均是拉姆齐最优的。

三、竞争未必是有效率的

一般而言，在其他条件都相同时，平台竞争会降低卡组织设定的交换费水平，但是这不能表明，卡组织的竞争一定是对社会有利的，由于具有双边市场的特征，对单个商户而言，并非商户扣率最低的卡组织是最有吸引力的，因为有交叉网络外部性的存在，商户不仅要考虑自身的费率水平，还要考虑交易量。对消费者而言，也不是说，卡费最低就是福利改进的。

尽管在 Chakravorti 和罗森（2006）的研究框架下，可以证明平台竞争会降低卡费和商户扣率，提高消费者和商户福利，并且提高整个社会的福利。但是 Chakravorti 和罗森的分析并非严格的理论证明，而是通过几个数字例子给出了说明，其普适性尚待检验。而且，在他们的分析中，已经明确指出了平台竞争对价格结构效率性的消极影响。某些情况下，竞争可能对社会福利不是改进而是减少。这一点从罗奇特和泰勒尔（2003）以及格思里和赖特（2003）的研究中也都不难发现。特别是，格思里和赖特发现，当某些消费者如果能从持卡本身获得收益时，面对垄断商户，相同卡组织竞争所形成的交换费会最大化商户剩余，降低消费者剩余，同时也会降低卡组织的联合利润和社会总福利水平。在他们的框架下，还可以发现，当卡组织和商户均是竞争性结构时，银行卡的定价机制与垄断平台下的情况一致。当然，正如格思里和赖特所指出的，这只是因为模型设定的巧合，但是有一点是确定的，即卡组织的竞争一般会对银行卡定价，特别是交换费水平有降低的作用，而商户竞争则恰恰相反，现实条件下，究竟银行卡定价结果如何，其效率和福利影响怎样，还需要具体问题具体分析。

四、斟酌使用反垄断和监管政策

由本节的第一和第三点可知，无论是平台垄断还是竞争，在银行卡市场中对社会福利的影响都不能一概而论。这就使得政策介入在某些情况下是社会所期待的。特别是为限制市场势力的运用，政府监管机构常常会对开放式卡组织中的交换费设定问题施加种种限制，这一点从澳大利亚、欧盟、英国等国家或地区的实践中都可以清楚地发现。但是对于交换费的监管问题，需要指出以下几点：

首先，竞争可能造成对社会总体而言过低的交换费，特别是如果商户由于某些策略性原因而拒卡时。因而，对于政策制定者而言，在监管交换费时，并非一定要追求卡组织竞争的结果，否则可能会造成监管失灵。

其次，当卡组织竞争所形成的低交换费确实提高社会福利时，还应该进行市场分析，以确认卡组织是否拥有市场势力。因为某些情况下，低交换费可能源于驱逐对手定价。而在判断卡组织是否拥有市场势力时，政策制定者应仔细考虑卡组织提供服务的双边性。高卡费或高商户扣率本身均不意味着拥有市场势力。类似地，竞争也不一定会使交换费逼近成本，基于成本制定的交换费未必是有效率的。

最后，从目前各国和地区对交换费的监管实践看，显然这种监管只适用于开放式卡组织，而不适用于封闭式卡组织，因为后者直接制定卡费和商户扣率，没有明确的交换费概念。如果不能同时对封闭式卡组织的卡费和商户扣率也进行相应的规制，不但可能实现不了监管的初衷，还可能造成开放式卡组织和封闭式卡组织的不公平竞争。这也是目前澳大利亚银行卡交换费监管政策引起争议的一个方面。

第五节　本章小结

本章就平台竞争下银行卡定价问题的近期文献进行了综述。尽管诸如价格总水平、用户多归属性、收费制度等关键假定的不同，使得不同的模型和分析得到了不同的结论，但是学者们在许多方面还是取得了共识，如影响银行卡定价的因素，竞争对定价结构的影响、对交换费的影响，等等。这些共识对合理制定银行卡定价政策，提高银行卡市场的运行效率具有重要启示，可以提供理论支持。

当然，目前对平台竞争下银行卡定价问题的研究还刚起步。还有许多问题尚待研究。如引入卡组织之间各种不完全竞争形式，商户之间各种不完全竞争形式后卡组织如何定价，卡组织定价对交易效率产生的影响，消费者选择多归属的潜在原因，以及对平台竞争下银行卡定价的实证研究等等，都是目前还缺乏研究的问题。对这些问题的研究结论，可能会对政策制定产生深远影响。

另外，需要引起注意的是，这些研究基本都是建立在双边市场分析框架下的。而我们也注意到，双边市场理论本身还处在发展之中。因此，今后对双边市场理论以及银行卡产业中平台企业作用研究的重大进展，也许会对这些结论产生影响。

第四章　银行卡定价理论基础
——最优定价

与一般企业不同，双边市场中的平台企业，需要通过同时平衡两个相互依赖、且高度相关的市场需求，并获得利润或者至少保持盈亏平衡。这种商业模式非常独特，其定价方式也因此受到人们的极大关注。为了进一步研究典型银行卡业务中，与平台企业密切相关的批发定价问题，需要对与批发定价密切相关的零售定价方法进行分析。

第一节　最优定价

最优定价是指在既定的市场环境下，厂商为谋取收益最大化的定价方案。在最简单的充分竞争市场情形下，最优价格等于边际成本，但是在更现实的非充分竞争或垄断环境下，区别定价成为价格制定中最常见的定价方式。各种定价环境下的最优定价策略如表 4 – 1 所示。

一、基于区别定价的银行卡最优定价

上两章讨论了在总零售价格水平确定的情况下，如何确定银行卡的最优交换费，但为了确定交换费，还需要确定零售价格。在实际中，平台企业普遍根据商家的性质、风险和规模等因素对 POS 交易的零售价格以及相应的交换费实行区别定价。

（一）区别定价的条件和分类

区别定价理论考虑的主要问题是，如何根据不同竞争环境、不同用户的价格敏感程度等，通过价格设计来对用户进行细分，从而增加利润。区别定价，是指对购买基本上是同一种商品的不同顾客收取不同的价格。由于消费者的偏好不同，以及对某种商品的认知价值不同，使得其对同一商

表 4 − 1　　　　　　　　　　企业价格策略示意

不同环境下价格策略	充分竞争	统一定价 区别定价	价格等于边际成本 拉姆齐定价 统一定价：交叉补贴	
	非充分竞争	产品无差异	区别定价	第一类区别定价 第二类区别定价 第三类区别定价
		产品差异化	横向差异化 纵向差异化 配置效率（区别定价）	各类区别定价
	垄断（管制）	基于成本管制	无生产信息效率（收益率管制、服务成本管制）	
		激励性管制	配置效率（区别定价） 部分生产效率	
		价格上限管制	配置效率：拉姆齐定价 生产效率	

品的支付意愿也各不相同。根据消费者认知价值进行区别定价，是一种合理的能够改进买卖双方福利的定价方式。

成功实施区别定价必须满足三个条件：（1）具有一定的垄断势力；（2）要能够识别对价格有不同预期的顾客，或是能够区分有不同需求弹性的市场区域；（3）顾客没有机会套利，否则低价买进的顾客可以向其他顾客转售该产品，从而消除厂商进行区别定价的市场基础。

著名经济学家庇古将区别定价分为三类。即第一类、第二类和第三类区别定价。

（二）第一类区别定价

第一类区别定价，是指生产厂商对所出售的每一单位的商品收取不同的价格，即完全按照消费者的最大支付意愿（保留价格）制定价格，也称为完全价格歧视。该类区别定价实施的前提，是厂商必须掌握消费者支付意愿或边际效用的完全信息。第一类区别定价可以实现社会最优配置，这是因为厂商在极大化利润时，实际上等于极大化社会福利，只不过此时的剩余分布是不均匀的，更确切地说，厂商得到全部或者大部分剩余①。在现实中，由于缺少必要的信息，完全个性化定价很难实现②，所以这种区别定价只具有理论意义，即保证带来社会有效的资源配置结果。

（三）第二类区别定价

在厂商对用户信息不能完全获得、只知道用户偏好分布而不知道具体的偏好值的情况下，需要解决的问题是，在尽可能挖掘用户价值的同时，保证不同的用户不会模仿其他用户的行为，特别是高端用户不会去模仿低端用户，即选择为低端用户设计的价格，可以通过设计用户自我选择机制来实现，在保持用户激励相容的同时极大化利润，这就是第二类区别定价。所谓第二类区别定价是指厂商对同一需求曲线上的不同产出区间收取不同的价格。通常是根据不同的购买数量制定不同的价格，常见的方法有数量折扣和二部定价等。显然第二类区别定价为非线性定价。

最优非线性定价具有几个非常重要的性质：（1）可以针对不同类型的用户，设计用户自我选择的不同定价（称为分离解）。（2）对偏好最高（消费倾向最高）的用户实行边际定价，而其他用户的边际价格都要大于边际成本，即要有一个正的单位利润，换句话说，最高端（消费倾向最高）的用户所得到的消费者剩余最大，而最低端用户的剩余只等于机会成本。（3）分离不同偏好用户的难易程度取决于用户偏好的分布，具体而言，高端用户越多，低端用户的单位利润贡献越大，或者说低端用户的消费者剩余就越小，从而使高端用户越不愿意模拟低端用户的行为；反之，低端用户越多，低端用户的单位利润相对较小，就可以保持激励相容约束。（4）在一定条件下，最优定价曲线为非线性凹形曲线，该性质保证，可以用一系列二部制定价实现最优定价，也就是说，二部制定价可以逼近作为下端包络线的最优定价曲线。

（四）第三类区别定价

以上是针对同一类商户的最优定价，对于不同类别商户的定价应采取第三类区别定价。所谓第三类区别定价，是根据具有不同需求曲线的用户

---

① 在垄断时，消费者的剩余为零，但是在竞争时，消费者只是相对于剩余需求时的剩余为零，但是当存在竞争时，相对于非剩余需求的剩余大于零。

② 随着市场用户信息市场的发展，运营商可以得到更多的用户信息，从而改善区别定价。

群体制定不同的价格。

根据定义，实行这类区别定价有两个前提：（1）虽然厂商不知道个体用户的信息，但知道某些群体的信息，因此可以根据这些信息，按照区域和人群进行市场分割。（2）能够有效地阻止套利发生。对于需求曲线不同的市场区域，要想获得最大化利润，厂商定价应使得其边际收益等于边际成本。因此，第三类区别定价的最优定价原则为所谓的拉姆齐或反比弹性定价原则，即在价格需求弹性越大的分割市场，其价格越低，单位利润就应该越小；反之亦然①。容易理解，这类区别定价的一个重要特征是线性定价。需要引起注意的是，第三类区别定价容易受到反垄断机构的审查。

第二类区别定价与第三类区别定价的不同，主要在于第三类区别定价利用了关于需求的直接信号（细分市场的依据），而第二类区别定价是通过消费者对不同消费品的选择来达到消费者的自我选择机制。

二、多产品最优定价

以上讨论的是单一产品的最优定价，对于银行卡产业，随着各个环节竞争的加剧，平台企业及成员不断推出名目繁多的银行卡产品，因此价格设计还需要考虑到产品差异化策略的影响，而这些策略主要是通过产品细分策略来体现的。

产品细分策略的出发点，是通过产品细分增加市场支配力，或减少市场竞争，从而增加利润。产品细分是根据横向产品差别和纵向产品差别来进行细分的。横向产品差别是指在产品制造过程中所需资源数量一样，但在设计中却存在差异的产品之间的差别，即不同用户有不同偏好。比如，在银行卡品牌策略下，不同人对不同品牌的卡有不同的偏好；而纵向产品差别是指用户具有一致的偏好，主要是按照某种品质要求所生产的一系列产品之间的差别。比如金卡和普通卡用户所享受的服务质量是不同的。选择不同产品细分组合，会对竞争结果，从而对价格设计产生不同影响②。

在多产品情形下，需要针对不同卡产品用户的多维偏好信息，反映不

①　这里的弹性不仅包括自弹性，还包括交叉弹性，并且竞争会通过替代影响弹性。
②　到目前为止，移动运营商主要采取的产品区分策略包括：（1）网络覆盖。由于网络覆盖影响通话质量，所以网络覆盖可以看成纵向产品区分的参数，在移动网络发展的初期尤其如此，但随着网络的不断发展，其影响显然会减弱。（2）用户锁定。很多企业通过补贴等手段，将用户锁定在自己的网络上。

同产品之间的互补或替代关系，以设计不同产品捆绑的最优价格。

第二节　银行卡 POS 交易定价的决定因素

根据产业组织理论，某种商品或服务价格的确定主要取决于成本、需求和竞争状况（指市场结构、竞争策略）三种因素，其中成本主要是指提供该业务的边际成本（或增量成本）；需求是指用户有现实支付能力的支付意愿①；竞争主要指该产业的市场结构及竞争者的行为方式②，而不同市场结构、竞争方式对定价的影响不同。如完全竞争市场、寡头市场、垄断市场下，其均衡价格、获利水平及社会福利均不同；再比如选择价格竞争（伯特兰竞争）和数量竞争（古诺竞争），会产生完全不同的均衡价格。换句话说，取决于竞争因素的影响，均衡价格可以在位于用户意愿支付和成本之间的任一点（见图 4 - 1）。已有的研究表明，银行卡支付定价取决于商户和消费者的需求、系统成本、支付方式的竞争状况等因素。

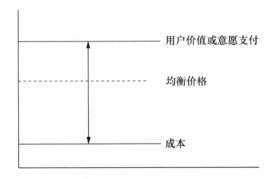

图 4 - 1　定价需要考虑的因素

---

① 注意：这里所说的是企业面对的需求曲线，而不是产业需求曲线，对应的是企业需求弹性而不是产业需求弹性，在存在竞争时，两者并不相同，前者要大于后者。

② 为了分析竞争者行为，经济学家主要使用对策论工具，使用的是纳什均衡概念。所谓纳什均衡是指竞争对手都不愿意自动偏离的状态。有了这样的概念，在假设一定的行为方式后，就可以预测市场竞争结果。但竞争分析的难点在于，竞争均衡取决于竞争对手的行为假设，行为假设不同，竞争均衡结果也会不同。

一、成本因素

成本因素是产品或服务定价需要首先考虑的一个重要因素，即产品或服务的价格水平必须能够补偿其成本。对于银行卡支付产业，价格总水平必须能够补偿其共同成本。银行卡支付根据成本产生的环节来分，包括发卡成本、转接成本和收单成本。银行卡支付的成本项目包括固定投入和运营成本。后者包括数据处理成本、人力成本、融资成本和坏账成本等。

这里有必要再次说明，银行卡支付产业对共同成本的补偿，是通过商家支付大部分费用，而消费者只支付很少的商业模式，即主要是对商家收费来弥补成本的。由此出现了通过交换费来平衡发卡端与收单端利益的机制，因此，交换费定价主要考虑的因素不是成本。

银行卡跨行交易需要通过网络转接，而转接网络平台的建设和维护则需要投入，因而发生成本，因此必须收取转接费。按照"谁投资、谁受益"的原则，平台企业的网络服务费通常是基于成本定价。卡组织转接费必须基于经济成本[①]，它意味着该成本必须为：使用前瞻性（而非过时的或淘汰的）技术的厂商的有效成本。初期结合投入成本、运营成本，考虑培育受理市场的因素，通过转接费收取的形式使投入获得补偿并获得合理收益。在银行卡市场成熟、银行卡交易普及的情况下，这时的网络资源类似于基础设施，具有公共产品的属性，当投入已收回，应从社会整体福利出发，转接费的收取应以补偿营运成本为目的，不应以盈利为目的。

平均成本对价格水平产生影响。近年来，随着银行卡支付平均成本的降低，其价格水平趋于下降。这是由于，一方面银行卡产业是典型的具有网络规模效益的产业，随着银行卡支付产业的发展，卡交易规模不断扩大，单笔交易的成本随之降低；另一方面，自 20 世纪 90 年代以来信息技

---

① 相关的理论文献见 Armstrong，M.（2002），The Theory of Access Pricing and Interconnection，in *Hand book of Telecommunications Economics*，Volume1，ed. by M. E. Cave etal.，North - Holland；Laffont，J. - J.，P.，Rey，J. Tirole（1998），Network Competition I and Ⅱ，*Rand Journal of Economics*，29，1 - 37 and 38 - 56。

术和通信技术的迅速发展，使得银行卡交易系统、交易终端以及交易处理的成本都已经有较大幅度的下降。基于这两方面的因素，在那些银行卡市场较为发达的国家（比如欧盟和澳大利亚等），银行卡单笔交易的成本实际上已经有了较大幅度的下降。

此外，转换成本的存在影响商户手续费的定价。所谓转换成本是消费者在更换卖主时所付出的成本。出现这种成本是因为消费者在当前的购买和过去的投资之间想兼而有之。在银行卡市场，商家转换成本就是受理商户在更换收单机构或银行卡组织时所付出的非价格成本。现有研究表明，存在于第二期的转换成本降低了第一期的市场价格，而且转换成本与商户手续费存在反比关系。

二、需求因素

银行卡支付产业的需求由平台两端的需求共同决定的，无论价格高低，如果对于一边没有需求，则另一边的需求也会消失。消费者对银行卡支付方式的需求取决于消费者的持卡需求和刷卡需求，即由银行卡产业成员外部性与使用外部性决定。

通常需求具有价格弹性，银行卡支付需求的价格弹性影响银行卡的定价。无论是垄断平台，还是竞争性平台，两端用户的需求弹性对银行卡定价具有重要影响，一般而言弹性越高，该端的定价越低。

此外，替代产品的存在影响对该产品的需求，进而对定价产生影响。替代产品少，市场需求高，则银行卡的定价可提高；若替代产品多，市场需求低，则银行卡的定价会相应降低。如果银行卡的定价过高，则客户会根据自己的实际收入选择支票、现金、电子支付等支付方式，从而迫使银行卡的价格下降。

三、市场竞争

在双边市场中，每一边市场的定价依赖于双边的竞争程度以及平台企业间的竞争。在平台总成本一定的情况下，发卡机构间的竞争和收单机构间的竞争将决定价格的高低，假设其他因素不变，竞争越激烈，商户和持卡人共同支付的总费用也就越低。

（一）平台竞争

平台竞争对银行卡支付价格的影响有价格水平和价格结构两方面。

第一，从价格结构来看，已有的研究结果表明，在给定价格水平下，平台企业间的竞争一般不能形成有效率的价格结构[1]。其原因包括：一方面平台企业在竞争中不会去内部化消费者和商户剩余；另一方面，平台企业过多地参与了吸引商户和争夺消费者的竞争，而最优定价结构则没有这方面的考虑。由于价格总水平固定，平台竞争会降低价格结构的效率，因而可能对消费者和商户造成不利影响，降低社会福利[2]。在某些情况下，如果能保证平台企业的利润固定，那么平台竞争通常只会改变市场两端的价格结构。因此，现有的研究文献认为，从垄断到竞争非但没有好处，而且还可能对社会总福利造成损害。

然而，在更一般的情况下，如果利润不受限制、总价格下降的影响超过价格结构变动的影响时，竞争就可能会提高福利。

第二，从价格水平看，银行卡平台企业之间的竞争影响着交换费和商户扣率水平。研究发现，竞争一方面有助于价格总水平的下降，持卡交易量的上升，从而提高消费者和商户总福利；另一方面又会恶化价格结构，从而降低消费者和商户总福利。这是由于交换费是发卡银行考虑选择加入哪家平台企业的重要因素，平台企业之间的竞争，使得平台为吸引发卡机构不断提高交换费水平。因此，在银行卡市场上，平台竞争究竟是提高福利还是降低福利，要看上述两方面影响的权衡。

此外，无论对于持卡人还是商户，其所面临的价格在双寡头情况下都比在垄断卡特尔情况下更低。同时，如果平台企业降低对商家的收费会产生两种结果：一是原来不选择受理银行卡的商家选择加入该平台，二是原来选择受理两种卡的用户只选择使用收费较低的卡种[3]。

第三，竞争平台上的消费者类型对银行卡定价产生影响。研究[4]表明，大客户[5]、受控制的消费者[6]的存在，都会影响到银行卡的定价。大

---

① 罗奇特和泰勒尔（2003a）、格思里和赖特（2003）等人分析了在给定价格水平下，卡组织竞争对价格结构和社会福利带来的影响。

② 罗奇特和泰勒尔（2003a）、格思里和赖特（2003）。

③ 罗奇特和泰勒尔（2002）。

④ 罗奇特和泰勒尔（2003a）。

⑤ 所谓大客户是指对商品购买量较大的消费者。这类消费者无论是对商品本身价格还是对支付服务价格都有较高的需求弹性。

⑥ 所谓受控制的消费者是指不论卡费如何变化，都会忠于同一个卡组织的消费者。

宗买家的存在提高了卖方价格并降低了买方价格。同大宗客户作用一样，买方忠诚度的提高也会使得价格结构向着有利于卖方的方向倾斜。

当平台企业有大客户时，会使得平台对商户更有吸引力，加入大客户所属的平台可能成为商户竞争的策略性工具，从而商户会愿意为加入平台付出更高的成本。这种情况下平台企业就可以提高商户扣率，以降低向消费者提供服务的成本，消费者所支付的卡费也会因此降低，从而形成较低的卡费、较高的交换费和商户扣率。

面对受控制的消费者，平台企业不必担心竞争对手的争夺会使得这部分用户流失，而可以更多地为争夺商户进行竞争。一般而言，这时平台可以提高卡费，降低商户扣率。相反，如果消费者不够"忠诚"，而对自身所面临的价格较敏感，面对价格下降，他们会迅速转向其他卡种，则平台企业不敢随心所欲地提高卡费，这时商户扣率相对较高。

第四，平台两端用户是单归属还是多归属[1]会对平台竞争情况下的定价机制产生重要影响。这种影响主要体现在以下几个方面：首先，平台竞争下，单归属一端用户通常会得到更低的费率水平。卡组织之间的竞争使得卡组织对其专一的会员降低各种系统服务费用（包括转接费）或给予其他特殊优惠。其次，平台一边的多归属使得平台另一边的竞争更加激烈[2]。买方的多归属会刺激卖方的"策略引导"行为，并使得价格结构对于卖方有利。也就是说，当消费者多归属时，平台竞争均会对商户更有利[3]。这是因为，一方面商户运用引导策略，将消费者引向商户扣率低的卡种，另一方面因为卡组织间的商户扣率常常有所差异，使得商户采取引导策略更加有利可图，有利于降低商户扣率。再次，在商户多归属的情况下，引入平台竞争可能不但不会优化该市场的定价问题，甚至还会降低经济效率和社会总福利。[4] 最后，卡组织竞争下，要实现有效率的价格结构，要么是平台两端均单归属，要么是两端均多归属，不可能是单归属和

---

① 所谓单归属，是指无论有多少种银行卡，用户都只选择使用其中的一种。而多归属则是指用户可以选择使用两种或两种以上的银行卡。

② 罗奇特和泰勒尔（2004）。

③ 参见罗奇特和泰勒尔（2003a）的命题3和命题5。

④ Chakravorti 和罗森。

多归属的混合①。

（二）发卡市场、收单市场的竞争

由于进入和退出发卡市场的壁垒较低，通常发卡市场竞争非常激烈，由此导致持卡人多归属的增多及持卡人转化成本的降低，进而直接影响了持卡人对某种卡的刷卡需求，从而促使发卡机构对消费者持卡收费的降低。持卡人可以根据每种卡的相对优势和使用成本，自由地选择使用不同的卡进行交易，甚至还可以用某种卡来取代另一种卡。

收单机构之间为争夺商户而展开竞争，而发展商户的主要手段是价格和服务。虽然收单机构可以通过提供更多增值账户服务来实现差别化，但是收单业务主要是以尽可能低的价格提供可靠的交易处理服务。收单市场的激烈竞争，导致商户转换成本的降低和多归属的增加，从而促进了商户收费价格的降低。特别是，由于大商户能使收单机构获得规模经济收益，具有较大的市场谈判力，收单机构的相互竞价和大商户更换收单机构的威胁推动了大商户所付价格的下降。

第三节　ATM 定价的基本理论

银行卡 ATM 业务由于只有持卡人一个用户，因而是一个单边市场，并且银行卡 ATM 跨行交易是一个典型的双向接入（Two - way access）问题，因此银行卡 ATM 跨行交易交换费定价的基础为双向接入定价理论。

拉丰、雷伊和泰勒尔对于接入定价进行了开拓性的研究。他们（1998a，1998b）与阿姆斯特朗（1998）得出了相似的结论：在网络提供者实行单一定价、且不能对其客户的网内和网外呼叫进行区别定价时，由于"提高彼此成本效应"的作用，过高的接入费（access fee）是一种隐性的合谋；但是当厂商可以进行区别定价和/或实行两部定价时，过高的接入费便不再能够起到合谋的作用。

另外，在上一章关于 ATM 交换费研究综述中，我们以了解到，是否和如何收取附加费也是 ATM 网络批发定价的重要决定因素，因此，除双

---

①　Caillaud 和朱利恩（2003）。

向介入理论外，本节也将讨论 ATM 网络附加费理论。

一、双向接入理论

根据拉丰、雷伊和泰勒尔（1998a）提出的"均衡呼叫模式"[1]，在 ATM 网络中，只要对跨行取款不进行区别定价，客户将会选择距离其最近的 ATM（不管它是不是本行拥有的）取款，只要客户是均匀分布的，那么任何一台 ATM 被客户利用的次数将是相等的。均衡呼叫模式会带来运营商接入费的收支平衡，但对于 ATM 交易却不必然会这样，交换费的收支平衡必须考虑银行的发卡量和 ATM 数量之间的关系。

双向接入理论[2]的几个最主要结论是：

首先，在某些条件下，零售价格的竞争均衡可能不存在。比如当交换费远高于跨行业务的成本时，高交换费导致较高的跨行费和附加费，但是当跨行费和附加费很高，并且银行之间的竞争很强时，每家银行都想自己杀价，以便独占市场，但独占市场的情况又不可能是均衡状况，因为其他银行可以效仿先行杀价的银行[3]，换句话说，可能的均衡只能是对称的市场结构或者垄断的市场结构，这两种情况又都不是均衡，因此不存在（纳什）竞争均衡。

那么均衡不存在的经济含义是什么？看起来，均衡不存在似乎是一个纯粹的技术问题，但实际上，这是一个非常强劲、并具有重要政策含义的问题。在经济学意义上，不均衡意味着不稳定的市场竞争，说明存在市场缺陷，而市场缺陷的存在是政府干预市场的主要理由。因此，这个结果的政策含义在于：指出了政府对于跨行交易进行干预的必要性，并且给出了干预的一个基本原则，即在网络竞争比较激烈的条件下，交换费应位于交换成本的领域，否则就会产生资源配置效率损失的问题（但是在银行替代比较小时，竞争均衡总存在）。

---

① 拉丰、雷伊和泰勒尔（1998a）在研究电信网络竞争中有一个重要假定就是均衡呼叫模式，即在没有价格歧视（呼叫本网用户和外网用户的话费是一致的）的情况下，任何用户都以相等的概率呼叫其他用户或接受到来自其他用户的呼叫（不论是本网的还是外网的），所以只要两个运营商的价格相等，其接入费的支出和收入必然是平衡的。

② Laffont, J. J., P. Rey, and J. Tirole (1998b): "Network Competition: I. Overview and Non-discriminatory Pricing", Rand Journal of Economics 29, 1998.

③ 这里的杀价行为是指零售竞争，也就是说，批发交易定价影响零售竞争行为。

其次，在均衡存在的情况下，即当交换费位于互联成本的领域，或者银行间替代性比较大时，零售价格的竞争均衡存在。但是，即便存在竞争均衡，仍存在市场缺陷问题，此时的市场缺陷主要与市场支配权力等因素密切相关，或者说存在高零售价格或存在零售超额垄断利润。在这种情况下，交换费可以发挥重要的资源配置作用，即政府通过控制交换费，降低零售市场的高价，使之恢复到社会有效定价水平（也称拉姆齐定价）。根据这个结果，社会有效的交换费与零售市场竞争状况和固定成本有关，所以社会最优的交换费既有可能高于跨行业务的成本，也有可能低于跨行业务的成本。比如当垄断加价很高而固定成本较低时，社会有效交换费低于跨行业务成本。换句话说，如果管制机构希望用交换费作为工具，校正零售市场的市场支配权力带来的垄断高价，基于成本的定价原则（定价等于长期增量成本）不一定达到社会有效的资源配置结果。

再次，在均衡存在和线性定价的情况下，均衡零售价格为交换费的增函数，因此可以通过协商确定较高的交换费，互相抬高对方的成本，通过默契合谋制定较高的最终价格，获取行业垄断利润，因此银行可以把交换费作为合谋的工具，也就是说，社会最优的交换费肯定低于导致垄断利润的结算价格。这个结果表明，管制机构对互联价格进行管制的一个重要目的，就是防止这种管制环境下合谋的出现。但需要特别强调的是，在非线性定价时，不会存在合谋问题。

最后，如果存在网络外部性，社会有效的交换费应高于跨行交易成本。假设多个银行提供基本储蓄和提现服务，并且在共享网络上，可以使用 ATM 卡在任何 ATM 上提现，唐兹和杜布克（Donze & Dubec）[①] 得到了子对策完美均衡，根据这个结果，为了避免"搭便车"，交换费必须大于边际成本，加价幅度取决于银行的个数和 ATM 的数量。

以上结果说明，在 ATM 的接入环节，包括 ATM 机的接入和银行卡网络的接入，可能产生市场支配权力问题，因此需要政府监管部门给予密切关注，在必要时，由政府部门直接进行管制。正是基于这个原因，中国人民银行对银行卡 ATM 交易定价实行了一定程度的政府管制。

---

① Donze, Jocelyn, and Isabelle Dubec (2003), The Role of Interchange Fees in ATM Networks, Mimeo, IDEI.

二、附加费理论

马索德和伯恩哈特（Massoud and Bernhardt，2002）根据 ATM 数量内生和不考虑交换费的假设，证明了银行会对本行客户收取较高的账户费和最低甚至为零的 ATM 使用费，而对其他银行的客户收取较高的额外费。如果强制实施非歧视性定价，也就是统一定价，那么银行就会合谋提高额外费，以获得更高的利润。此外，他们对麦克安德鲁斯（McAndrews）的模型进行了拓展，研究了两个规模不对称的银行相互竞争的情形，结果发现大银行比小银行收取更高的额外费，以此来吸引更多的潜在客户加盟。埃科诺米德斯和萨洛普（Economides & Salop，1992）利用古尔诺模型，把储蓄服务和 ATM 提现看成互补服务，由此得出如果任由发卡银行和 ATM 所有者独立定价，由于任何一方在定价时，都不会把自己的定价造成对方需求下降的可能性考虑在内，价格水平将高于共同极大化利润的水平。但有些人认为（比如萨洛普等），因为假设竞争者的数量固定，基于该模型得出的结论并不可靠。现实中收取附加费的趋势，以及理论上存在的分歧，导致公共政策上的不同意见：一些人认为，附加费增加了投资动机，因而要比交换费机制好；另一些人认为，附加费会减少竞争（McAndrews，1998）。

第四节　银行卡 ATM 交易定价的影响因素

根据产业组织理论，一般来说，均衡定价取决于业务成本、需求、竞争等多种因素。均衡定价与 ATM 产业是否与市场支配权力密切相关，如果 ATM 业务市场竞争充分①，那么定价非常简单，此时跨行交易的批发价格和零售价格都应该等于成本；但是如果存在市场支配权力，那么均衡定价非常复杂，与成本、需求、竞争等多种因素相关。下面的讨论将针对 ATM 业务市场竞争不充分的一般情形。

---

① 如果零售市场竞争充分，但是接入市场竞争不充分，存在高接入定价问题，此时总利润为零，但是高接入价格对零售价格提供交叉补贴，如移动电话的竞争。本书的讨论忽略这种情形。

一、成本

根据有效定价原则，定价应该反映成本归属关系，特别是要反映成本驱动因素。ATM 产业属于网络产业，它需要大量的资本投资于网络建设，如终端设备、计算机设备等，沉没成本很大。因各地 ATM 品牌、环境、耗材各异，运营成本存在一定的差异。通常每台 ATM 运作成本主要包括：购机费、管理人员人工费、电脑程序维护费、设备保修费用、场地租赁费用、通信租赁费用、电费、各种耗材、现金占用费用，等等。

贝恩、唐兹和杜布克（Bian Donze & Dubec，2002）认为，ATM 网络较高交换费的首要原因，是 ATM 出机方需要弥补 ATM 布放和终端驱动的成本。虽然随着技术进步和产业发展，终端价格下降很多，但仍然构成了 ATM 交易成本组成中的最大部分。如果不能从发卡机构那里获得补偿，ATM 受理终端不可能发展这么快。如果 ATM 受理环境差，ATM 产业也不会获得现在的发展优势。

二、需求

符合效率原则的接入定价法不但要考虑成本因素，而且要考虑需求因素。通常对 ATM 交易需求包括两个层次，一是对于 ATM 网络接入需求；二是指持卡人对于使用 ATM 设施的意愿。对于 ATM 网络，萨尔纳和谢泼德（1995）认为，共享网络或 ATM 网络互联的主要原因是，存在需求网络效应。麦克安德鲁斯（2001）、唐兹和杜布克（2003）将消费者对 ATM 的需求产生的原因看做是消费者外出时（例如购物）突遇的现金需求冲击，也就是说消费者对 ATM 需求是外生的。

根据有效定价原则，ATM 服务价格与该项业务的需求弹性成反比，需求弹性越大，其加价幅度就越小。对于第一层次的 ATM 网络接入需求直接对 ATM 交易的批发价格产生影响，并间接作用于零售价格。由于转接接入属于单向接入问题，转接需求与转接费有负向作用，转接需求越大，有利于提高转接费；对于交换费的双向接入，互联接入需求的增长有利于提高交换费，但主要取决于市场竞争结构，而交换费的提高有利于促进互联接入。对于第二层次的需求，持卡人的 ATM 服务需求对 ATM 零售价格有负向作用。

另外，不同产品或服务之间互补性和替代性的关系对服务价格也会产生影响。ATM 替代产品的数量及价格将影响 ATM 的价格水平，替代品（如 POS 业务、移动支付、电话支付以及互联网支付等）越多、价格越低，将迫使 ATM 业务价格下降；对互补品（如储蓄业务）的需求将影响对 ATM 业务的需求，从而对其价格产生影响。ATM 互补业务需求的增大，意味着对 ATM 业务需求的增大，从而有利于 ATM 业务价格的提高。

三、市场竞争状况

在一个一般的 ATM 产业，产业链各个环节都存在着竞争，主要来自发卡市场、受理市场和网络服务市场三个方面，竞争的主体主要是提供发卡业务和收单业务的银行、一级提供网络服务的 ATM 平台型企业。

ATM 网络服务可能存在竞争，也可能由一家银行卡网络提供。麦克安德鲁斯和罗伯（Rob，1996）发现在集中度越高的市场，ATM 转接费较高，这表明大型网络运营商能依靠其充分的市场垄断力，获得网络外部性带来的收益，但大型网络提供的集中化产品一般每笔交易的成本较低，而且可以使用户更愿意购买。另外，尚没有证据表明现在的集中化程度阻碍了竞争。虽然合并使网络数量、第三方处理商减少了，但现存的网络数量、第三方处理商、ISO 之间的价格竞争、科技创新竞争仍然很激烈。因此，金融机构、持卡人、商户仍然不仅可以享受到较低的转接费和其他交易处理费，还可以享受技术进步带来的福利。

当银行之间展开竞争时，需要考虑非常复杂的策略性因素，而不是简单的成本收益分析①。每家银行不仅要为争夺用户市场份额展开竞争，同时还要考虑收单市场或批发市场的竞争。在竞争性金融服务市场，金融机构要极大化利润，而利润来自于发卡和收单两个市场的利润，更重要的是，这两个市场的利润是相互关联的：如果只考虑争取用户，而不注重 ATM 投资，那么会带来零售市场的收益，但是服务成本会比较高，跨行交易会增加，在交换费大于成本的情况下，会带来批发市场的亏损；反之，ATM 投资策略带来的收益是，跨行净收入增加，服务成本降低，但是零售收入会降低。

麦克安德鲁斯（2001）研究了取款次数外生时银行对 ATM 服务的费率选择，他发现大银行会收跨行费，而小银行则不会；额外费率与全体银

---

① 之所以需要考虑零售竞争是因为，批发定价（交换费和转接费）的确定影响竞争均衡，或者说，批发定价影响资源配置结果，因此不论是从公共福利角度，还是基于企业极大化利润，批发定价对零售定价或资源配置（消费者剩余）的影响，都是决定批发定价的最主要因素。

行的数目、ATM 间距、银行规模正相关，而与交换费负相关。马索德和伯恩哈特（2002）证明银行会对本行客户征收较高的账户费和最低的（为零）ATM 使用费，对他行客户征收很高的额外费，并且账户费和额外费都与银行规模正相关；由于银行较易从其本行客户获得利润，所以银行会征收很高的额外费以吸引客户的加入。克罗夫特和斯宾塞（2003）通过环形区位模型研究了客户基础不同、但 ATM 数量相同的两个银行之间的竞争，发现客户多的银行倾向于收取较低的交换费，并且不收额外费，而客户少的银行和非银行 ATM 出机机构则相反；只有客户数量对称的银行才会达成禁收额外费的协议，但这样做会导致交换费和跨行费的提高。汉农、凯泽、普拉格（Hannon, Kiser, Prager）和麦克安德鲁斯（2003）根据 1997 年美国银行业 ATM 的相关数据，实证分析了额外费的决定因素，发现资产规模和 ATM 市场份额较大的银行通常会收取额外费，并且额外费与潜在客户的规模正相关。由此可见，银行收取额外费更多是出于对竞争策略的考虑，以此来提高竞争对手客户的成本，从而扩大自己的市场份额。

除了 ATM 产业内部各参与主体的相互竞争以外，ATM 业务还面临其他替代业务的竞争。对于其他支付工具发展和完善，如 POS 业务、移动支付、电话支付以及互联网支付都对 ATM 业务存在替代竞争。报告显示，美国自 2002 年 ATM 业务规模达到高峰，随后呈现下降趋势。

第五节　本章小结

本章从银行卡服务平台的供给和需求两个方面，先分析了影响银行卡定价的理论因素，然后就这些因素对具体价格的影响进行了定性分析。

一般而言，在更现实的非充分竞争或垄断环境下，区别定价成为价格制定中最常见的定价方式。理论上，将区别定价根据厂商对用户信息的掌握情况分为三类，第一类区别定价即完全歧视价格只有理论意义，因为厂商不可能掌握其所有用户的完全信息。第二类区别定价与第三类区别定价的不同，主要在于第三类区别定价利用了关于需求的直接信号（细分市场的依据），而第二类区别定价是通过消费者对不同消费品的选择来达到消费者的自我选择机制。

在多产品情形下，厂商需要针对不同银行卡产品用户的多维偏好信息，反映不同产品之间的互补或替代关系，从而最大化自己的利润。与其他非充分竞争的产业产品情况相类似，银行卡支付定价也取决于商户和消费者的需求、系统成本、支付方式的竞争状况等因素。银行卡支付产业与其他产业不同的是，其支付服务需求是由平台两端的需求共同决定的，无论价格高低，如果对于一边没有需求，则另一边的需求也会消失。这种情况在平台发展初期尤其需要引起重视。此外，平台之间的竞争、发卡市场和收单市场的竞争，都对银行卡双边市场的零售价格有重要影响，从而也会影响与之相关的批发定价。因此，在银行卡定价研究中，需要针对具体的市场情况，综合分析各种需求因素，才有可能最大化平台企业的利润。由于银行卡 ATM 交易不同于 POS 交易的网络特征，两者的定价基础也完全不同，ATM 交易定价主要以双向介入理论和附加费理论为基础，本章在简要介绍了这些理论之后，根据这些理论也从成本、需求和市场竞争三个方面分析了影响 ATM 交易定价的主要因素。

附录：拉姆齐定价与估计

一、拉姆齐定价理论

拉姆齐（Ramsey）定价模型起初用于最优税收理论研究，随着 Boiteux 等学者对于模型的改进，此模型逐渐被用于自然垄断企业产品的定价问题。其基本思想就是在满足企业盈余平衡的条件下，实现社会福利（消费者与生产者总剩余）最大化。因此普遍认为拉姆齐定价是一种次优定价理论。具体通过以下规划数学的方法推导求得：

消费者剩余：$Z_i = \int_0^{q_i} p_i(q)\, dq - p_i(q_i) \cdot q_i$

生产者剩余：$\prod = \sum p_i(q_i) \cdot q_i - C(q_i) \qquad i = 1, 2, 3, \cdots$

规划问题：

$$\text{Max} \quad S = \sum Z_i + \prod$$

$$s.\,t. \quad \sum p_i(q_i)\, gq_i - C(q_i) \geq 0$$

其中，$\sum p_i(q_i) \cdot q_i$ 表示企业收入，$C(q_i)$ 表示企业成本，

则有：$W = S + \lambda \left[\sum p_i(q_i) \cdot q_i - C(q_i) \right]$

其中，λ 为拉格朗日乘子。

对上式左右两边分别求一阶偏导，得：

$$\frac{\partial W}{\partial q_i} = (p_i - MC_i) + \lambda \left(\frac{\partial p_i}{\partial q_i} \cdot q_i + p_i - MC_i \right) = 0$$

$$\Rightarrow \quad (1 + \lambda)(p_i - MC_i) = -\lambda \frac{\partial p_i}{\partial q_i} \cdot q_i$$

$$\Rightarrow \quad \frac{p_i - MC_i}{p_i} = \frac{\lambda}{1 + \lambda} \cdot \frac{1}{\eta_i}$$

其中，p_i 表示第 i 类用户的扣率，MC_i 表示第 i 类用户提供服务的边际

成本，$\eta_i = -\dfrac{\partial q_i}{\partial p_i} \cdot \dfrac{p_i}{q_i}$ 为第 i 类用户的需求价格弹性。

令 $R = \dfrac{\lambda}{1 + \lambda}$ 表示拉姆齐数，则有：$p_i = \dfrac{MC_i}{1 - \dfrac{R}{\eta_i}}$

上式表明，每种产品（或每类用户）的价格与其边际成本的偏离与该产品需求价格弹性成反比。这就是著名的反弹性规则。也就是说，可以通过提高需求价格弹性较大市场的价格，来补偿企业的固定成本，同时降低价格弹性较小市场的价格，增加社会总福利。

二、测算不同种类用户的边际成本

边际成本的内涵是额外一单位产出所消耗的可变成本量。边际成本的测算是比较困难的工作。这主要是因为固定成本不随产出量的变化而发生变化，而固定成本和可变成本的划分不是绝对的。随着时间变量不断变化，固定成本和可变成本两者间会发生相互转化。若测算边际成本涉及的时间较长，那么固定资产逐渐转化为可变成本。通常所讲的短期边际成本是指，银联提供单位银行卡业务（每单位交易量或每笔）所带来的成本。

不同类别用户边际成本的测算：通常情况下，应用超越对数成本函数测算不同种类用户的边际成本。为了表述简单起见，不妨假设收单用户分为两种类型。就银联成本函数而言，一般只能找到总成本的数据。

假设银联的投入成本包括资本、劳动力和其他成本等。我们把二次可

微的成本函数用二阶泰勒级数展开得到近似的超越对数成本函数：

$$\ln TC = \alpha_0 + \sum_{m=1,2} \alpha_m \ln Y_m + \sum_{j=1,2,3} \beta_j \ln P_j + \frac{1}{2} \sum_m \sum_{n=1,2} \beta_{mn} \ln Y_m \ln Y_n$$

$$+ \frac{1}{2} \sum_j \sum_{k=1,2,3} \gamma_{jk} \ln P_j \ln P_k + \sum_m \sum_j \theta_{mj} \ln Y_m \ln P_j + \beta_T T$$

$$+ \sum_j \gamma_{TP} T \ln P_j + \sum_m \gamma_{TY} T \ln Y_m$$

$$(1)$$

其中，TC 表示银联总成本，包括网络运营成本、员工工资、设备折旧、资本成本（利息和年金）等；Y_1 表示第一类用户的刷卡量；Y_2 表示第二类用户的刷卡量；P_1 表示单位资本价格；P_2 表示劳动力单位价格＝总的职工工资、奖金和津贴总和／职工人数，P_3 表示其他成本；T 是时间趋势变量。

考虑到对称性，假定：$\beta_{mn} = \beta_{nm}, \gamma_{jk} = \gamma_{kj}$

对于以上超越对数成本函数，成本弹性可以表示为：

$$\frac{\partial \ln TC}{\partial \ln Y_m} = \alpha_m + \sum_n \beta_{mn} \ln Y_n + \sum_j \theta_{mj} \ln P_j \quad (m = 1, 2) \quad (2)$$

从而得到对于不同种类用户的边际成本为：

$$MC_m = \frac{\partial TC}{\partial Y_m} = \frac{\partial \ln TC}{\partial \ln Y_m} \cdot \frac{TC}{Y_m} \quad (m = 1, 2) \quad (3)$$

通过上式可以得出，对于不同种类用户的扣率与资产投入价格以及各类用户的刷卡消费量有关。

对于超越对数成本函数，利用谢泼德原理，可得投入成本份额为：

$$S_j = \frac{P_j X_j}{TC} = \frac{\partial \ln TC}{\partial \ln P_j} = \beta_j + \sum_k \gamma_{jk} \ln P_k + \sum_m \theta_{mj} \ln Y_m \quad (j = 1,2,3) \quad (4)$$

其中，S_j 表示第 i 种投入成本的份额。

对于（1）和（4）式，运用多元回归方法测算以上各参数，从而计算出不同种类用户的边际成本。

三、需求价格弹性

对于不同类商户，我们考虑应用双对数函数进行需求价格弹性的测算，具体公式如下：

$$\ln(Q_R) = \alpha_R + \beta_{R1} \ln[Q_R(-1)] + \beta_{R2} \ln(P) + \beta_{R4} \ln(I_R) + u_R$$

$$P = \frac{P_R}{P_C}$$

其中，Q_R 表示刷卡量；$Q_R(-1)$ 表示滞后一期的刷卡量；P 表示剔除物价影响的相关价格；P_R 表示相关价格；P_C 表示消费价格指数 CPI；I_R 表示居民人均收入。

四、拉姆齐数 R 的确定

拉姆齐数 R 是在 0—1 之间的一个实数，在次优拉姆齐定价理论中，不同种类用户的拉姆齐数 R 应该是相等的。这里我们假设不同市场的需求价格弹性是恒量。考虑到银联的收支平衡约束条件，生产者剩余应该等于银联的固定成本，由此得到下式：

$$\sum_{i=1}^{M}(p_i - MC_i) \cdot q_i - F = 0$$

由于需求价格弹性 $\eta_i = -\dfrac{\frac{dq_i}{q_i}}{\frac{dq_i}{q_i}}$，则有 $\dfrac{dq_i}{q_i} = -\eta_i \cdot \dfrac{dq_i}{q_i}$。

对上式左右两边取积分，可得：

$\ln q_i = -\eta_i \ln p_i + \ln k_i \Rightarrow q_i = k_i \cdot p_i^{-\eta_i}$，其中，$k$ 是常数项。

又因为 $(p_i - MC_i) = \dfrac{R}{\eta_i} \cdot p_i \Rightarrow p_i = \dfrac{MC_i \cdot \eta_i}{\eta_i - R}$

则：$p_i - MC_i = \dfrac{R}{\eta_i} \cdot \dfrac{MC_i \cdot \eta_i}{\eta_i - R}$

从而，（1）式可以表示为：

$$\sum_{i=1}^{M}(p_i - MC_i) \cdot q_i = \sum_{i=1}^{M} \frac{R}{\eta_i} \cdot \frac{MC_i \cdot \eta_i}{\eta_i - R} \cdot k_i \left(\frac{MC_i \cdot \eta_i}{\eta_i - R}\right)^{-\eta_i}$$

$$= \sum_{i=1}^{M} \frac{k_i R}{\eta_i}\left(\frac{MC_i \cdot \eta_i}{\eta_i - R}\right)^{1-\eta_i} = F$$

上式中 F 表示银联的固定成本，根据上式便可计算求得拉姆齐数 R 的值。

五、交换费的确定

前面讨论了如何利用结构方法，根据第三类区别定价，确定扣率或总价格水平。如果利用结构方法估计交换费，可以根据罗奇特和泰勒尔（2003）的结果，在给定加价的情况下，估计最优零售价格在发卡端和收单端的分配，即估计给定某类用户总零售价格水平下的最优交换费。

第五章　银行卡产业监管的理论基础初探

第一节　引言

近年来，随着市场化程度的提高，弥补市场失灵的政府监管制度在中国取得了很大发展。在此情况下进行监管政策研究，不仅对确定特定部门的改革走向和产业发展前景至关重要，而且对巩固发展现有改革成果、解决改革深入推进中的一系列问题以及完善我国基本经济制度意义重大。

从监管经济学的发展来看，20世纪30年代以来发展起来的监管经济学，由最初主要对经济中垄断力量的关注，也开始关注由于市场竞争等带来的公众健康、公共卫生和环境等问题，即开始探索对社会监管的研究。研究领域的拓宽既为监管经济学注入了新的活力，同时也使该学科面临新的挑战。作为一国的经济命脉的金融部门一直是公共政策研究关注的焦点，金融监管也因此一直是国内外经济学界的热点研究领域。一直以来，除了两者同是基于市场失灵和外部性理论的共识外，金融监管与监管经济学所研究的监管似乎在两个平行的轨道上进行。比如，当今国际监管经济学领域的经典教科书《监管与反垄断经济学》（Viscusi，Verono and Harrington，2002）中，未有只字提到金融监管。现有金融研究的文献大多都是从某一个理论角度[1]或政策实践来研究金融领域的监管政策[2]。

近年来，随着新技术的发展和金融服务业务领域的不断扩展，传统金

---

[1]　比如彼得·D. 斯潘塞，2000年出版的"*The Structure and Regulation of Financial Markets*"一书，是从信息理论出发研究对金融机构及金融市场的监管问题。

[2]　如世界银行 Stijin Claessens 等的一系列研究，最新有代表性的论文是："Current Challenges in Financial Regulation"，Dec. ，2006。

融服务与现代信息技术相结合的服务业迅速发展壮大，其中最有代表性的领域是银行卡产业。在过去几年里，以美国和欧盟为代表的对银行卡产业的一些反垄断案件和以澳大利亚为代表的对银行卡产业的部门经济监管，引起了人们对银行卡产业的监管加强的广泛关注。而中国银行卡产业持卡人群体和受理商户的不断增加，特别是卡交易量的快速增长，也使得对产业的监管研究的需求日益迫切。

本章首先从监管经济学的研究范围、金融监管的内涵政策目标出发，研究了经济监管与金融监管的区别与联系。并在此基础上对银行卡产业监管政策范畴进行了分析界定。我们得出的主要结论是，金融监管与监管经济学中的监管概念有不同的内涵。首先，出于对金融体系脆弱性的考虑，金融监管者与监管对象之间并不完全独立。其次，从金融系统风险角度的金融监管政策其最终目标是宏观经济稳定，因此也超出了监管经济学对微观政策的研究范畴。而从金融机构竞争政策角度考虑的监管政策可以与监管经济学中的经济监管概念一致。

第二节　从监管经济学看银行卡产业监管难点

我们已经知道，银行卡产业市场是一个复杂的网络，该网络由作为持卡人的消费者、为消费者提供服务的发卡银行、受理银行卡的商户和为商户提供服务的收单银行，以及提供银行卡支付平台服务的平台企业①组成。从所提供的核心服务之性质看，银行卡产业提供的是一种金融业务与网络技术相结合的新型服务，属于金融服务业。从产业参与者角度，银行卡产业涉及了商业银行、消费者、商户和提供支付信息转接服务的平台企业。服务产品的复合性和产业参与者中多种不同利益集团的存在，决定了银行卡产业监管的复杂性。

由于产业的上述复杂性，对银行卡产业的监管政策的研究，首先须要

---

①　由于传统上维萨和万事达是非营利会员性组织，对这类机构习惯的称谓是"卡组织"，鉴于万事达已成为上市公司而维萨也正在步其后尘，本书认为在此情形下将这类机构称为"平台企业"或"平台公司"更为合适。

考虑到对在产业中占独特地位、提供跨行信息转接服务和经营银行卡品牌的平台企业的监管政策。平台企业提供金融服务，但并不是传统意义上的金融企业；而且由于平台企业的网络外部性和规模经济效应等特征，无论在国际上其他国家还是我国国内，平台企业都有很显赫的市场地位，比如美国的维萨、万事达和中国市场的中国银联等。从国际经验看，对这类企业的监管政策，一般是在以限制市场权力滥用为目标的反垄断监管或部门经济监管制度架构下进行的。但是，平台企业所经营管理的信息交换网络，是一国零售支付体系的重要组成部分，而且随着支付电子化程度的不断提高，零售支付体系在一国支付体系中的重要性权重也在提高，而支付体系是金融系统风险监管所要关注的重要方面之一。因此，对平台企业的监管又不能不考虑一国对货币支付体系的政策角度，而这一政策属于金融监管政策范畴。更进一步，平台企业与通常为商业银行的发卡和收单机构在银行卡业务上有密切而特殊的关联关系，因此，从整个产业角度看，其与商业银行间从业务和系统等方面的协调合作，又对整个产业的健康发展至关重要。

总之，银行卡产业监管政策研究，既要从非金融服务等一般产业监管角度出发，又要考虑与之密切相关的金融业监管角度，而现有监管经济学与金融监管研究之间的鸿沟则是这类研究的首要障碍。那么，为什么一般不将金融监管列入监管经济学的研究范围？一般产业的监管与金融监管的监管内涵有哪些区别又从哪些角度考虑存在一定的联系？接下来我们将从一般产业监管入手对这些问题展开探讨。

第三节　监管经济学及监管分类

一、监管的概念和经济学基础

在没有特别说明的情况下，本书使用的监管概念与英文"regulation"相对应。中文中更普遍使用的概念是"规制"，也有一些使用"管制"，其意思与我们这里监管的含义完全一致。考虑到从政府政策角度国内惯用的说法，本书采用"监管"一词。需要特别注意的是，我们通常所说的监管一词其内涵比上述概念更为广泛。比如，金融监管，一般是与英文中

的 "financial regulation and supervision" 相对应。我们下面在谈到金融监管时将对此做进一步说明。

经济学基本理论告诉我们，在完全竞争和完全市场的经济体系中，如果存在着竞争性的均衡，那么这种均衡就是帕累托最优的（福利经济学第一定理）。简单说来，如果所有的物品和服务都可以由市场进行交易，而且所有的市场都处于完全竞争状态，这种完美的市场经济无须政府的干预，便能在"看不见的手"作用下达到社会资源的最优配置。但现实中许多情况下，市场远不如此完美，存在所谓的"市场失灵"。从微观经济学角度最重要的市场失灵表现在垄断或市场支配力量、外部性和公共产品、信息不对称等几个方面。弥补市场失灵是政府政策的理论基础。

一般地，政府对经济的干预或政府政策的经济职能主要有三项，即提高效率、增进平等以及促进宏观经济稳定增长①。温斯顿（Winston，2006）将政府政策区分为提高微观经济效率的政策（对应上述第一项职能一）和具有社会目标的政策（对应上述后两项职能），前者正是监管或规制经济学研究的对象。这里需要注意的是，在特定情形下，一项政策的目标是促进微观经济效率还是具有一定的社会目标并不十分明确②。政府监管的目标是改善被普遍认知的市场失灵（包括宏观经济学角度和微观经济学角度的市场失灵）。随着行为经济学的发展，监管经济学的研究范围也从过去注重对企业层面市场支配力量的监管，扩展到对企业行为以及个人行为外部性等更为广泛的领域，即加强了社会性监管的研究。政府监管的基本要素主要包括监管主体（政府或政府授权的机构）、被监管者（微观经济主体）和监管内容（对微观经济主体某些行为进行控制）。

二、监管分类

根据监管方法和监管内容的不同，维斯库西、弗农和哈林顿（Viscusi，Vernon and Harrington，1995）将监管分为：反垄断监管，主要针对市场支配权力、合谋和不利于竞争的并购行为等；经济监管，主要针对自然垄断行业；社会监管，主要包括政府对公众健康、公共安全和环境等方面的监管。

---

① 见萨缪尔森、诺德豪斯著，萧琛译《微观经济学》第16版，华夏出版社1999年版，第26页。

② 温斯顿，2006年，第10页。

　　反垄断监管是根据一国的反垄断法对市场微观主体之间达成垄断协议、滥用市场支配地位、和可能具有排除、限制市场竞争的市场主体间并购行为的限制。其监管的范围涉及市场经济体中各个部门。从监管内容上，反垄断监管主要针对人为垄断行为。随着经济的国际化，一国经济中曾经占市场主导地位的大公司对市场的支配地位，被来自国外的竞争而弱化，这使得发达国家早先对垄断的担忧有所减少。反垄断监管近年来的演变还体现在，判断垄断的标准已不仅简单的以公司规模和其市场影响力大小为标准，而是更重视是否存在潜在竞争者进入障碍①。

　　经济监管是指对特定产业内产品价格、质量以及市场进入、退出方面的监管（Hahn，2000），主要针对自然垄断领域。由于经济监管的范围一般是针对一个特定的部门，所以有时也称其为特定部门监管。经济监管随着美国偏离"管制最少的政府是统治最好的政府"的教条，自 20 世纪 30 年代开始在美国盛行，是监管经济学最早研究的领域，因此也被称为"老式"的监管。自 19 世纪 70 年代以来，由于许多经济学家认为经济监管限制了竞争，发达国家政府在这方面的监管出现了放松的趋势。

　　与以上"老式"经济监管相对应，社会监管是新近纳入监管经济学研究的领域。植草益给社会性监管的定义是：以保障劳动者和消费者的安全、健康、卫生、环境保护、防止灾害为目的，对产品和服务的质量和伴随着提供产品而产生的各种活动制定一定标准，并禁止、限制特定行为的监管②。部分出于社会监管包含范围和内容过于广泛的原因，一些研究监管的经济学家并不给社会监管下明确的定义，而是根据具体研究对象的需要给出研究的范围。比如 Viscusi 一书对社会监管的研究主要集中在医疗卫生、安全和环境三个方面，他们也因此将其这部分研究称作"HSE"监管。从监管所针对的市场失灵方面看，社会监管主要是针对外部性的③，但社会监管的范围应该远不限于这些方面。与上述经济监管呈放松趋势不同的是，社会监管总体上呈加强趋势（Hahn，2000）。

---

　　① Viscusi, Verono and Harrington, *Economics of Regulation and Antitrust*, Second Edition, The MIT Press, pp. 4 - 5.

　　② 植草益著，朱绍文等译：《微观规制经济学》，中国发展出版社 1992 年版，第 22 页。

　　③ 萨缪尔森、诺德豪斯著，萧琛译：《微观经济学》第 16 版，华夏出版社 1999 年版，第 246 页。

三、各类监管之间的区别与联系

从以上概念可以看出，各类监管之间既有区别又有联系，表 5 – 1 是经济监管、反垄断监管和社会监管之间内容和方法的比较。

表 5 – 1　　　　　　　　　　　监管内容方法等比较

	（广义）经济监管		社会监管
	反垄断监管	部门监管	
监管范围	经济中的各个部门	基于某产业部门	可同时基于多个部门或全社会
主要监管方法	事后纠正	事前预防	事前规范、事后惩罚和事中跟踪相结合
主要监管手段	法律手段	行政手段	法律手段与行政手段相结合
监管的主要内容	滥用市场权力、合谋、并购	对产品价格、质量、产业进入等	社会安全、公共健康与福利
主要理论依据	垄断	自然垄断	外部性和信息不对称

从表中可以看出，反垄断监管和经济监管从监管内容上都主要是对微观主体的市场力量的限制。也就是说，两者有一个共同的主题，就是都力求通过对微观产品或服务提供商市场力量的干预，使市场尽量靠近理想竞争状态下的效率水平（温斯顿，2006）。

反垄断执法和经济监管之间的不同主要体现在：一是监管方法的不同，即反垄断监管主要以事后监管（分析判定已发生的市场行为是否违法）为主，而经济监管主要以事前监管（用行政法规等形式规定企业行为的界限等）为主。二是监管目标不同，反垄断主要是防止威胁市场竞争发挥作用的各种市场集中，而经济监管一般认为市场集中不仅是必然的，而且在很多情形下对特定市场是最优结构，因此其目标是对监管对象的行为进行限制。由于两者的共同之处，一些文献将其并行讨论（温斯顿，2006 年）或将其通称为广义的经济监管（于立，2005）。本书后面对银行卡经济监管的讨论将沿用这里广义经济监管（表 5 – 1 中灰色部分）的概念，而在讨论监管方法时按一般学术分类区分反垄断与狭义经济监管，为避免造成混淆，我们将与广义经济监管相对应的狭义经济监管称为部门监管。

另外，社会监管与经济监管也有一定的联系。如果将监管对象大致分为经济性活动和非经济性（社会性）活动的话，对经济活动进行的监管就是经济监管，而对非经济性活动进行的监管就是社会监管（于立，2005）。就监管内容所对应的市场失灵方面，植草益（1992）认为，经济监管主要是针对自然垄断和信息不对称。而由于信息不对称的广泛存在，社会监管除主要针对外部性以外，信息不对称引起的市场失灵也是其旨在矫正的重要目标，比如劳动力市场雇员与雇主之间、药品市场的生产商与消费者之间等。

第四节　金融监管

如前文所述，随着银行卡使用范围的扩大和相对于现金等其他支付手段交易规模的增加，银行卡支付已经成为零售支付①体系的重要组成部分。同时，商业银行是银行卡产业重要的参与方。从商业银行的角度，银行卡发行业务是其传统信贷业务之外重要的零售银行业务。从这两个角度考虑银行卡产业的监管，其首先涉及的是对支付体系和发卡银行的监管，即金融监管的内容。因此，我们以下对金融监管及其与上述监管经济学中监管概念的区别与联系进行分析。

一、金融监管对监管内涵的延伸

正如上文所提到的，我们通常所说的金融监管（Financial regulation and supervision）的"监管"，其内涵要比监管经济学中的监管（regulation）更为广泛，前者比后者至少从字面上增加了"监督（supervision）"。首先，有必要从语义上区别"regulation"和"supervision"，前者体现通过规则调整个体的行为，个体本身而不是监管者（regulator）对行为负责；而后者虽也有制定规则并要求被监督者执行的含义，但区别在于其主要是由监督者或监护者（supervisor）而不是个体本身对个体行为负责。从政府政策角度可以说，与 regulation 所倡导的独立性相比，supervision

---

① 与银行间等大额或批发支付共同组成一国的支付体系。

更多地体现了梅尔策（Meltzer，1988）所说的政府"仁慈独裁者"理论。

与一般行业相比较，对金融行业不但要用规则调整限制个体的行为，而且还要增加监督或监护（supervision[①]），这是出于政府对金融系统的不稳定性或脆弱性的考虑。也就是说，由于金融业的不稳定性延伸了金融监管的概念。通常，在金融监管中，监管当局不仅会检查经营者的业务计划、定期邀请经营者开会讨论他们的问题，还会提倡推广好的经营惯例等，这些可以看做是"supervision"的体现。而在政府对其他行业的监管中一般不采用这些手段。

近年来，由于对金融危机敏感性的提高，全球金融监管变化的趋势是管制的放松监督或监护的加强（Jayawardena，2005）。国际清算银行总裁Knight于2006年10月在国际银行业监管会议上的讲话，也强调了从宏观角度考虑金融监管的重要性[②]。放松管制的一个主要方面是通过私有化或放松准入限制增加了行业竞争，这属于传统或旧式监管或经济监管范畴；而增加监督或监护则是更注重风险控制。

二、金融监管目标

传统上，金融监管目标包括三个方面：金融体系的稳定；效率；保护存款人与投资者。这是美国自20世纪30年代以来沿用的金融监管"多重目标体系"。近年来，首先由于"稳定"与"效率"是相互矛盾的目标，而关于银行业竞争在什么样的程度上合适，目前的研究尚没有成熟的结论，也就是说，关于效率和稳定的争议一直存在[③]。其次是世界其他各国在实践中逐步确定了各自更加集中的金融监管目标。比如韩国和日本对金融监管都采用的是"双重目标"体系（但目标内容各有差异），而英国和法国等国实行金融监管"单

---

① "supervision"和"regulation"在英文中意思虽有交叉但也有不小区别，前者比后者更柔和但范围更广。比如一个孩子需要父母或监护人的"supervise"，但一个成年人无须"supervise"，有法律、警察和习俗的"regulate"就足够了。而且除金融业外，一般我们并不"supervise"其他产业。参见1997年5月30日英国《金融时报》题为"Time to let go"一文。

② Knight, Malcolm D., 4-5 October 2006, "Marrying the Micro-and Macro-prudential Dimension of financial Stability: Six Years On", at the 14th International Conference of Banking Supervision.

③ 参见 Northcott, 2004, "Competition in Banking, A Review of The Literature", Bank of Canada, Working Paper 2004-24。

一目标"。以上双重目标基本不包括对"效率"的追求,单一目标大都以"保护存款人或投资人利益"或"正常运行"为目标①。

根据美国对金融领域管制的放松、各国政府对金融系统风险更加重视以及全球金融监管中更重视监督,特别是从系统或宏观角度监督的趋势,金融监管的目标和内容也越来越脱离了上述"老式"监管的概念。我们认为,可以据此将剔除了金融业竞争政策考虑的监管,也就是只考虑金融风险(包括金融机构风险和金融系统风险)监管称为狭义的金融监管。

三、金融监管政策

由于金融行业对一国经济的重要性、金融不稳定性等行业特殊性,各国政府和相关国际组织都很重视金融监管。金融监管政策通常被分为两大类:一是以维持金融体系安全为目标的宏观审慎政策;二是帮助金融机构提高风险管理水平的微观政策或称为微观审慎政策②。前者是为了防止挤兑、结算事故引发个别金融机构破产,进而波及整个金融体系,使金融无法正常运作这一系统性风险而言的(Knight, 2006)。也有将这些措施称为"事后性措施③"或安全网。而微观审慎政策是通过确保各金融机构稳健经营来防止金融机构破产的,相应的措施也被称为"预防性措施④"。表5-2列出了这两项政策的对比。比如具体对银行业的监管,其理论基础是信息不对称引起的金融市场逆向选择和道德风险,以及银行危机的外部性,所以其核心目的在于对银行业风险的控制。

从表5-2可以看出,无论宏观还是微观审慎政策,主要目标是控制单个金融机构和金融系统的风险。就以上宏观和微观两个方面与具体金融监管政策的匹配而言,Jaywardena(2005)将宏观角度的审慎政策归于货

---

① 江其务:《中国金融监管实证分析》,载李扬等主编《中国金融理论前言Ⅱ》,社科文献出版社2001年版,第168—180页。

② 关于宏观审慎政策与微观审慎政策的定义和论述,可进一步参阅 Claudio Borio, 2003, "Towards a Macro – prudential Framework for Financial Supervision and Regulation?"。

③ 注意这里的事后性措施与前文所说的事后监管并不相关,前者指金融安全网中的最后措施,比如央行的最后贷款人职能、存款保险制度等;而后者是指对不合法市场行为的调查和裁决。

④ 进一步可参见 Jaywardena, "Global Trends in Financial Supervision and Regulation",以及鹿野嘉昭著,余熳宁译《日本的金融制度》,中国金融出版社2003年版。

币当局维护宏观经济稳定的职能①，而将微观角度归于审慎监管者的监管政策范畴。他进一步指出，由于这些政策复杂而又相互缠结，因此不能单独考虑。

表 5 – 2　　　　　　　　宏观与微观审慎政策角度比较

	宏观审慎角度	微观审慎角度
贴近目标	防止金融体系混乱	防止单个金融机构出现问题
最终目标	避免 GDP 损失	消费者（投资人/存款人）保护
风险模型	（部分）内生的	外生
跨机构相关性	重要	不相关
审慎控制口径	以整个系统灾难为出发点，自上而下	以个金融机构风险为出发点，自下而上

另外，由于风险控制的理论基础是金融脆弱性假说，从这一假说的代表性理论之一——明斯基（Minsky）的金融体系周期性震荡论来看，其分析是基于经济繁荣与萧条的长波理论②，属于宏观经济政策范畴。

第五节　银行卡产业监管政策研究范畴

如上所述，由于银行卡产业服务产品的复合性和利益不同的多方参与性，决定了该产业监管的复杂性。根据监管经济学对监管的分类、金融监管的内涵和银行卡产业的运作实践，银行卡产业监管的主要内容从监管职能上涉及经济监管、社会监管和金融监管。以下分别叙述这三个方面在银行卡产业中的具体内涵。

一、银行卡产业的经济监管

银行卡产业的经济监管主要指针对跨行信息交换服务提供商——平台企业的反垄断监管和部门监管。由于平台企业具有典型的规模经济和范围

---

① 本章作者认为，这其中的道理应该在于：系统风险与货币与信用的传导机制密切相关，而旨在维护宏观经济稳定的货币政策，主要目的是通过保证传导机制的顺畅等维护币值稳定。

② 参见陈野华著《西方货币金融学说的新发展》，西南财经大学出版社 2001 年版，第 337 页。

经济性质，在大多数国家，这种平台服务业务都是由有限数目的几个机构甚至一个机构提供的，因此其市场结构是寡头垄断或接近自然垄断的。比如在美国，银行卡平台服务领域的主角除维萨和万事达（两者 2006 年 6 月底的卡总交易量市场份额占到 87% 以上）外，还有美国运通、发现卡和大莱俱乐部，是典型的寡头市场。而自然垄断和寡头垄断市场正是上述广义经济监管的用武之地。

严格说来，银行卡产业的经济监管还应该包括从发卡和收单两方市场结构考虑，对这部分机构与市场权力相关的监管。从现有银行卡产业研究文献看，一般认为，商业银行无论是作为发卡机构还是收单机构，其竞争是相对充分的①。而关于商业银行在何种程度上竞争能够使社会福利最大化的研究属于银行业竞争理论研究范畴。

我们认为，有效的银行卡产业监管政策的制定，首先须从以上三个方面进行深入研究，同时又要考虑这三个方面政策之间的协调与配合。当然，我们也看到，随着技术进步和市场拓展，银行卡产业也出现了许多为银行卡发卡和收单等提供专门服务的第三方非金融服务类公司，这类公司的发展变化也将对银行卡产业的监管政策不断提出新的挑战，同时也将是银行卡公共政策方面继续富有活力的研究领域。

二、银行卡产业的金融监管

我们认为，银行卡的金融监管主要包括两个方面的内容，一是对零售支付体系的监管，其目标是保证支付体系的安全，属于对金融系统风险监控的范畴。相应的政策属于金融宏观审慎政策范围。支付监管的重要参考标准——国际清算银行于 2001 年发布的《重要支付系统核心原则》和 2006 年发布的《国家支付体系发展一般指引》，其首要和核心目标是支付体系的安全性，而为达到此目标，首要的是适当的风险控制②。其次是从发卡和收单银行的角度对其相关业务风险的控制。属于对个体银行相关业务风险暴露的控制，相应的监管政策属于微观审慎政策范畴，从这个角度

---

① 现有理论文献认为美国的发卡市场和收单市场是充分竞争的，而澳大利亚商业银行的集中度则比较高。因此，对发卡和收单市场经济监管，要视一国的具体情况而具体考虑。

② 进一步请参阅 Bank for International Settlement, January 2001, "Core Principles for Systemically Important Payments System" 以及 January 2006, "General Guidance for National Payments System Developments"。

对银行卡业务监管的典型例子是对信用卡发行中融资风险的控制。以上从
金融角度两个层次对银行卡产业的监管非常重要。

三、银行卡产业的社会监管

根据银行卡产业的产品性质和运作机制，消费该产业所提供服务的最
终用户，是持卡人和受理卡消费的商家，在这里，这两组用户同是服务的
消费者。和其他产品与服务领域的消费者一样，这两组用户也受到有关消
费者保护法规的保护。根据维斯库西等（1995）对社会监管内容的描述，
本书认为，银行卡产业的社会监管主要包括保护持卡人和商户的有关利益
和银行卡领域反欺诈等内容。对于前者的内容，无论是具体的部门法规、
还是针对整个市场的与消费者保护有关的法律法规，都有涉及。而就后者
而言，主要是通过法庭的作用，制裁和控制围绕银行卡进行的犯罪行为。
比如，2005 年 2 月，中国第十届全国人民代表大会常务委员会第十四次会
议通过《中华人民共和国刑法修正案（五）》。新修订的《刑法》根据银
行卡使用日益普及和相应的日益频繁的信用卡犯罪，新增了几种犯罪
形式[1]。

第六节　本章小结

首先，由于金融监管延伸了监管经济学中的监管概念，即在后者基础
上，增加了监管者对监管对象的行为责任、而非仅仅与监管对象完全独立
的内涵。其次，从另一个角度，由于对金融体系稳定性的考虑，金融监管
在一些方面——特别是对系统风险的控制方面与货币政策紧密相关。从这
个意义上说，金融监管已超出了微观经济政策的范畴，但由于政府宏观与
微观角度金融政策的复杂性和不可分割性，一般而言，我们很难像对其他
传统产业或公共事业领域一样，仅从微观经济活动主体的角度探讨对该产
业的监管。再次，从金融监管目标和监管政策演进的角度看，其发展趋势
是各国政府越来越重视对金融风险，特别是系统风险的监控，也就是说，

---

[1]　比如，《刑法》第一百七十七条第（四）项的规定，伪造信用卡行为是以伪造金融凭证
罪定罪处罚的；《刑法》第一百九十六条规定了信用卡诈骗罪的四种表现形式。

金融政策实践中对传统的准入等管制的放松和对金融风险监控——宏观审慎政策层面监控的加强，使金融监管的内涵越来越集中在狭义金融监管的概念上，从而也越来越脱离了监管经济学的监管概念。笔者认为，以上是一般不将金融监管纳入微观经济政策——监管政策研究的主要原因。

就具体对金融机构的监管而言，从竞争政策考虑的监管与监管经济学中的监管概念是等价的，即都是从产业组织理论角度对微观监管政策的研究。比如对银行业的竞争政策，目前就银行业应该保持多大程度的竞争还存在争议。从监管经济学的范围看，如何完善经济监管的立法体系，是中国经济监管政策面临的紧迫任务，监管经济学在如何将国际最新的研究成果运用于中国的社会监管实践中则大有用武之地。就金融监管本身而言，如何将从微观监管政策出发的机构监管与货币政策角度出发的宏观政策相结合是一个富有挑战的研究方向。

将以上分析应用于银行卡产业监管政策研究，我们认为，银行卡产业监管政策总体上包含三个范畴，即金融监管范畴内的就从事发卡和收单业务的商业银行业务风险角度和支付体系系统风险考虑的监管政策、社会监管范畴内的以保护对银行卡服务进行消费的持卡人和商户利益为目的的监管政策，以及属于广义经济监管政策范畴，从预防和限制市场权力滥用角度考虑的监管政策。

第二篇　银行卡产业监管
政策的国际经验

在银行卡产业不断发展的同时，产业监管问题日益成为政府和公众关注的焦点，并成为学界研究的一个重要问题。从世界范围看，一些发达国家的银行卡产业引发了一系列令人高度瞩目的监管问题，比如欧盟和美国等国家对银行卡组织的反垄断诉讼、澳大利亚一系列银行卡产业的监管改革等。很显然，这些国家银行卡产业的监管改革，为其他国家的改革提供了重要经验。因此从银行卡服务业实务角度，对有关国际经验进行研究意义重大。

从国际银行卡产业发展历史来看，该产业发展演变的主导因素主要有：各平台企业在盈利战略和商业模式等方面的相互竞争、政府对银行业管制的放松、反垄断机构对该产业一系列诉讼案的判决以及最近几年来有关监管当局的监管措施等[①]。由于两大著名平台企业维萨和万事达于20世纪70年代起源于美国，并随着其在本土的发展壮大逐渐将其业务延伸到国外，因此，美国、欧盟和澳大利亚等国对这两大企业的监管也成为其他国家对国内银行卡平台企业监管的风向标。

本篇首先分析研究有关国家银行卡产业监管政策的主要框架、监管内容演变情况，以及目前的监管动态对产业的影响；其次，还将从各国金融体制中对银行卡产业监管职能配置的角度，对一些国家的经验进行比较分析。第六章是银行卡国际监管框架和政策演变、监管趋势分析；第七章通过总结国际银行卡监管的最新动态，并分析其对银行卡产业的影响；第八章从银行业监管体制角度对一些国际经验进行比较，并从中得出结论和对我们的启示。

---

① 关于前三种因素对银行卡产业发展演化的作用可进一步参阅由埃文斯和施马伦西著，中国银联战略发展部译《银行卡时代——消费支付的数字化革命》（中国金融出版社2006年版）一书。

第六章　银行卡产业监管框架和政策变迁

　　20 世纪 50 年代诞生于美国的银行卡产业，在经历了初期的经营模式探索和 70 年代前后十年的亏损之后，随着美国银行业监管的逐步放松和 80 年代经济滞胀的结束，银行卡产业在美国才开始从盈利角度渐入佳境。但从 70 年代初期开始，尚未尝到甜头的美国银行卡产业就不断有反垄断案件相伴随。美国联邦法院对这些案件的裁决不断改变着这个行业的游戏规则。

　　此外，随着以万事达和维萨为主要代表的美国银行卡产业向其他国家的扩展、美国国内反垄断当局对本国银行卡产业的关注，其他一些国家的反垄断或相应的监管部门也密切关注银行卡产业的竞争政策。本世纪以来，欧盟和澳大利亚央行对其地区和国家内的银行卡产业的反垄断和部门监管政策备受国际银行卡界的瞩目。

　　可以说，以上反垄断或其他监管政策措施，是目前这些国家和地区银行卡产业主要规则的重要成因。因此，只有通过对国际银行卡产业监管政策措施的历史和现状的了解，才能够深入理解银行卡产业监管的焦点、监管加强的原因等重要问题。

第一节　各国的监管体制

一、法律基础和监管模式

　　国际上，现有的银行卡产业监管法律基础及相应的监管体制基本有两种不同的模式：一种是在反垄断法基础上的反垄断当局执法监管模式，即反垄断之法为主的事后监管模式；二是根据央行法等有关金融法律，在央行或其他相关政府机构下设立部门监管机构，专门负责对银行卡产业竞争政策等的监管，即部门监管为主的事前监管模式。

（一）反垄断法为基础的反垄断当局监管模式

从对银行卡产业监管的法律框架看，由于担心平台企业利用其市场地位损害公众福利，反垄断法是监管的法律基础。从监管机构设置看，在一般市场经济国家，都由专门负责政府竞争政策实施的反垄断机构来承担反垄断监管职能。在这些国家，反垄断当局在信用卡和借记卡产业组织问题评估和转变上起主导作用。美国、加拿大、丹麦、荷兰、西班牙、瑞士等都属于这种情形。

典型案例：美国的监管模式

在美国，银行卡产业经济监管的法律基础，是 1890 年颁布的《谢尔曼法案》第一节和第二节内容。执行监管的机构是联邦贸易委员会（Federal Trade Commission 或简称为 FTC）下属的公平部（Department of Justice，DOJ）反垄断分部。FTC 于 1915 年成立，是独立于美国政府的唯一一家负责美国竞争和消费者保护的执法机构。其中，DOJ 主要负责刑事反垄断案件。

（二）部门监管机构监管模式

与反垄断事后监管模式形成对比的是，最近几年来，也有一些国家建立了专门针对银行卡产业中平台企业的部门监管机构。，比如，澳大利亚、墨西哥央行设立了专门部门，负责对银行卡产业交换费和其他与竞争相关问题的监管。

典型案例：澳大利亚的银行卡监管模式

澳大利亚储备银行（Reserve Bank of Australian ，或简称 RBA）的支付系统理事会（Payment System Board，或简称 PSB）负责对该国的支付系统进行监管。PSB 是 1998 年根据 1959 年《储备银行法案修正案》和澳大利亚 1998 年金融体系（监管）法案［Financial System（Regulation）Act 1998］而成立的，主要负责对澳大利亚支付系统的安全性和效率，其在该领域的主要工作集中在支票清算次数、与信用卡、借记卡和 ATM 卡相关的交换费，以及促进直接借记卡作为支付工具的快速发展。而在交换费问题上，RBA 在必要时会启动与澳大利亚竞争与消费委员会（Australian

Competition and Consumer Commission）的合作①。

（三）混合监管模式

除上述基本模式以外，一些国家和地区在这两种模式基础上，建立了监管当局的事前监管与反垄断法基础上的反垄断监管相结合的双向或混合监管模式。这种模式不仅对银行卡领域具体的反垄断诉讼案件进行调查回应，而且在监管当局认为可能存在滥用市场力量或竞争不充分的情况下，进行主动调查，并通过两种方式影响该产业领域的主要参与者。一是发布调查结果并要求有关市场参与者调整其不当市场行为；二是正式就有关问题颁布统一政策。

目前的欧盟为了建立单一欧元支付区（Single Euro Payments Area，简称 SEPA）② 的目标，对银行卡支付服务提供商的监管就是采用了这种模式。而英国对零售支付体系的监管，注重了支付系统风险和支付服务提供产业竞争问题的统一性，也正在尝试英格兰银行和反垄断当局相互合作的监管模式。在后面银行卡监管动态中，我们将进一步对欧盟对支付卡的这方面监管举措进行阐述。

典型案例：欧盟的监管模式

在推行 SEPA 计划之前，欧盟的情形与美国类似，对银行卡产业的监管也是以事后监管为主，其监管的法律基础是共同体竞争法中的第 81 和第 82 款内容。执法机构为欧盟经济与社会委员会（European Economic and Social Committee）下属的竞争政策委员会（Competition Policy Committee）。

由于以下几个方面的原因，近两年来欧盟对银行卡产业的监管越来越融入了事前监管的色彩。第一，由于欧盟 2006 年 4 月与 2007 年 1 月发布的调查报告总体上认为，目前的欧洲支付卡服务市场存在市场权力主导下的不公平规则和机制。第二，欧盟与欧洲央行于 2006 年 5 月 4 日联合发表声明：保留利用立法推动 SEPA 进程的权力。第三，作为 SEPA 重要组

① "Australian Payment System" 2001 - 2006，http：//www. rba. gov. au/PaymentSystem。

② SEPA 是欧盟和欧洲央行为发挥欧元区优势，在继泛欧大额欧元支付系统建立之后，为推动欧元区零售支付业务的标准统一和支付便利而推出的计划。

成部分的欧元单一支付区支付卡框架（SEPA Card FRAMEWORK 或简称为 SCF），正在为欧元区现有和今后的支付卡服务提供商提出了一系列监管要求。

典型案例二：英国的监管模式

英国目前的银行卡产业监管也是以事后监管为主。执法责任由英国国家的反垄断当局（Office of Fair Trading，简称 OFT）负责。从金融监管角度，1998 年，在英国财政部（HM Treasury）和金融服务监管局〔（The Financial Services Authority（FSA）〕之间达成的谅解备忘录基础上，英国确立了其央行——英格兰银行对其国家支付体系的监管职能。英格兰银行对零售支付产业监管的目标是系统的安全和稳定性。而零售支付系统的产业竞争问题则由国家反垄断执法机构——公平贸易办公室负责监管。在认定零售支付产业中存在不正当竞争情况下，2003 年 11 月由 OFT 负责的英国支付系统任务小组（Payment System Task Force，简称 PSTF）成立，其成员包括来自消费者和商业协会的代表和支付系统运营商，英格兰银行和财政部也派观察员加入该小组。该小组将存续 4 年，负责发现、评估和解决支付系统中的竞争、效率和激励方面存在的问题。如果该小组无法解决此类问题，则保留动用政府立法权的选择①。可以说，英国成立的临时性监管机构 PSTF 已经在原有监管框架下加入了事件监管因素，而根据该机构对问题的最终评估结果，有可能增设长期部门监管机构。

二、监管方法与程序

与法律框架和监管体制相对应，以反垄断法为基础、由反垄断当局执法的模式从监管方法上是典型的事后监管模式。而以成立专门部门进行监管的模式是典型的事前监管。这里的监管方法是从监管启动程序意义上的事前和事后。需要注意的是，这两种方法之间的界限并不像初看起来那样明显。这是因为反垄断案的裁决结果通常达到一种"公认决断"，而这种决断则相当于今后相关业界遵守的政令。特别是，若反垄断诉讼的目标公司在其行业中具有足够的影响力，那么执法部门对案件的最终裁决则成为

---

① Bank of England，2006，"Payment System Oversight Report 2005"，见 www. bankofengland. co. uk/publications/psor/psor2005. pdf.

整个行业事实上的部门规定（Geradin & Sidak，2003）。杰拉丁和西达克（Geradin & Sidak）因此认为，美国和欧盟的反垄断当局用多种指引和通知的形式，实际上是一种部门监管的基调，这与监管机构的事前监管类似。也是由于这个原因，美国对银行卡产业历史上的反垄断案件是该行业产业和监管演变的主要决定因素。

另外需要注意的是，即使在上述以事前监管为主的国家，如澳大利亚，反垄断当局的反垄断监管仍起作用，只是这些国家在银行卡领域同时又引入了专门针对部门的监管方法。也就是说，在这些国家，也在一定程度上属于两种监管方法并存。但在欧盟和英国等模式中，事前与事后监管的融合体现得更为明显，其实际上是一种将事前、事中和事后反垄断监管相结合的监管模式，因此我们认为，可以将其看做一种双向混合监管模式。

就银行卡产业的监管程序看，大体上，在反垄断当局调查基础上的事后监管都是采用正式的法律裁决程序；而以澳大利亚储备银行为代表的部门监管机构，监管决策基本是在与业内组织和学者、评论家们磋商的基础上形成的。同时，监管机构会定期对其出台的监管政策进行评估、修正。比如澳大利亚储备银行在 2007 年对 2003 年推出的现行银行卡交换费价格政策进行了首次评估，在下一章我们将对评估的一些结论进行梳理。

第二节　国际银行卡产业监管政策变迁

从银行卡产业的发展历史来看，该产业发展演变的主导因素主要有：各平台企业在盈利战略和商业模式等方面的相互竞争、政府对银行业管制的放松、反垄断机构对该产业一系列诉讼案的判决，以及新近几年来有关监管当局的监管措施等①。由于两大著名卡组织于 20 世纪 70 年代起源于美国，并随着其在本土的发展壮大而逐渐将其业务延伸到国外。因此，我

① 关于前三种因素对银行卡产业发展演化的作用可进一步参阅由埃文斯和施马伦西著，中国银联战略发展部译《银行卡时代——消费支付的数字化革命》（中国金融出版社 2006 年版）一书。

们需要从美国开始分析银行卡产业本身和其监管框架的变迁。

一、美国银行卡产业监管的演变

美国的银行卡产业起源于上世纪 50 年代。从其后的 70 年代开始，随着两大开放式组织的逐步发展壮大，其定价行为、组织规则等引起了一系列的反垄断诉讼。而司法部门对这些案件的裁决，或在支持庭外和解上所反映出的态度，是卡组织本身演变和新诉讼产生的重要因素。

（一）关于会员制有关规则的反垄断演进

在维萨成立不久的 1971 年，首起针对卡组织的反垄断诉讼是由沃尔森银行信托公司（Worthen Bank and Trust）提起，诉讼的目的是希望同时加入维萨和万事达组织。诉讼的起因，是作为维萨成员机构的沃尔森公司，于当年 4 月申请加入万事达且已被批准，而维萨于半年后通过了一份禁止双重会员制的组织章程修正案。法院对该案一开始的判决是原告获胜。其后，维萨通过一系列申诉最终获得了法官对禁止双会员制的认可。但由于担心再遭起诉，维萨最终于 1976 年 5 月取消了涉及双重会员制的所有规定。随后两大组织各自的会员纷纷同时加入另一组织。维萨于 1977 年在给司法部的一份信函中，提到其会员们正在质疑两个相互独立的卡组织存在的必要性。

1988 年，对以上两组织之间的排他性规则质疑延伸到了封闭式卡系统。作为发现卡（Discover Card）发起者的西尔斯公司，申请成为维萨会员被拒绝。维萨也由此推出了一项新的会员资格规定，该规定表明：任何直接或间接发行发现卡或美国运通卡以及其他被认定为竞争性银行卡的申请者，将被拒绝成为维萨会员。1990 年，西尔斯在以 Mountain West 为依托申请发行维萨卡时被拒绝，西尔斯因此对维萨提起反垄断起诉。这一案①的陪审团认定西尔斯胜诉。1998 年，由于调查认为双会员制阻碍了竞争，美国司法部针对维萨和万事达的双重会员制和排他制向纽约联邦法院提起诉讼②。法官驳回了司法部对双会员制的反对，但支持了其对排他性规则的反对。但是，关于卡组织是否应该限制其会员加入另一开放式组织，或限制会员与封闭式系统合作的争论至今仍在继续。

---

① 即 SCFC ILC, Inc. v. Visa U. S. A. 案。

② 即 United States v. Visa U. S. A. etal. 一案。

（二）与卡组织定价行为有关的主要诉讼

两大卡组织面临的另一类反垄断诉讼是针对其价格制定行为的，这类诉讼自 70 年代末期成为困扰开放式组织的主要问题之一[①]。1979 年，NaBanco（是维萨系统的一家收单机构）公司指控维萨在制定交换费标准的协议中，涉及非法价格限制行为。维萨进行反驳的主要理由是：交换费的作用，是提供一种分配卡组织成本的机制，以促进成员机构在双边市场两端的竞争中，最大限度地提供维萨服务[②]。法院的最终判决认可了维萨的观点。此案判决证明了在当时环境下，公平部认为交换费机制是合法的。但来自商户的关于交换费价格的抱怨和民事诉讼，并没有自此消失。

1996 年，由沃尔玛领衔的零售商（约 400 万商家）针对受理两大卡组织签名借记卡的高成本问题向法院提起诉讼。沃尔玛案主要是针对两大卡组织借记卡和信用卡的捆绑销售原则，认为其违反了《谢尔曼法》第 1 节的规定。该案于 2003 年最终达成庭外和解，和解的主要条件是：两大卡组织分 10 年赔偿零售商约 30 亿美元的损失、降低签名借记卡的交换费和取消捆绑销售规则（Honor – all – cards rule，简称 HAC）。

2003 年，消费者发起集体诉讼，针对两大卡组织在境外收取持卡人将外国货币兑换成美元的费用，起诉两大卡组织和几家大银行合谋对外币交易收取额外费用。据路透社 2006 年 11 月 8 日消息[③]，曼哈顿地方法院初步同意以被告方赔偿 3.36 亿美元的赔偿达成和解，并决定将进入最后裁决的听证会安排在 2007 年 11 月 2 日。

一方面受沃尔玛案的鼓励，另一方面不满于一直增长的交换费水平[④]，自 2005 年下半年至 2006 年 6 月，有超过 50 家商户再次对两大卡组织和其发卡银行提起诉讼，商户的抱怨主要在于：（1）交换费是卡组织

---

① 由于封闭式卡组织的发卡和收单是在自己组织内部完成的，不存在通过收单机构向发卡机构支付交换费问题。但从对商户和持卡人的定价来看，其同样隐含了交换费机制。

② 关于该案件可进一步参阅埃文斯和施马伦西著，中国银联发展战略发展部译《银行卡时代——消费支付的数字化革命》，中国金融出版社 2006 年版，第 310—312 页。

③ 来自 http：//www. reuters. com。

④ 据摩根斯坦利公司 2005 年一份报告，维萨和万事达卡加权平均交换费从 1998 年的 1.58% 上升到了 2004 年的 1.75%，且预计其将于 2010 年增加到 1.86%。来源 www. isoandagent. com，ISO & A-GENT，June 21，2006。

"卡特尔"的价格限定，而且由于费用的提高增加了商户成本，用现金和支票支付的消费者实际上在补贴持卡消费者。（2）与世界其他地方相比，美国的交换费水平太高了，而如果考虑到支付卡服务在美国的规模经济，这种差别不应存在。（3）个别商户能够与卡组织谈判交换费水平，而发卡机构的日益增长的集中度使这个问题雪上加霜。（4）交换费水平的增长与卡组织成本的下降（近年来支付卡数据处理、卡信贷、反欺诈等成本均在下降）之间没有合理的关系。

以上诉讼其后被合并为集体诉讼，在纽约曼哈顿布卢克林联邦法院开始审讯。原告要求，按美国反托拉斯法的规定，要求被告给予三倍于实际损失的赔偿。也就是从 2004 年开始，每年赔偿约 750 亿美元。这宗案件引起了各方对联邦法院是否会推翻在 NaBanco 案裁决中认为"交换费机制合法"的判定，或美联储是否会像 RBA 那样引入对交换费的事前部门监管的猜测（Litan & Pollock，2006）。

鉴于多方对美国是否会像澳大利亚储备银行那样对银行卡交换费进行直接监管的各种猜测，联储有关方面多次表示：由于没有得到授权等原因，将不对交换费进行监管，而让市场决定支付卡的价格①。尽管如此，美国市场上的各种有关今后对支付卡价格监管变化的猜测分析仍在继续。也有专家认为新联储主席可能会重新权衡这一问题，并在是否监管交换费价格政策上有一些转变。而这些可能的转变也将取决于司法部门对悬而未决的商户诉讼案件的最终裁决。

二、其他一些国家和地区的银行卡产业监管

两大卡组织在应对一系列美国国内诉讼的同时，同样受到其业务所在的其他国家和地区监管当局的关注。这些国家也分别对两大卡组织进行了一些反垄断调查或直接监管措施，其中澳大利亚、英国和欧盟的举措引起了很大关注。

（一）澳大利亚的监管政策

澳大利亚和墨西哥中央银行引入事前监管的举措，引起了国际银行卡产业界和学术界的高度关注。根据澳大利亚 1998 年金融体系（监管）法案［Financial System（Regulation）Act 1998］，澳大利亚央行于同年成立

---

① ISO & AGENT, June 21, 2006, Vol. 2, Issue 30.

了支付体系理事会（Payment System Board，或简称 PSB）。根据该法案，PSB 负责决定支付体系政策，其目标是最大限度地控制金融体系风险、提高支付体系效率和促进支付服务市场竞争。

自 2003 年开始，PSB 对银行卡产业引入了包括激励最强的价格上限等措施在内的事前监管机制。这方面的主要措施为，基于信用卡使用相对（于借记卡）过度的判断，PSB 引入了对信用卡交换费价格的上限监管，要求开放式卡组织降低信用卡的交换费，还要求这些组织公开其交换费；宣布取消对信用卡的"禁止额外收费"原则，也建议维萨取消其信用卡和借记卡捆绑销售规则。2005 年，RBA 表示，美国运通、大莱和其在澳大利亚的合作银行不在监管之列。2006 年年初，RBA 宣布对维萨借记卡，也进行类似于 2003 年信用卡的改革，其主要内容是从 2006 年 11 月起，维萨借记卡运营中，由收单机构支付给发卡机构的交换费由平均每笔 0.4 澳元被限制在最高不超过 0.15 澳元。同时 RBA 还表示，将对澳大利亚国内的销售终端电子资金转移（Electronic Funds Transfer at Point of Sale 或简称 EFTPOS）系统的连接费用也开始实行价格上限监管①。

（二）英国的监管政策

2000 年，英格兰银行在关于银行业的一份很有影响力的报告（Cruickshank Report）中，强调了开放式卡组织中的交换费问题，结论认为："很有必要改革交换费机制"。英国公平贸易办公室 OFT 因此对万事达就交换费问题展开了调查。2003 年，初步调查结果认定：零售支付系统的竞争问题值得关注。2003 年成立的 PSTF，从其职能看，临时性增加了对支付卡产业的事前和事中监管。2005 年 9 月，OFT 宣布万事达 2000—2004 年间的交换费协议违反了竞争法——欧盟条约（EC Treaty）第 81 款。OFT 也于 2005 年 10 月宣布，反对维萨的交换费协议。而 PSTF 在其存续的四年中对英格兰支付体系竞争和效率问题的评估结果，将决定英格兰银行是否会采取对银行卡产业进一步进行事前监管。

（三）欧盟的监管

源于零售商的抱怨，欧盟于 2000 年年初步裁定，维萨的固定费用违

---

① 澳大利亚 EFTPOS 的交换费机制是，若 POS 支付通过 EFTPOS 系统结算，则发卡行平均每笔支付约 0.2 澳元的交换费给收单行。注意：这与我们一般所讨论的交换费支付方向正好相反。详情请参阅 Reserve Bank of Australian，Payment System Board，Annual Report 2006。

反了欧洲反联合定价的法律。2002 年，委员会又表明：除联合定价外，没有更为可行的定价方法，但要求维萨在其后的 5 年内逐步降低其在欧盟的交换费水平，并在此后开始根据前一年的平台成本，对交换费实行上限管制。2004 年 8 月，欧盟开始调查维萨会员规则中的排外条款。

在 2006 年 4 月欧盟中期报告（European Interim Report I—Payment Cards，简称 EUIR‑I）发表之际，欧盟竞争政策委员会克罗斯（Kroes）在讲话中认为："有迹象表明一些（支付卡）运营商正在阻碍竞争"[①]。而在之前由欧盟金融服务行动署（Financial Service Action Plan，简称 FSAP）发布的"2005—2010 金融服务政策"白皮书中，已将"促进创造零售金融服务运营商之间更多的竞争"列为重点战略之一。EUIR‑I 正是在此基础上，认为两大国际著名平台企业可能通过其联名和禁止额外收费等原则来阻碍新进入者。而报告指出，对此可能的补救措施包括倡导、反垄断和事前监管[②]。

有必要进一步说明的是，为了发挥欧元区的优势、提高欧元区支付卡产业的规模经济，并能够以目前欧元区各国消费者和商户在持卡消费和受理卡消费的低成本情况下，提高支付卡消费和受理的便捷程度，作为 SE‑PA 组成部分之一的 SEPA 支付卡框架 SCF，对欧元区各国的支付卡产业提出了以下三个选择：（1）在国际支付卡组织符合 SCF 要求的前提下，以国际支付卡系统取代国内的支付系统。（2）通过现有各国支付服务提供者之间的联盟，或某些此类机构向整个欧元区的扩散，建立各联盟方共同接受的一个欧元区支付卡品牌。（3）采取与某国际品牌联名的形式以尽快达到 SCF 的标准。而欧洲央行的观点更为支持上述第二种选择[③]。根

---

① Neelie Kroes, European Commissioner for Competition Policy, Payment cards competition inquiry – preliminary results, Introductory remarks at press conference, Brussels, 12th April 2006.

② 欧盟 2006 年 4 月 12 日中期报告 I 第 23 页。

③ 为占据欧洲市场并求得在此地区今后的更大发展，维萨欧洲正在竭力反对第二种方案，他们提出维萨欧洲就是 SCF 第二种方案希望的那个组织，因此没有必要重复建立这样一个机构；另外，也许出于消除欧盟由于担心国际卡组织治理结构改变而引起新一轮价格上涨的顾虑，在维萨宣布改组为股份公司的同时，维萨欧洲决定保留原有的会员组织形式。但欧盟对国际组织治理结构改变的反映是：法律形式并不重要，而重要的是实质。（参见维萨欧洲总裁在 2006 年 11 月 28 日的讲话）

据 2006 年 11 月欧洲央行发表的报告①，其担心主要出于以下考虑：在第一种选择下，两大国际品牌可能会逐步全部占据欧元区零售支付服务市场，从而提高欧元区商户的扣率水平②；而关于第三种选择，Eurosystem 认为，鉴于其并不能消除各国支付组织之间的割据状态，其只能作为一种尽快符合 SCF 标准的短期方案。欧洲央行要求欧元区所有卡组织于 2007 年年中确定其如何在上述方案中选择，并同时解释为了保证有一个竞争的环境，这些方案是否需要附加计划。欧洲央行也因此要求欧盟尽快出台针对交换费的有关政策。

第三节　国际银行卡产业监管的主要内容与争论

从以上各国银行卡产业的监管动态看，两大开放式平台企业的价格确定机制及一些相关规则，引起了各国反垄断当局和监管机构的密切关注。在了解了银行卡监管框架方面的国际经验后，系统地总结银行卡产业监管的内容焦点之所在。在此之前，有必要就各国对卡组织监管的重点内容进行梳理。

一、银行卡产业监管的主要内容

根据银行卡产业监管政策的演进，反垄断诉讼和部门监管的重点内容主要集中在平台企业的交换费机制及水平、平台企业之间的竞争以及两大会员制的平台企业与价格制定有关的其他规则三个方面。

（一）交换费机制和水平

首先，银行卡产业特别是其中开放式卡组织③的交换费机制和其价格水平是否合理，一直是有关监管当局最为关注的问题。由于在开放式系统中，交换费是由卡组织联合其成员银行共同制定的。因此，关于这种联合定价是否违背了反垄断法，一直受到反垄断机构的调查。与此相关的进一

---

① The Eurosystem's View of A "SEPA for CardS", Nov. 2006.

② 因为维萨和万事达的交换费高于目前欧元区各国支付系统的水平，而 SCF 的目标是在不增加用卡成本的前提下实现支付卡在各国的通用。

③ 封闭式卡平台企业同样有来源于商户折扣率的类似于交换费的机制。但由于其发卡和收单是在同一个机构内完成的，其引起关注程度似乎远小于开放式平台企业。

步的问题是，目前情况下如此确定的交换费的水平是否符合社会福利最优原则，如果不是，是否存在平台企业滥用市场权力的问题？即平台企业是否运用其现有的市场地位，通过制定对自己有利的价格限制了竞争，从而损害了社会福利？各国反垄断当局或监管机构都在根据对这些问题的调查和判断从而对平台企业的行为施加影响。

（二）平台企业之间的竞争

另外一个监管的关注点，集中在银行卡产业内平台企业之间的竞争上。问题的一个方面在于，平台企业现有的一些措施是否限制了竞争；另一方面需要判定是否应该有行业准入限制。就现有平台企业这个层面的问题，引起监管机构注意的，一是维萨和万事达在组织结构上的会员交叉或治理双重性问题，这是指许多发卡银行同时是两组织的会员，增加了两企业合谋、以提升自己的市场力量从而损害终端用户利益的可能性。二是以上两组织的排外协议，该协议规定其成员银行不得发行竞争对手（即封闭式平台企业）品牌的银行卡。

（三）与价格制定有关的其他规则

除交换费机制外，平台企业还与其会员协商制定支付卡系统的一系列规则。与商户受理银行卡有关的几项规则，近年来也引起了一些监管机构的关注。这些规则主要包括以下两个内容：（1）要求商户对银行卡的捆绑接受规则（Honor – all – cards Rule，简称 HAC），该规则规定，如果某商户接受某种品牌的卡支付，该商户必须接受该品牌下的所有卡种。这包括两层含义：举例来说，一是商户若接受 A、B 和 C 银行所发行的 Visa 卡，也必须接受 X、Y 和 Z 银行发行的 Visa 卡。二是若商户接受某种类型的 Visa 卡（比如信用卡），同时也必须接受 Visa 品牌下的其他卡种（比如签名借记卡和密码借记卡等）。表面上看，该规则是一种典型的纵向价格限制行为。（2）禁止额外收费原则（No – surcharge Rule，简称 NSR）或非歧视性规则（Non – discrimination Rule，简称 NDR），该原则是指，禁止商户向持卡交易的消费者因为其所持卡的不同，或更广范围的说因为使用不同的支付工具而收取额外的费用或区别对待。这一点由于涉嫌强迫商户受理对其不经济的支付工具而违反竞争政策原则。

此外，欧盟政策委员会 2007 年 1 月 31 日的报告还提出了一个限制平台企业和不同支付卡种之间竞争的另一项支付卡业内运行惯例，即收单机构的价格混合（Price Blending，简称 PB）。价格混合是收单机构对商户受理所有支付卡的交易收取一个笼统价格，而不去区分不同卡种或不同平台企业发行的不同品牌的支付卡，理论上，这种行为至少加重了支付卡市场的信息不对称问题。

二、关于银行卡监管的主要争论

自本世纪开始的最近几年里，随着经济学家对银行卡双边市场经济学理论的初步建立，越来越多的学者、分析人士对银行卡产业的反垄断监管和部门监管进行了分析评论，而这些争论也正在对银行卡产业的发展和监管当局的监管政策产生重要影响。

（一）是否应该对交换费进行监管

随着支付卡交易额的上升和商户对受理卡支付高折扣率的抱怨，"关于交换费的争论从世纪更替的 2000 年前后开始，越来越受到广泛关注"（Evan & Schmalensee，2005）。不仅经济学家们研究兴趣大大提高，而且政府监管机构也密切关注交换费问题。比如，美国堪萨斯城联储银行（Federal Reserve Bank of Kansas City）和纽约联储银行（Federal Reserve Bank of New York）先后于 2005 年 5 月和 9 月分别主办了题为"信用卡和借记卡行业的交换费：公共政策当局如何看待其作用"① 和"卡基支付系统的反托拉斯活动：起因和后果"② 的研讨会。

针对上述关于交换费的反垄断诉讼和监管措施，学术界和产业界争论的焦点在两个方面：一是终究是否应该对交换费水平进行监管，也就是说卡组织所选择的交换费是否为社会最优水平。二是对平台企业更为致命的是，交换费机制存在的合理性如今再次受到质疑。

争论一：对交换费水平进行监管是否合理。

莱昂（Lyon，2006）总结认为：商户和卡组织及发卡机构关于交换费争论的核心是：交换费究竟是否应基于成本定价。埃文斯和施马伦西（Evans & Schmalensee，2005）对现有主要交换费监管政策进行了理论和

---

① "Interchange Fees in Credit and Debit Card Industries: What Role for Public Authorities?", Federal Reserve Bank of Kansas City, May, 2005.

② Antitrust Activity in Card – based Payment Systems: Causes and Consequences", Federal Reserve Bank of New York, September, 2005.

实证分析，主要得出以下结论：（1）仅基于（服务）成本并不能确定出社会最优交换费水平。（2）现有理论没有得出卡组织联合确定的交换费水平是高于、低于或等于社会最优交换费价格。（3）没有理论证明，从联合定价向任何某种基于成本的交换费价格的变动，能够增进或减少社会福利。这些理论对交换费监管政策提出的挑战主要有：到目前为止，没有可靠的实证研究证明：某种支付工具使用过多或过少；关于交换费监管是否是纠正支付体系市场扭曲的合理干预方法目前尚不清楚。罗奇特和泰勒尔（2005）也重申了其间接网络外部性制约了卡组织（即便完全垄断）从高交换费获益的思想，其政策含义是不必对交换费进行反垄断或部门监管。爱波斯坦和布朗（Epstein & Brown，2006）就美国针对卡组织的一系列反垄断案件，认为当与一个具体产业相联系时，反垄断法模糊的一般性原则，往往导致对该法律的滥用或引致荒唐的结果；具体对银行卡产业的反垄断，则是"在对最优方案毫不知情的情况下攻击次优方案，这样做是很危险的"。

另一些文献对澳大利亚央行的事前监管举措进行了初步研究。缪里斯（Muris，2005）认为，澳大利亚对交换费的上限监管，可能会导致消费者持卡和用卡价格的提高，继而会减少支付卡市场的竞争和消费者选择。CHANG和埃文斯等（2005）对澳大利亚信用卡价格上限监管措施的政策结果进行了初步评估，他们认为，尽管要给出价格上限监管是否达到了政策初衷的判断尚需时日，但该政策在很大程度上使银行提高了信用卡的固定费用，而并未对与交易相关的费用进行调整；而且银行开始更多的发行未被监管的封闭式平台企业的银行卡，这些似乎并不合理。

上述研究基本结论是，没有证据认为卡组织确定的交换费与社会最优水平不一致。也就是说没有理由对交换费进行监管。但相反的意见也同时存在。

卡茨（2005）在对埃文斯和施马伦西（2005）的研究的评论中认为，核心问题，不在于一般而言能否通过降低交换费增进社会福利，而在于在一个具体的市场情形下，政府干预的监管政策能否增进社会福利。卡茨因此也对现有理论进行了简单梳理，认为尽管这些理论普遍表示了政府干预对市场发展不利的担忧，但同时也指出了，如果放任市场也可能造成不利后果。他因此认为，理论本身并不能回答一般或特定的政府干预能否增进社会福利，政策的制定因此还要视事实而定。卡茨认为，尽管确实还没有足够的实证事实为政策制定者提供参考，但公共政策当局的主要任务是在现有的信息、事实基础上，谨慎制定预防性政策。

争论二：目前的交换费机制是否应该受到监管。

自 2006 年以来，对交换费机制本身质疑的最大声音来自美国和欧盟。如上所述，目前正在美国曼哈顿布卢克林法院审理的商户对两大卡组织和发卡机构的集体诉讼，发起了自 1984 年 NaBanco 诉讼案之后又一次对交换费机制本身的挑战。商户们的理由之一是，20 年来技术和市场结构的变化足以证明 NaBanco 结果的时代已经过去。莱昂（2006）认为今后几年，无论是平台企业和发卡银行，还是公共政策部门，在证明交换费机制是否合理方面仍将存在很大困难。

Semeraro（2007）的最新研究，也对传统上采用交换费机制的原因提出挑战，他认为，"只有从商户转移收益给发卡机构，支付卡体系才能有效运行"的叙述不符合支付卡发展的历史。他的解释是：早期银行面临未保证的消费信贷风险和回报的不确定性①，收益转移是发卡机构为了应对这种不确定性而采取的防御措施，而如今，信用卡发行已经成为银行零售业务利润的主要来源，这应该足以证明，有效的支付卡体系可以在更低的商户收益转移基础上运行。这一观点，似乎与接下来我们要谈到的欧洲竞争政策当局关于支付卡产业的最终调查报告相印证。

继 2006 年 4 月发布中期报告之后，欧洲委员会于 2007 年 1 月 31 日发布了《零售银行部门最终调查报告》（简称《欧盟最终报告》）②。该报告关于支付卡交换费得出以下三个结论：（1）调查显示，欧洲成员国之间交换费水平有非常大的差异，这说明竞争障碍的存在。（2）事实表明，与国际支付卡组织不同的是，一些国家的借记卡支付平台以非常低（甚至为零）的交换费有效运行，因此其商户折扣率也很低。（3）**市场数据**

---

① 美国的支付卡产业发展历史是先从信用卡开始，但近年来借记卡的发展速度已超过信用卡。

② "Communication From The Commission—Sector Inquiry under Art. 17 of Regulation1/2003 on retail banking（Final Report）", Brussels, 31 January 2007, 以下网址可发现该报告：http://ec. europa. eu/comm/competition/antitrust/others/sector_ inquiries/financial_ services/com_ 2007_ 033_ en. pdf.

分析表明，在 20 个成员国家，发卡本身（也就是说在没有交换费的情况下）就能够产生正的利润。尽管在发表此报告的新闻发布会上，欧洲竞争政策专员克罗斯提到："调查发现的事实反驳了业界为高交换费的经济利益所做的争辩，而支付卡组织声称可观的交换费至关重要。"[1]

（二）关于排他性规则与平台竞争的争论

除交换费之外，争论的另一个焦点集中在：卡组织之间通用的一些惯例是否阻碍了竞争或降低了公共福利，以及是否有必要进一步促进银行卡产业平台企业之间的竞争。也就是从政策角度，判定目前为止有关国家针对卡组织这些方面的反垄断和部门监管是否合理。

就双会员制是否阻碍了卡组织之间的竞争这一点，从上述美国司法部前后摇摆的态度，可见其并不容易判定。而关于排他性规则是否应该存在，或者进一步是否应该对银行卡产业有准入限制的问题，学术界也对其进行了探讨。首先，多数研究认为平台竞争并不一定能导致有效的价格结构（Anderson & Coats，2003/ Armstrong，2004/ Guthrie & Wright，2003/ Rochet & Tirole，2004）。其次，罗奇特和泰勒尔（2005）认为，决定是否应该在没有歧视的基础上允许新的产业进入者，应取决于现有运营者的沉没投资的规模及折旧情况。他们认为这些沉没投资应该得到回报，而开放进入的政策会破坏创新激励。

另外，一些研究（比如上述爱泼斯坦和布朗，2006/埃文斯和施马伦西，2005，等）还指出了，无论是澳大利亚的事前监管还是美国、欧洲等的反垄断监管，都没有针对独立式系统，而是对开放式平台企业的一个额外监管负担。而独立式系统也隐含着交换费机制，但却在监管的视野之外，这样显然对开放式平台企业并不公平。关于监管方式，爱泼斯坦和布朗（2006）提到，与行政监管相比，民事反垄断诉讼由于其常常具有对所针对的组织和产业的强制性的三倍赔偿破坏，因而更具有危害性。

（三）NSR 和 HAC 等规则是否合理

首先，就 NSR、基金制额外收费规则来看，政策实践中，美国和欧盟在继续禁止这一规则的执行，但学术界支持和反对的声音并存。比如，

① Neelie Kroes, European Commissioner for Competition Policy, "Introductory Remarks on Final Report of Retail Banking SectorInquiry", Press Conference, Brussels, 31st January 2007.

Chakravorti 和埃蒙斯（2001）发现，在超市等某些场合，当禁止实行 NSR 时，会出现以现金支付的消费者对以银行卡支付的消费者进行交叉补贴的情况，这种交叉补贴会扭曲市场对银行卡系统的需求。罗奇特和泰勒尔（2002）发现，在发卡机构有一定市场势力的情况下，若发卡机构和收单机构的成本之和减去商户卡交易收益的差，小于持卡人所支付的卡费时，允许 NSR 会降低社会福利[1]，也就是说，这种情况下应该禁止实行 NSR 规则。

关于 HAC、即捆绑销售规则，我们已经看到，沃尔玛案和解的条件之一，是卡组织取消这一"受理同一品牌下所有卡"规则。美国法庭在此案件上的态度表明：HAC 是不合法的，应该取消。但与美国具有相近的反垄断法体系的欧盟，于 2001 年 8 月认定：维萨实行的 HAC 规则在欧盟内部并没有妨碍竞争。埃文斯和施马伦西（2005）认为，与欧盟不同的是，美国自 20 世纪 90 年代才开始对发行借记卡产生兴趣，导致这一变化的原因是两大卡组织、特别是维萨进行了大量投资，使得利用其系统平台的持卡人和商户数量超过了规模经济所需的临界点，而正是依靠 HAC 这一规则，卡组织才能够利用其庞大的商户资源向消费者推行签名借记卡持卡人[2]。也就是说，对该规则不能不加区分地进行限制，而应该根据具体的市场情况进行具体分析。

而就欧盟最近提出的收单机构 PB 惯例，欧盟最终报告认为，这种行为阻碍了各卡种之间和各平台企业之间的竞争，模糊了低交换费卡种或平台企业的竞争优势。

从以上争论可以看出：虽然到目前为止，学术界在支付卡双边市场基本理论，比如交换费机制的作用等方面达成了一定程度的共识，但一些新的研究和支付卡产业发展的现实不断对现有理论提出挑战。实际上，正如在支付卡经济学研究领域已负盛名的经济学家——埃文斯和施马伦西 2005 年在联储肯萨斯城银行研讨会上所指出的那样，"在双边市场的一般定价理论、特别是交换费定价方面，经济学家还仅研究了表面问题"。而

---

[1]　更多的观点综述可参考董维刚、张昕竹《银行卡产业特征与反垄断难题》（2006）。

[2]　埃文斯和施马伦西：《银行卡时代——消费支付的数字化革命》，中国金融出版社 2006 年版，第 316 页。

正如卡茨（2005）所指出的那样，公共政策只能"在现有的信息、事实基础上谨慎制订预防性措施"。因此，我们认为，今后支付卡领域实证研究的增加将不断丰富现有的双边市场理论；在目前情况下，公共政策领域不可能停止或减弱对支付卡产业的监管。

第四节　国际银行卡产业监管趋势分析

随着学术争论的推进，美国对目前正在审讯的集体诉讼的判决和澳大利亚等国事前监管实践的经验积累，以及欧元区 SEPA 进程的推进，各国和地区对银行卡产业的监管政策也都会不同程度的发生变化。本部分首先从两个方面来分析银行卡产业监管政策未来变化趋势：一是从目前迹象看可能的政策动向；二是基于对目前监管政策及产业发展动态正在、或可能引起的产业组织的变化的判断，分析这些变化对今后监管政策提出的新挑战；同时，我们还将对银行卡产业监管加强的原因进行分析。

一、各国监管政策动向

根据本章第二部分关于银行卡产业发展演进和各国政府现有的监管政策，可以得出结论：即目前情况下公共政策部门不可能停止或减弱对银行卡产业的反垄断或事前监管。实际上，上述欧盟最终报告透露出的有关信息是："我们已经发现了这一市场存在的竞争问题"，而且"将对此采取行动"[①]。这至少说明欧盟各国今后对支付卡产业的反垄断监管将进一步加强。以下分别分析支付卡产业监管活动活跃的几个国家和地区的监管政策动向。

（一）美国监管政策动向

由于 2005 年两大卡组织交换费的再次提高[②]以及结案不久的沃尔玛

---

① 同上述克罗斯 2007 年 1 月 31 日演讲。

② 联储明尼阿波利斯银行（Federal Reserve Bank of Minneapolis）第一副总裁莱昂（2006）认为，1998 年 DOJ 诉维萨和万事达禁止其会员机构发行竞争对手（比如美国运通）银行卡从而违反了反垄断法一案，可能间接导致了卡组织此次提高交换费水平。这是因为地方法院判决 DOJ 胜诉，2004 年 10 月最高法院驳回了两大卡组织的上诉维持原判决，此种情况下为了维持对会员的吸引力，两大机构提高了交换费水平。

案件的影响，2005 年以后的商户诉讼似乎在美国引起了更大范围的关注。不仅联储各地银行加紧了对支付卡产业交换费和反垄断监管的研究，2006 年 7 月，美国国会专门就交换费问题上的反托拉斯问题举行了听证会，在听证会开幕式的讲话中，来自宾州的参议员冯·阿伦·施佩克特（Hon Arlen Spector）表示，在看到有关"维萨和万事达阻止会员机构发行美国运通等竞争对手银行卡"信息后，他很惊讶两大组织有如此强大的市场力量，因为在他的印象中，"美国运通本身也是一支相当强的市场力量"①。虽然，美联储前主席 2005 年在一份公开信中申明，联储没有对卡组织确定的交换费进行监管的司法权力，但越来越多的商户诉怨、一浪高过一浪的反垄断案件和公共政策部门对支付卡产业越来越多的关注，有关各方似乎有理由期待新任的联储高层推出反垄断之外的监管措施。

我们认为，美国增设行政监管机构的可能性虽然存在，但由于以下原因等，这种可能性似乎不大。一是美国的制度从传统上反对权力集中。二是维萨继万事达之后也已开始着手将其会员制组织形式改组为公司制形式，而对公司制组织进行监管的理由则较之以前大大下降②。三是近年来产业内的反垄断诉讼主要是针对组织的成员们共同制定价格的行为，虽然客观上导致了一些卡种交换费的降低，但并不是直接针对高商户折扣率本身（Evans，2006）。

（二）欧盟监管政策趋势

首先，从 2006 年 4 月发布的欧盟中期报告到 2007 年 1 月的欧盟最终报告对支付卡市场的调查结论看，欧盟无疑会进一步强化对支付卡产业的反垄断监管。其次，从欧盟立法部门创建 SEPA 的计划，以及到目前为止 SEPA 的推动进程看，欧元区将从产业标准、交换费问题、支付卡产业有关惯例和规则三个方面，加强对支付卡产业的直接监管。

另外，随着各成员国家央行对支付卡产业信息共享和监管方面的合作，欧盟的监管基调和政策将对地区内各国设计国家零售支付监管框架起

---

① "Credit Card Interchange Fees: An Antitrust Concern", hearing Before the Committee on the Judiciary United States Senate, One Hundred Ninth Congress, Second Session, July19, 2006, Serial-No. J – 109 – 100.

② 参见 www.isoandagent.com, June 21, 2006, Vol. 2, Issue 30。

到非常重要的影响，从而促进欧洲各国在对支付卡监管政策立场上逐渐趋同。比如，欧洲中央银行在 2006 年 11 月关于 SEPA 支付卡框架意见的报告中，希望"欧盟尽快宣布其对交换费的有关政策"；报告同时指出，"欧洲和其各国竞争政策当局急需达成一致，特别是就欧元区所采取的政策态度而言"。从这个意义上看，欧盟一体化特别是 SEPA 进程，将至少使欧洲各国关于支付卡产业的监管政策趋于一致。

（三）英国的监管趋势

英国于 2003 年 11 月设立的 PSTF，已经加强了对零售支付产业的经济监管。从风险的角度，英格兰银行 2005 年报告[①]（BOE，2006）认为，对支付体系私营公司的利益与公共利益不一致问题，可部分通过将公共利益代表纳入支付体系运营商的决策中去，从而使其保证良好的公司治理结构来解决。这一观点虽然起源于英格兰银行对支付体系金融风险的考虑，也就是金融监管角度的考虑，但由于银行也派观察员加入了 PSTF，所以其从支付体系角度考虑的意见，也会对 PSTF 的判断产生重要影响。

（四）澳大利亚的政策趋势

从澳大利亚 2003 年以来的监管政策看，其监管的产品范围不仅已从信用卡延伸到借记卡，而且监管对象也从针对国际两大组织扩大到国内卡组织，可以看出，澳大利亚储备银行对支付卡产业的事前监管范围和力度呈扩大趋势。此外，为进一步改善监管政策，RBA 将于 2007 年对过去四年的监管政策进行评估。相信届时不仅会有更翔实的支付卡产业实证数据推出，而且也将使学术界对银行卡支付经济学理论的研究更进一步，并同时为后来的国家提供更加新鲜的监管经验。

总之，由于种种原因，首先，上述各国对银行卡产业的监管过去几年都在加强，而且有今后继续加强的趋势。其次，由于公共政策的考虑和反垄断案件引起的公众舆论压力等，各国和地区的监管政策普遍强调监管对象的信息透明，比如欧洲央行认为，应该在网上公布交换费信息，可能的情况下还应该将交换费的计算方法提交竞争政策当局以获批准。而澳大利亚监管政策当中也有相应的要求。再次，以上监管动向表明，在以反垄断

---

① BOE Publicastion, Feb., 2006, "Payment System Oversight Report 2005", See http://www.bankofengland.co.uk/publications/psor/index.htm.

监管为主的国家和地区，其竞争政策当局对银行卡产业监管也更逐步多地具有了事前监管的味道。

二、监管加强的原因分析

从以上各国银行卡产业监管的政策动向看，与世界范围内放松监管的趋势相反，对银行卡产业的监管正在加强。我们认为其原因可能在于以下几个方面：

第一，由于银行卡产业特殊的双边市场特征和网络外部性等，对世界两大著名平台企业一直以来的运行方式、定价行为等是否合法、或是否影响社会福利的判断很难达成一致，这就加剧了有关争论和矛盾，矛盾的升级和范围的扩大使各国政府对其进行或加强监管的理由增加。

第二，随着银行卡支付相对于其他支付工具交易额的上升，零售支付体系在支付体系中的重要性也随之增加，从金融系统风险角度考虑的金融监管必然增加。在全球金融监管中宏观审慎政策强度增加的趋势下，对支付体系的监管也必然加强。从支付体系近年来的监管历程看，在 20 世纪七八十年代，各国央行的注意力主要集中于支付体系对货币政策的影响方面，而最近一些年来，各国央行对支付体系从更系统化的角度给以关注，相关的政策目标扩大为追求 "高效、完整、安全、可靠、易接"（Cirasino & Guadamillas，2007）。国际清算银行支付体系委员会也于 2000 年首次推出了支付体系核心原则。虽然这并不是我们所重点讨论的广义经济监管的范畴，但由于具体对银行卡产业的监管而言，出于金融风险的考虑和出于竞争因素的考虑通常缠结在一起，从而整体上反映出来的结果，是对支付平台企业监管的加强。

第三，正如前文所述，欧盟一体化特别是欧元区 SEPA 计划的推进，促进了欧洲各国对支付卡产业监管的加强。更进一步，欧元区的一些临国，为了分享 SEPA 带来的易接受和低成本等范围经济利益，也主动愿意执行相关的一些计划。比如，既不是欧盟成员国也非欧元区的瑞士，其央行最近表示有意执行欧洲支付委员会（EPC）的有关决议[①]。可以推断，欧盟的这一系列政策影响的辐射范围还将进一步扩大。

---

① 参见欧洲支付委员会主席杰拉德·哈特辛克（Gerard Hartsink）2007 年 3 月 15 日专访。

第四，如果将银行卡支付网络看做类似于公共物品①（Litan & Pollock，2006），而经典经济学理论中公共品的提供一般是由政府介入。据此可以认为，由私人平台企业提供网络平台服务的模式与公共利益存在冲突。从这一意义上看，利坦和波洛克（Litan & Pollock，2006）所预测的未来银行卡产业发展可能的趋势之一——若两大卡组织在目前未决的诉讼案中败诉从而无法为继，联邦政府有可能直接将其收归国有②，也许并不像初看上去那样耸人听闻。

三、银行卡产业监管面临的挑战

银行卡产业内近年来一系列反垄断案件和一些国家直接监管政策的引入，正在使该产业产生着深刻变革。

首先，一些初步评估发现，在澳大利亚对开放式平台企业的信用卡运营实行交换费上限监管以来，信用卡业务量（无论用交易笔数还是交易金额衡量），出现了自受监管的开放式平台企业向未受监管的独立式系统转移的迹象。例如，常（Chang）和埃文斯（2005）测算发现，从2003年10月至2005年6月，美国运通和大莱用交易笔数和交易金额复合衡量的市场份额分别约提高了21%和19%。在美国，有分析认为，最高法院决定维持对两大平台企业的反垄断诉讼，也使得美国运通和发现卡等品牌有了进一步扩张的好时机③。当然，也是源于反垄断当局的裁决，卡组织的排他性规则被终结，美国运通开始从以前的封闭式经营开始转向与商业银行合作模式，这也是美国运通在美国境内和全球市场份额上升的另一个重要原因。那么，其后两大卡组织的市场份额会否进一步下降？随着独立式系统市场份额的增加，监管当局会不会考虑目前被攻击的监管不平衡问题——即只针对开放式组织而对封闭式组织的相似问题不予考虑？

其次，正是由于不断受到反垄断机构以及直接监管的困扰，万事达（已于2006年4月公开上市）和维萨（继2005年11月宣布将其董事会改组为大多数为独立董事之后，于2006年10月宣布以上市为目标的重组决

---

① 当然，在此问题上也存在不同的看法，比如维萨欧洲总裁兼首席执行官彼得·艾利夫（Peter Ayliffe）认为，不能将支付卡系统看作公共设施或公共服务，而应该将其看成真正的商业服务。——参见"A Strategic Vision for SEPA"，Peter Ayliffe，Brussels，Nov. 28，2006。

② 作者们认为这种可能性并不大。

③ Joseph A. Giannone，Dec. 19，2006，资料来源：www.bloomberg.com。

定，并计划于 18 个月后公开上市）先后决定重组其组织结构，并在此基础上从非营利机构转化为上市公司。在悬而未决的商户集体诉讼寻求交换费降低、甚至交换费机制违法和巨额损失赔偿的基础上，新增的问题是：两大组织在新的以股东利益最大化为目标的治理结构下，交换费会否进一步上升？而即便这些企业仍维持目前的交换费水平，在解决了"联合定价"这一攻击目标之后，又有哪些方面会成为商户抱怨和攻击的新目标？欧洲央行已经就此问题作出了回应，表示并不反对任何股东导向的治理结构本身，但的确担心在竞争者数量有限的情况下这将导致价格的过快增长（Eurosystem，2006）。当然以上问题取决于美国目前悬而未决的诉讼案，因为该案件要求的赔偿金额已危及平台企业的生存①。

再次，我们看到，一方面在美国，从美联储对支付卡平台企业的监管所透出的信息，美国联邦法院在对平台企业有关规则上的态度摇摆不定，最近代表商户律师集团试图推翻 20 多年前 NaBanco 的判决结论；另一方面，欧洲支付委员会主席 2007 年 3 月在谈到推进 SEPA 面临的问题时说，"对 SCF 的反馈有一些问题"，"核心问题是如何监管非银行支付服务提供商②"。可以看出，公共政策领域目前对非银行支付服务平台企业的监管仍在探索之中。与此相关的另一个问题是，目前两大国际卡组织不仅正在美国竭力游说，而且也在欧洲为自己在今后的 SEPA 支付体系中的地位而努力。因此，公共政策部门在制定有关政策时，应尽量避免现有利益集团对政策结果的影响。

另外，为满足商户需求，不仅一些以低折扣率为特征的新的零售支付服务系统开始涌现，而且在美国也开始出现了发卡行与商家谈判的趋势，出现了更加细分的区别定价，交换水平越来越取决于谈判力量。这一变化有两方面的作用：一方面促进了银行卡产业的竞争，从而可能使终端用户享受到更好的服务；另一方面增加了产业内部各有关方面的交易成本，而这些成本最终也会增加消费者持卡和刷卡成本。监管机构因此面临的挑战是，须要从公众利益出发在利弊之间进行权衡。

最后，随着银行卡使用范围的不断扩大，以电子支付为代表的支付领

---

① 关于该案件各种可能的结果会引起今后何种变化，可参阅利坦和波洛克（2006）。
② Gerard Hartsink，March 15，2007。

域新技术和方法的涌现及支付服务业内部不同环节专业化程度的提高，以银行卡为支付载体的支付服务产业链有不断延伸的趋势。只提供某些具体环节专门服务的服务商的出现，一方面提高了整个产业的效率，使最终用户享受到了质量更高的服务；但从监管的角度，产业链环节的增加提高了产业中各方利益协调的难度，也提高了整个支付系统反欺诈和保证运行安全的难度，对以系统安全为目标的金融宏观审慎监管提出了更大的挑战。

第五节　本章小结

近年来，相对于其他支付载体，银行卡支付交易份额在各国支付结算中不断上升，对银行卡产业的监管也引起了广泛关注。

国际上现有的银行卡产业监管机制主要包括反垄断法基础上的事后监管和金融监管体制框架下的事前监管即部门监管模式。本书将国际银行卡监管的焦点问题分为交换费机制和水平、平台企业之间的竞争以及卡组织与价格制定有关的其他会员规则三类，对关于平台企业目前的相关行为和对应的监管措施是否合理的争论进行了综述。我们认为，首先，由于银行卡产业独特的经济特征和现有的市场结构，对平台企业的监管是必要的；其次，无论判定交换费机制还是卡组织规则等是否合理，都须要对具体的市场情况进行具体分析。

从各国和地区的监管政策动态看，首先，各国对银行卡产业的监管过去几年都在加强，而且有今后继续加强的趋势；其次，各国和地区的监管政策普遍强调监管对象的信息透明；再次，在以反垄断监管为主的国家和地区，其竞争政策当局对银行卡产业监管也逐步更多具有了事前监管的味道。

作者认为，各国银行卡产业监管加强的主要原因有以下四个方面：一是问题评估的复杂性或难度使产业中利益不同群体之间的矛盾不易解决，从而增加了监管理由；二是从支付体系角度考虑的金融监管的加强；三是欧盟一体化，特别是SEPA的推进促进了欧洲各国甚至其邻国对支付卡产业监管的加强；四是支付服务平台类似公共物品的属性增加了私人经营与公共利益之间的冲突。

　　另外，银行卡产业新的发展和两大平台企业组织结构的变化对各国今后监管政策提出了新的挑战，这些挑战主要体现在：如何平衡对开放式平台企业和封闭式银行卡企业之间的监管？判定新的零售支付服务机构的出现是更加有利于市场还是造成的安全问题更大？随着产业服务链的延伸，采取什么样的措施能够更好地体现支付体系安全的考虑，也就是如何将银行卡产业金融监管因素和经济监管考虑更好地相结合？另外，虽然国际上已经有许多值得借鉴的经验，但我们看到，公共政策领域对非银行支付服务平台企业的监管仍在探索之中。在有关监管政策制定过程中，现有的利益集团会为自己的利益而努力游说，而公共政策部门应该尽量避免现有利益集团对政策结果的影响。

　　目前，中国的银行卡产业也已初具规模，对产业监管的呼声越来越高。在此情况下，不仅很有必要密切跟踪国际银行卡经济学理论的研究动态，及时总结国际银行卡产业发展和相应的监管经验，对银行卡产业发展和与之相应的公共政策遇到的挑战进行前瞻性分析；还需要在此基础上加强对国内银行卡产业现状特点和存在问题进行深入研究，以便中国银行卡产业今后发展战略的制定能够更好地吸收现有的国际经验，并为中国建立有效的产业监管框架提出更为可行的建议。

第七章 银行卡产业监管的
国际动态及其影响

业界瞩目的美国沃尔玛案件①在 2003 年达成庭外和解后，国际银行卡产业的争论和反垄断案件并未归于平静。相反，直接或间接地源于该案件的启示，新一轮的反垄断诉讼或公共政策监管仍风起云涌，增加了各国银行卡产业公共政策变化的可能性以及该行业价格及盈利变化趋势的不确定性。

第一节 美国的监管动态

我们知道，与其他具有一定市场势力的企业类似，在美国，两大平台企业维萨和万事达也一直是反垄断执法部门关注的对象，以下首先对沃尔玛案件以来美国银行卡产业的反垄断案件依据时间顺序进行梳理，并进一步分析这些案件对银行卡产业定价产生的影响。

一、主要诉讼案件

2003 年以来，美国银行卡界的主要事件包括：持续五年的美国司法部诉维萨和万事达案件得以结案；美国运通诉维萨和万事达；美国一些中小商户诉维萨和万事达及其主要会员银行。

（一）美国司法部诉维萨和万事达

该案件起诉时间早在 1998 年 10 月，主要内容是针对维萨和万事达禁止其会员银行发行美国运通和大莱俱乐部等竞争对手的银行卡②，美国司

---

① 沃尔玛等美国大型商户于 1996 年针对维萨和万事达的卡品牌捆绑销售原则向美国司法部门提起诉讼，关于该案件的具体内容和和解条件请进一步参阅埃克斯等人（Akers, et al., 2005）。

② 卡组织的这一原则也称为"排他性规则"。

法部公平部（DOJ）认为，两大卡组织的这一行为阻碍了信用卡市场的竞争，从而违反了《谢尔曼法》。该案件直到沃尔玛案和解之后的 2004 年 10 月得以结案，以公平部胜诉而告终。

（二）美国运通诉维萨和万事达及八大银行[①]

在公平部对维萨和万事达的案件胜诉后，美国运通和发现卡公司都对维萨和万事达提起诉讼，要求两大卡组织对之前禁止其会员银行发行运通和发现品牌卡而对美国运通和发现卡公司造成的损失给予赔偿。该案件至今仍未结案。其最新进展是：2007 年 11 月 7 日，维萨以支付 22.5 亿美元为条件与美国运通达成和解，以便为其正在准备中的首发上市扫清障碍。此后，万事达成为唯一的被告方[②]。

（三）美国一些中小商户诉维萨和万事达及其主要会员银行

一方面受沃尔玛案的鼓励，另一方面不满于一直增长的交换费水平，2005 年以来，美国一些中小商户组成了专门挑战交换费机制的组织 MPC——商户支付联盟（Merchants Payment Coalition）[③]，对两大卡组织和其一些会员银行不断提起诉讼，最近的诉讼案主要包括：2005 年 6 月一些小商户集体诉讼两大卡组织及其部分会员银行[④]；2005 年 9 月，四大商户组织诉维萨和万事达及其一些会员银行，称其合谋制定过高的信用卡费用[⑤]；2006 年 4 月，一系列商户集体诉讼合并修订后，以题为"支付卡交换费和商户扣率反垄断诉讼"提交纽约东部地区地方法院[⑥]等。

2006 年以来的诉讼中，商户抱怨的内容基本与第六章总结的 2005 年

---

① American Express Vs Visa, 04 – cv – 8967, U. S. District Court, Southern District of New York。

② 资料来源："Visa, American Express Settle Suit for $ 2. 25 billion", Nov. 7, 2007, http：// www. bloomberg. com。

③ 该组织同时运营着网站：www. unfaircreditcardfees. com。

④ "Visa, MasterCard and Major U. S. Banks Charged With Antitrust Violations For Fixing Credit Card Interchange Fees", June 22, 2005, http：//www. rkmc. com/Visa_ MasterCard_ and_ Major_ US _ Banks_ Charged _ With _ Antitrust _ Violations _ For _ Fixing _ Credit _ Card _ Interchange _ Fees. htm.

⑤ Reuters, September 26, 2005, http：// www. unfaircreditcardfees. com/uploads/Litigation _ September_ 2005. pdf.

⑥ 进一步参见 http：//www. unfaircreditcardfees. com/uploads/Complaint _ 317 _ Payment% 20Card% 20Interchange. pdf。

诉讼类似。由于与日增长的诉讼，美国各有关部门纷纷就银行卡交换费问题召开听证会和研讨会，比如，参众议院的司法部门分别于 2006 年 7 月与 2007 年 7 月举行了听证会。虽然会议传出的声音并未就有关问题达成一致，但这些问题无疑因此引起了更为广泛和深入的关注。

二、对产业定价等的影响

由于上述一系列案件以及之前的沃尔玛案，美国的银行卡产业正在进行着深刻变革，从而也对产业的批发定价产生了一定的影响。这些影响主要体现在以下三个方面。

首先，州立法层次上加强了对价格的监管。截至 2007 年 5 月，美国已有 9 个州的立法部门分别引入了对银行卡组织交换费的监管措施[①]，这些措施主要包括三大类：一是直接控制价格，比如，田纳西州规定了卡组织的交换费上限为交易额的 0.75%；二是限制具体的收费范围，如纽约、佛罗里达等五州规定，不得对银行卡交易中商户缴税部分收取交换费；三是要求高透明度，比如得州和肯塔基州等要求信用卡公司公布更详细的收费规则和条目等。此外，其他一些州也正在酝酿有关银行卡交换费的立法措施。从价格水平变化趋势看，这些监管措施的实施和受监管范围的不断扩大，整体上会限制交换费的进一步上升。

其次，由于上述前两项案件的判决结果有利于美国运通等封闭式银行卡系统，这有助于在市场上处于劣势的封闭式系统的进一步发展，开放式平台企业与封闭式银行卡企业之间的竞争因此有加剧的趋势。由于以高端客户为目标的美国运通对商户扣率的定价相对较高，其内部隐含的交换费水平也相对较高，所以，具有讽刺意味的是：竞争的结果很有可能会使开放式平台的交换费水平有提高的趋势。

再次，为了尽可能减少针对其定价机制等的反垄断诉讼，两大平台企业先后进行了改革重组，万事达率先对以前的非营利性会员组织进行了公司制改革，并于 2006 年第二季度在纽约交易所上市。维萨也于 2006 年年

---

① 资料来源：（1）"Retailer Urges State Efforts on ＄36 Billion Credit Card Fees"，http：//www.nrf.com/modules.php? name ＝ News&op ＝ viewlive&sp_ id ＝ 270。（2）"Credit Card Interchange Fees Spark Disputes In Small Business Merchants"，Pittsburg Tribune－Review，May 27，2007。

底宣布了类似的改革方案，并于 2008 年 4 月成为上市公司。以股东利益最大化为目标的新的经营模式，可以将以前的集中定价机制从法律形式上转变为公司行为，但上市公司更加激进的股东利益最大化经营目标，则有可能导致交换费水平的提高。欧盟委员会针对两大公司的改革措施就曾表示过类似的担心。[①]

第二节　欧盟的监管动态

尽管在欧洲，银行卡的平均使用水平并不像其在北美那样普遍。但随着欧元的引入，以及在此基础上使成员国支付一体化的单一欧元支付区（SEPA）计划的推进，银行卡网络的批发定价——特别是交换费问题引起了欧盟及其成员国竞争政策当局的高度关注。有必要说明是，欧盟对银行卡产业的监管在反垄断执法之外，还推出了一些配合 SEPA 计划的行业指引性措施。

一、近年来的反垄断案件

（一）裁定万事达跨境交换费违法

2003 年 9 月，欧盟针对万事达发表反对声明，表示了对万事达跨境交换费问题的关注。2006 年 6 月，欧盟就此再次发表补充声明，表示了其对此事件的初步观点：万事达通过预先制定零售商户受理其信用卡和借记卡的最低价格，限制了其成员银行之间的竞争[②]。

2007 年 12 月 19 日，欧洲初审法院（European Court of First Instance）判定：万事达在欧洲经济区（European Economic Area，EEA）内的跨境交换费违反了欧盟条约中关于限制性商业措施的条款。欧洲委员会因此要求万事达在 6 个月之内取消该项费用，否则将给予其每日全球销售收入 3.5% 的罚款。

---

①　Commission of the European Community, Brussels, 31 January 2007, COM（2007）33 final.

②　Europa MEMO 06/260, "Competition: Commission Sends a Statement of Objection to Master-Card", http://europa.eu/rapid/pressReleasesAction.do? reference ＝ MEMO/06/260&format ＝ HTML&aged ＝ 0&language ＝ EN&guiLanguage ＝ en.

欧盟委员会发表声明表示，该项裁定的主要理由①是：（1）在万事达目前的多边交换费体制下，消费者承担了为其银行卡双重付费的风险，即须支付银行卡年费，同时又须面对更高的零售价格。（2）目前万事达分别高于交易额 0.5% 和 1.0% 的借记卡及信用卡多边交换费，是目前欧洲地区最高的交换费价格，这个价格相当于澳大利亚相应价格的两倍，而在北欧和比荷卢经济联盟内的国内银行卡组织，却在没有交换费机制的情况下有效运行。（3）目前万事达和其他利益相关方没有提供足够的证据证明其跨境交换费机制有利于支付卡产业的技术创新和效率提高。

由于维萨自 2002 年获得了为期五年的欧盟反垄断政策豁免，其条件是：在这五年中将其多边跨境交换费从平均 1.1% 降到 0.7% 的水平。在关于万事达案件的上述发布会上，竞争政策官员也专门指出："欧盟竞争政策对维萨的豁免期即将在 2007 年 12 月 31 日结束，其后，维萨也必须为其行为是否符合欧盟竞争政策负责。"

（二）命令法国银行卡组织停止违法收费

2007 年 10 月，欧盟竞争政策委员会命令法国银行卡组织 CB 集团②（Groupement des Cartes Bancaires）停止其对成员银行发行其品牌下的借记卡收取的费用③，认为这一行为损害了消费者的利益、剥夺了消费者持有价格更低的借记卡的机会。该案可追溯于 2002 年 12 月，CB 集团向欧盟竞争政策委员会提交了定价体系方案，要求委员会豁免包括对新成员机构一揽子收费计划在内的价格条约的反垄断追究。委员会随即对此展开调查，并于 2004 年 7 月指责 CB 集团和其 9 家成员银行联合共享法国发卡市场、阻止新的市场进入者。2006 年 7 月，委员会解除了对发卡银行的指控，认为市场壁垒是由卡组织单独设置的，发卡银行并未介入。目前，CB 集团声称不同意欧盟要求，计划进行申诉④。

---

① "Commission Prohibits MasterCard Intra – EEA Multilateral Interchange Fees" Introductory Remarks at Press Conference made by Neelie Kroes, Brussels, Dec. 19, 2007.

② CB 集团是法国最大的银行卡组织，该品牌的银行卡约占法国支付卡市场的 70%，维萨和万事达在法国也是在 CB 集团旗下运作。

③ 向成员银行每发行一张 CB 品牌借记卡收取 11 欧元的费用。

④ Bloomberg News Article by Matthew Newman, Oct. 19, 2007, "EU Orders French Bank Card Group to Stop Illegal Fees".

（三）对维萨以往案件①追加罚款

2007年10月3日，欧盟宣布对维萨欧洲处以1020万欧元（1400万美元）的罚款，以惩罚其在2004—2006年间阻止摩根斯坦利银行加盟在英国市场提供收单服务，当时维萨不允许摩根斯坦利加入的理由，是摩根拥有发现卡品牌。欧盟认为维萨的这一行为阻碍了英国银行卡受理市场的竞争，从而损害了英国零售商的利益。欧盟作出该项决策的理由主要有两方面：一是维萨拒绝摩根斯坦利加入的行为是滥用市场地位，因为其接受了拥有大莱品牌的花旗银行在英国市场提供支付服务；二是2004年欧盟已经就此对维萨提出了正式的反对声明，但直到2006年维萨才允许摩根斯坦利加入其收单服务行列②。

（四）与推动SEPA进程相关的其他政策

在SEPA即将正式开始运行③之前，由于担心欧盟现有的一些以低成本（也就是零交换费或很低的交换费）运行的银行卡网络成员，一方面为符合SEPA要求；另一方面受国际银行卡网络高交换费的吸引，纷纷加入现有的国际卡网络，欧盟于2007年12月3日声明表示："在目前情况下，依靠市场力量促成其他选择是非常困难的。"④这意味着在SEPA启动前后的这段时间内，欧盟对支付卡市场的监管，要么至少维持目前的情况，要么力度继续加强。

二、对地区银行卡产业的影响

这些案件和政策对交换费定价水平和定价机制都将产生重要影响。

首先，从整体上看，欧盟内部的信用卡交换费水平以及商户扣率会进一步降低。这是因为，欧盟各国信用卡网络服务大多都是由维萨和万事达

---

①　由于从2000年开始申请加入维萨欧洲，在英国市场提供维萨卡收单服务一直被拒绝，摩根斯坦利向欧盟就此提起对维萨欧洲的反垄断诉讼，2006年双方达成和解，摩根斯坦利其后于2007年6月出售了其发现卡公司。

②　Bloomberg News Article by John Rega and Matthew Newman, Oct. 3, 2007, "Visa is Fined for Barring Morgan Stanley".

③　欧盟支付委员会和欧洲央行规定的开始运行日期是2008年1月1日。

④　Neelie Kroes, "Key Challenges and Trends for Europe's Retail Payment System", EUROFI Conference, European Parliaments, Brussels, Dec. 3, 2007, 来源：http://europa. eu/rapid/pressReleasesAction. do? reference = SPEECH/07/780&format = HTML&aged = 0&language = EN&guiLanguage = en.

提供的，而这两大国际机构目前均面临须要针对欧盟最终报告的结论，以及有关反垄断裁定重新调整其交换费政策。欧洲商业委员会主席代表欧洲的商业机构就竞争政策委员会 2007 年 12 月对万事达跨境交换费的裁定表示了欢迎，他认为"这意味着更低的价格"。①

其次，维萨和万事达网络和欧盟成员国现有借记卡网络之间的交换费水平的差异会逐步缩小，但借记卡交换费水平的变化方向目前仍难以预测。这是因为，如果目前一些成员国内以很低的交换费运行的借记卡网络为符合 SEPA 的要求选择加入现有的国际网络，这些网络的交换费水平必将提高；而欧盟 2007 年 12 月对万事达借记卡网络跨境交换费违法的裁定又会使国际网络借记卡交换费水平降低。而欧盟各国借记卡平均交换费水平的变化方向，最终取决于这两个相反趋势之间的平衡。

再次，由于目前包括美国、南非、新西兰等在内的一些国家，都有商户对国际银行卡网络交换费机制或高交换费水平的诉讼，这些国家的竞争政策当局也正在密切关注欧盟对有关交换费问题的决策。欧盟对万事达跨境交换费的裁定因此会成为国际银行卡产业界反垄断政策的重要先例。

第三节　澳大利亚的监管动态

自 2003 年始，澳大利亚引入了央行（RBA）对银行卡产业的部门监管机制。此后，RBA 对银行卡产业的一系列监管政策②，引起了国际银行卡产业界的极大关注。

一、主要监管政策改革

表 7 - 1 是澳大利亚目前有关银行卡交易定价的监管标准③。从该表

---

①　http：//www. eurocommerce. be/content. aspx？ pageId = 41099.

②　具体监管措施可进一步参见李朝霞《国际银行卡产业监管经验研究》，《数量与技术经济研究》2007 年第 11 期。

③　澳大利亚支付体系监管政策的前提，是认为由于支付服务产业的各种限制和惯例，与各种支付方式相关的资源成本未能在价格上得以体现，从而影响了消费者做出合理的支付方式选择，支付体系委员会认为这不利于支付体系有效率地发展。因此，这些监管标准旨在以合理的价格引导消费者选择，这也是目前政府政策回顾中将各种支付方式的成本评估作为重点之一的原因。进一步可参阅 RBA，2000，2003，2006。

可以看出，澳大利亚央行不仅对国际卡组织信用卡和借记卡的交换费水平制定了价格上限；而且也一定程度上使卡组织对商户限定的一些原则进一步放松。这体现在：一方面国际卡网络开始允许商户根据受理成本对持卡人收取费用；另一方面商户受理银行卡的"捆绑原则"也得以松动，比如目前维萨和万事达仍可要求受理信用卡（或借记卡）的商户必须受理其品牌下不同类别的信用卡（或借记卡），但不能要求这些商户同时受理其品牌下的借记卡（或信用卡）系列。也就是说，商户可以在信用卡系列、借记卡系列以及这两个系列三个方案中任选其一。另外，监管政策也对澳大利亚国内借记卡网络实行了最高限价。

表 7 - 1　　　　　　　　澳大利亚央行有关银行卡价格的监管标准

交换费	
信用卡	维萨和万事达信用卡的加权平均交换费不得超过交易额的 0.5%
借记卡	维萨借记卡交易的加权平均每笔交换费不得超过 12 分 维萨必须公布其实际借记卡交换费
EFPTOS①	EFPTOS 系统不涉及取现交易的交换费必须在每笔 4—5 分之间
商户限制	
卡类捆绑原则	维萨不得以接受其信用卡为条件要求商户接受其借记卡，或者以接受其借记卡为条件要求商户接受维萨信用卡 维萨借记卡必须是能够由视觉和电子系统识别，收单机构必须为商户提供电子识别信用卡和借记卡的信息
额外收费规则	卡组织不得禁止商户向持卡人收取额外费用

资料来源：RBA, 2007, "Reform of Australia's Payments System", Issues for the 07/08 Review, Table 1, Payments system Reform—As at May 2007, pp. 6 - 7.

根据有关政策安排，RBA 将对其监管政策每四年进行一次回顾总结，以便根据市场反应和变化情况做出必要的调整。2007 年 5 月 29 日，RBA 发布了"澳大利亚支付体系改革——2007/2008 回顾议题"报告②。该报

---

① 为澳大利亚销售终端电子资金转移系统。

② RBA, May 29, 2007, "Reform of Australia's Payments System: Issues for the 07/08 Review", http://www.rba.gov.au/PaymentsSystem/Reforms/RevCardPaySys/Issues20072008Review/index.html.

告指出：历史上交换费价格与支付数据传输方式有关，但最近的变化表明：目前，交换费也与商户类型，或更显著地与银行卡种类相关①。并同时发表声明，邀请利益相关方提供就这些议题的书面反馈。

在这些反馈之后，RBA 和墨尔本商学院联合于 2007 年 11 月 29 日主办了"支付体系回顾会议"。会上，RBA 政策研究部门发布了"澳大利亚支付成本"报告②。此项研究在长期增量资源成本概念的基础上，从多角度③评估比较了目前澳大利亚主要不同支付方法的成本。就 POS 交易而言，研究的一个主要结论是：小额支付中现金支付方法成本最低，其次是 EFT-POS 系统，但随着交易规模的增加现金支付成本随之增大，因此大额交易以 EFTPOS 系统最低；而信用卡和支票支付的成本比前两个支付方式有较大幅增大，后者的成本高于前者。

二、对产业的进一步影响

首先，这些监管措施降低了澳大利亚银行卡 POS 交易的交换费水平。而降低后的价格水平，又为其他国家和地区政策部门判别其监管范围内的银行卡网络价格是否合理提供了参照。因此，可以说，澳大利亚央行对交换费的监管政策已成为全球银行卡交易交换费水平下降的重要影响力量。

其次，对国际网络就商户受理银行卡的原则进行了限制，也引起了新一轮对交换费作用的讨论。因为，如果商户能够完全根据不同卡别的受理成本，对持卡人收取相应的费用，说明双边市场中的两组终端用户能够内部化自己的成本，那么就交换费这种转移支付机制存在的主要理由——内部化银行卡市场外部性这一点，似乎并不如业界和学术界所称的那样重要。也就是说，交换费机制的重要性因此会进一步受到质疑。

另外，澳大利亚这一事前监管机制的实施，早在几年前就曾给国际银行卡产业界不小的震动，许多国家的反垄断执法部门和商业组织都在密切关注着这些政策实施的结果。澳大利亚央行以及学术界对过去几年政策实施的评估，无疑会引起各国政策部门对不同支付手段社会成本的思考，而思考之后也许会有鼓励低成本支付手段使用的相应政策，从而很可能引起

---

① RBA, 2007. "Reform of Australia's Payment System: Issues for the 07/08 Review", p. 22.

② RBA, Nov. 2007, "Payment Costs in Australia—A Study of the Costs of Payment Methods".

③ 金融机构角度、商户角度、持卡人角度等。

不同支付手段之间相对价格的变化。

第四节　本章小结

在著名的沃尔玛案件之后，国际银行卡产业的反垄断案件并未归于平静，相反，新一波反垄断和监管改革浪潮再起，并已经显现出对银行卡产业产生的影响。

在美国，由于中小商户受沃尔玛案件的结果的鼓励，新一轮的诉讼不仅针对高交换费水平，甚至再次挑战交换费机制的合理性，这些诉讼也在美国国会引起了关于是否有必要直接对银行卡产业立法的广泛讨论。而由于美国的分权监管体制，一些州政府则已开始直接立法限制交换费水平。虽然美国近几年的反垄断裁定，不仅促进了美国运通等与开放式平台企业之间的竞争，而且促使两大平台企业改制成为上市公司，从而可能使维萨和万事达进一步提高交换费水平，但新的诉讼和一些州政府的立法措施又会抑制交换费的这种上升趋势。

在欧盟，随着 SEPA 进程的推进和欧盟委员会对支付卡服务机构调查的深入，两大国际平台企业在交换费政策等行为规则上不断受到反垄断指控或惩罚。这些措施一方面会缩小欧盟各国国内支付服务机构和国际平台企业之间的价格差异，但就国际平台企业而言，其价格会被迫随之下降。

澳大利亚央行不仅对国际卡组织信用卡和借记卡的交换费水平制定了价格上限；而且也一定程度上使平台企业对商户限定的一些原则进一步放松。澳大利亚央行对交换费的监管政策，一方面已成为全球银行卡交易交换费水平下降的重要影响力量；另一方面，随着政策要求平台企业放松对商户受理银行卡的一些限制原则，这似乎使"交换费内部化双边市场外部性"的作用受到质疑。澳大利亚央行以及学术界对过去几年政策实施的评估，会引起各国政策部门对不同支付手段社会成本的思考，而思考之后也许会有鼓励低成本支付手段使用的相应政策，长远来看，这可能会引起不同支付手段之间相对价格的变化。

第八章　从银行业监管体制
看银行卡产业监管

由于银行卡产业是零售银行业务的延伸，从各国和地区现存的对银行卡产业的监管经验来看，除综合司职一国经济各个领域的竞争政策执法的反垄断当局外，各国政府对银行卡产业的监管，都是在现有金融监管体制框架下对新增监管职能的再配置，而与银行卡产业直接相关的则是银行业监管体制。

第一节　银行业监管体制

各国从金融监管角度对银行卡产业的监管体制，首先取决于一国现有的银行业监管体制。理论上，金融监管体制如何设计往往取决于一国金融监管的目标。古德哈特（Goodhart）等（2001）证明，一般来说，独立于央行的监管机构其监管目标更倾向于消费者保护，而中央银行负责监管更倾向于系统性稳定。比如，英国的 FSA 就将消费者保护作为首要目标，而并不关注金融的系统性稳定问题。

就各国银行业监管体制而言，我们关注的问题主要有两个：一是由一个机构（央行或央行之外的另一个专门监管机构①）还是两个甚至多个机构负责对银行业的监管？二是若央行与其他监管机构共同负责对银行业的监管，其主要监管职能有哪些？

大体上，各主权国家对银行业的监管要么是由单一的央行（如荷兰、

---

① 至于央行之外的专门监管机构是只负责对银行业的监管，还是负责对所有金融机构的监管，即分业监管和混业监管的体制安排与本研究无关。

希腊、爱尔兰、意大利等），要么单一的央行之外的监管机构（如法国、丹麦、英国、日本等）负责，要么是央行和央行外的监管机构共同负责（如德国、美国、中国等）。表8-1是一些国家的银行业监管体制情况。

表 8-1　　　　　　　　　　　有关国家银行业监管体制比较

国家	监管主体	央行是否参与银行业监管	监管权力集中程度（指国家与地方政府层面）
美国	多元（通货总监署、联邦储备体系、州银行管理当局、联邦存款保险公司）	是	分权（联邦和州）
英国	一元（金融服务局）	否	集权
德国	二元（央行和联邦金融监管局）	是	相对集权
日本	一元（金融厅）	否	集权
澳大利亚	一元（审慎监管局）	否	集权
中国	二元（人行和银监会）	是	集权

在表8-1所列的国家中，除美国是多元化多层次的监管体制外，其他国家均为专门金融监管机构，或由该监管机构同央行一起负责对银行业的监管。需要说明的是，各国对央行的职能定位不同，我们根据各国对央行的职能目标定位，来区分其央行是否参与银行业监管。

比如，英国和日本央行的目标比较明确，前者为单一目标，即保护存款人利益；后者为多重目标（维护信用、保护存款人利益、谋求金融活动顺利进行、经济健康发展），但这两者都不是从银行业本身，而是从宏观政策角度出发的，所以可视为央行不参与银行业监管。而德国央行法中规定的央行目标是"保证银行资产安全和业务正常运行"，将央行的职能与银行业务直接相联系，因此，德国是央行与金融监管局共同监管银行业。

就央行在专门监管机构之外也同时参与银行业监管的国家而言，首先，在很多国家，对包括银行在内的金融机构的审慎监管职能都已从央行分离出来。其次，几乎所有国家的央行都至少被赋予了"维护系统稳定"的监管职责，但目前为止，对"系统稳定"的构成因素并没有一个统一的定义（Llewellyn，2006）。再次，很少有国家就此任务为央行赋予了正式的法律权力（Oosterloo & Haan，2003）。在表 8 - 1 所列的国家中，英国和日本的央行并不参与对银行业的监管，而在美国、德国等，其央行和这些国家的其他金融监管机构共同负责对银行业的监管。

我们知道，银行业或金融监管体制最终是一个实践的问题，无论从哪个理论模式出发来设计金融监管体制，在实践中都会遇到这样一个问题，即实行统一的监管体制还是由多个金融监管机构共同负责金融监管。

类似的，银行卡产业的监管体制设计的一个关键问题，首先是要考虑在现有银行业监管框架下，由一个机构统一监管还是两个或多个机构共同监管？进一步的问题包括：如果是前者，应该将统一监管职能赋予哪一个部门？如果是后者，如何将不同的监管职能赋予不同的部门，其相互之间又应该如何协调？

第二节　各国和地区的银行卡产业监管体制

表 8 - 2 是欧盟和一些国家的银行卡监管体制概况。从表中可以看出：

在这些国家和地区，银行卡产业监管主体都是多个而非一个综合的产业监管部门。

除日本（日本央行只负责对大额支付系统的监管）外，各国和地区的央行都不同程度地对本国零售支付体系有一定的监管作用，其中监管职能轻重的两个极端分别是英格兰银行[①]和澳大利亚储备银行，前者只是通过发布定期报告等影响和监督包括银行卡产业在内的零售支付体系，而后者被赋予了除准入监管之外的几乎所有重要监管职能。

除澳大利亚外，其他国家金融体系中对银行卡产业监管主体均是以专业金融监管机构而不是央行为主。

日本 1998 年认定信用卡业务为金融业务，类似的，德国 2001 年修订的银行法规定："提供支付清算运营为银行业业务"，而澳大利亚央行根据新法案"指定"将银行卡支付服务网络平台纳入央行对支付体系的监

---

① 正如表 8 - 1 所示；英格兰银行并没有法定的对支付体系的监管权力，可以说没有正式的监管职能，只是起一种监督作用。

管范畴也与此相似。两者不同的是，澳大利亚央行是将银行卡开放式平台企业"指定"为需要专门监管的对象，而并未认定这个环节的服务属于银行业务。也就是说，这些国家都对银行卡产业中的支付网络平台所经营的业务性质有比较清楚的界定。

除日本和澳大利亚外，欧盟和其他国家竞争政策部门对银行卡产业的反垄断监管非常重视。

在属于欧盟国家的英国和德国①，与欧洲央行对零售支付体系监管作用的基调类似，这些国家的央行本身并没有法律赋予的监管权力，而是通过发布报告、道义劝说等影响行业的发展。

表 8－2　　　　　　　　银行卡产业监管体制的一些国际经验

国家或地区	主要监管主体	组织性质	监　管　职　能	主要监管依据
(1) 欧盟	欧盟委员会	区域性机构	实行积极主动的监管政策（特别是在支付服务价格方面）；为扫除区域内各国在建立统一支付区域方面的法律障碍建立新的法律框架（NLF）	欧盟条约
	欧洲央行	区域性机构	以促进地区统一支付体系为目标监督 EPC 的有关工作并参与到支付体系基础设施建设；其在支付体系中"催化"和"道义劝说"胜过权威监管	欧洲央行法
	欧洲支付协会（European Payment Council，EPC）	为推动单一欧元支付区域（SEPA）由欧盟授权的自律性组织	设计银行卡等支付工具的银行间协定 出台银行卡平台企业应遵守的致富服务框架原则	EPC Charter

---

①　德国的央行法虽然规定央行具有维护"银行业正常运行"的目标，但并未赋予央行具体的监管权力，这正如奥斯特鲁和哈安（Oosterloo & Haan，2003）所指出的那样，虽然很多国家都规定央行至少有维护银行稳定运行的任务，但有意思的是，法律并没有赋予其实际的监管权力。

续表

国家或地区	主要监管主体	组织性质	监　管　职　能	主要监管依据
（2）美国	通货总监署 联邦储备体系	联邦级政府机构 联邦级政府机构	监管全国性银行 监管全国性银行	《消费者信用保护法》、《诚实借贷法》、《未经申请的信用卡法》、《公平信用报告法》、《公平信用结账法》、《平等信用机会法》、《公平债务催收业务法》、《电子资金转账法》、《诚实借贷简化法》、《公平信用卡披露法》、《家庭平等贷款消费者保护法》、《家庭财产所有权及其平等保护法》等
	司法部公平部（DOJ）	联邦级政府执法机构	竞争政策	《谢尔曼法》
	州银行管理局	各州政府级监管机构	监管地方性银行	各州有关法案
（3）英国	英格兰银行	政府机构	通过发布支付体系监督报告等手段负责对支付体系的主要系统性问题进行监督（没有法定的监管权力、具体监督责任亦不明确）	英格兰银行与HM Treasury 或金融服务局关于支付体系监督的谅解备忘录（2006）

国家或地区	主要监管主体	组织性质	监 管 职 能	主要监管依据
（3）英国	金融服务局	立法授权的非政府机构	以保护金融零售业务客户等为原则负责对金融机构监管（负责制定行业指引、关注风险监管）	《金融服务与市场法案（2001）》
	公平贸易署	政府执法机构	竞争政策	
（4）德国	德国央行	政府机构	支付清算体系的安全和有效运行（统计调查、监督）	《央行法》（1957/2002修订）
	联邦金融监管局	政府专业监管机构	对银行业务等进行监管（2001年修订的银行法规定"提供非现金支付清算的业务属于银行业务"）	《德国银行法》（KWG 1961，2001修订）、《信贷转移法》
	银行业中央信贷委员会（ZKA）	自律组织	银行间协调以保证支付的效率和安全、快捷等	银行和网络平台间的支付交易有一系列习惯和协议规定，而银行间的交易由《一般业务条件》等监管
（5）日本	日本银行	政府机构	负责大额支付清算系统的稳健运行	《日本银行法》《银行法》
	金融厅	政府专业监管机构	通过要求提交经营报告、进入检查负责对信用卡市场进行行政监管（1998年新《银行法》认定信用卡业务为"与金融相关的业务"），从事信用卡业务的非银行机构也需要在金融厅申请登记	《贷金业规则》、《银行法》、《金融监督厅设置法》等
	消费者金融协会等	行业自律	通过调查、劝告等保证合同公正合法，解决有关纠纷等	《贷金业规则》等

续表

国家或地区	主要监管主体	组织性质	监 管 职 能	主要监管依据
（6）澳大利亚	澳大利亚储备银行（RBA）	政府机构	其中的支付体系理事会（Payment System Board，PSB）负责银行卡支付服务市场调查、价格等相关政策制定（央行法中规定央行有"指定"某机构纳入央行监管体系的权力）	《储备银行法》、《1998支付系统（监管）法案》、《支付体系与网络法案》
	澳大利亚审慎监管局（APRA）	政府机构	银行卡支付服务市场准入监管、银行业金融监管	《金融部门法案》（2001）《审慎监管当局法》（1997）《银行法》
	消费者与公平竞争委员会	政府机构	除非央行设定了零售支付行业的限定标准等政策，该委员会保留对该领域的竞争政策监管权	《贸易实践法案》
	争议调查与仲裁机构（Australian Ombudsman）	自律性组织	隶属于澳大利亚银行家协会，负责解决通过各银行内部协调机制得不到解决的银行间及银行与服务对象之间的争议（当事人若不接受协调可上诉法院）	

资料来源：（1）Cirasino, Garcia, et al. , May, 2006,"Retail Payment Systems to Support Financial Access：Infrastructure and Policy", www. worldbank. org.

European Central Bank（2006）,"Towards a Single Euro Payments Area—Objectives and deadlines（4th Progress report）", Frankfurt Germany.

（2）Wildfang and Marth, 2006,"The Persistence of Antitrust Controversy and Litigation in Credit Card Networks", *Antitrust Law Journal* No. 3（2006）.

李利军：《美国信用法律制度简介》，《北京工商大学学报》2004 年第 2 期。

（3）BOE, Feb. 2008,"Payment System Oversight Report 2007", http：//www. bankofengland. co. uk/publications/psor/psor2007. pdf. McCarthy, 2006,"Risk Based Regulation：The FSA's Experience", http：//www. fsa. gov. uk/pages/Library/Communication/Speeches/2006/0213_ cm. shtml.

（4）BIS, 2003, "Payment System in Germany", http：//www. bis. org/cpss/paysys/Germany-Comp. pdf.

（5）中国银联：《日本卡支付系统监管体系研究》，鹿野嘉昭著，余熳宁译：《日本的金融制度》，中国金融出版社 2007 年版。

（6）BIS, June 1999, "Payment System In Australian" RBA, 2007, "Payment System Board - Annual Report 2006".

第三节　本章小结

一国的银行卡产业监管体制首先取决于该国的银行业监管体制安排，大体上，各个国家对银行业的监管要么是由单一的央行（如荷兰、希腊、爱尔兰、意大利等），要么单一的央行之外的监管机构（如法国、丹麦、英国、日本等）负责，要么是央行和央行外的监管机构共同负责（如德国、美国、中国等）。

具体就银行卡产业而言，除了对产业中发卡和收单机构的银行之外，美国和欧盟除反垄断当局密切关注银行卡支付平台企业的竞争问题外，并未对这类企业有专门的监管政策或监管机构。而日本、德国、澳大利亚的银行业监管机构都对平台企业的准入进行监管，这主要源于这几个国家对平台企业的业务性质进行了界定，从而将其纳入了所界定的产业范围的监管框架之内。而且澳大利亚央行还将这类企业"指定"为监管对象，并对其价格制定以及与价格相关的一些规则进行专门监管。

除极少数国家外，各国央行都对银行卡产业有一定的监管作用，虽然其中一些央行并未被赋予"维护支付体系稳定"的具体法律责任。在欧盟央行的引导下，欧盟各国央行对银行卡产业的监管作用更多地体现在通过发表报告、道义劝说等对银行卡产业内的机构行为进行引导。

此外，各国的银行业自律组织也在银行卡产业协调中发挥着重要作用。

第三篇　银行卡产业监管的政策框架

由于银行卡产业一方面是金融服务业务的延伸，另一方面又涉及一般的产业问题，所以产业监管不但涉及金融监管问题，也包括一般产业监管问题，也就是说，银行卡产业监管是跨越金融监管和产业监管的监管问题。但遗憾的是，在现有的产业监管理论框架中，并没有包括金融监管的内容；反过来，在金融监管理论中，无论是宏观谨慎监管，还是微观谨慎监管，产业监管内容基本被忽略。我们认为，打通金融监管和产业监管，建立银行卡监管的理论框架，是监管经济学需要解决的一个重大理论问题。

为了对我国银行卡产业的监管模式进行研究，我们认为，有必要依据金融监管理论和产业监管理论，借鉴国际银行卡产业改革的经验和教训，再根据我国银行卡产业发展的具体情况提出存在的问题和相应的建议。本篇的研究正是基于这一思路。这些研究对于深入理解银行卡产业的经济规律，构建我国银行卡产业的监管体制，改善政府监管效率，促进银行卡产业持续、快速、健康发展，具有重要的理论和政策意义。

本篇研究的主要难点在于，需要融合金融监管和产业监管，提出我国银行卡产业的监管模式，这显然是一个十分具有挑战性的问题。正因为如此，我们在努力打通金融监管和产业监管的同时，还需要指出的是，有些方面的研究可能仍然是探索性的，这和目前相关理论研究的状态是一致的。我们希望在未来，能够对这些问题进一步深入研究。

本篇内容安排如下：第九章从政府监管的基本概念出发，首先讨论银行卡产业监管的主要问题，其次论述银行卡产业监管的目标，并根据这些目标，就解决上述监管的主要问题需要纳入政府监管的重点内容进行分析阐述。第十章讨论银行卡产业监管体制。监管体制是监管制度的核心问题，也是我国银行卡产业监管改革的关键。为了使讨论更有针对性，本章主要讨论银行卡组织或平台企业的监管。第十一章是本篇的重点，该章将在深入分析我国产业发展现状的基础上，重点讨论中国银行卡产业的监管问题，并提出相应的政策建议。

第九章 银行卡产业监管的内涵

谈到产业监管，首先想到的一般是政府对基础设施等产业的监管制度和政策。银行卡产业也有与基础设施产业相类似之处，比如，就银行卡平台企业而言，其很高的产业集中度就与基础设施类产业相似；但该产业又不同于一般的产业监管，比如从银行卡整个产业链来看，对这个行业的监管必须考虑一国零售支付体系的效率和安全，等等。本章从政府监管的一般概念出发，在第五章的基础上，进一步探讨银行卡产业监管的分类、主要内容和目标等，为进一步探讨银行卡产业的监管制度奠定基础。

第一节 银行卡产业监管的内涵

一般而言，对一个产业的监管是由政府根据自己拥有的"强制力"资源对某一个产业内的决策主体进行限制，是一种政府行为。本部分从政府监管入手，通过对一般产业监管和金融监管内涵的异同分析，给出政府对银行卡产业监管的定义。

一、政府监管

从学术意义上，监管的定义是由监管经济学给出的。最被广泛认同的监管定义，一般是指政府"以制裁威胁为支持，对个体或组织的行为施加限制"[1]。更为直观的政府监管的定义是"社会公共机构依照一定的规则对企业的活动进行限制的行为"（植草益，1992）。

从以上概念可以看出，政府监管主要包括四个方面的要素：（1）监

---

[1] Viscusi W. K. , J. M. Vernon and J. E. Harrington, Jr. , "*Economics of Regulation and Antitrust*", Second Edition, The MIT Press, p. 307.

管主体，即上述政府或政府授权的社会公共机构。（2）监管依据和手段，即各种制度或规则，这些规则包括不同层次的法律法规。（3）监管对象，即政府旨在限制的主体，可以是个人、企业或其他组织。（4）监管内容，即须要针对监管对象界定对其施加限制的行为范围。

二、一般产业监管

上述监管经济学对产业监管的研究起源于对基础设施产业的监管研究，并未涉及金融监管。我们因此称金融以外的产业为一般产业。

（一）一般产业监管的分类

就一般产业而言，根据监管方法和监管内容的不同，维斯库西、弗农和哈林顿（1995）将监管分为反垄断、经济监管和社会监管。反垄断，主要针对市场支配权力、合谋和不利于竞争的并购行为等；经济监管，主要指针对自然垄断行业的价格、市场进入和产出等所施加的限制；社会监管，主要包括政府对公众健康、公共安全和环境等方面的监管。

从所针对的市场缺陷范围可以看出，反垄断和经济监管主要是防止市场势力滥用，而社会监管主要针对产业行为引起的负外部性等。而前两者的主要区别，首先在于反垄断是针对全部市场的一个综合法律，而经济监管是针对某一个具体产业部门的立法和执法。由于反垄断和经济监管都是针对同一类市场缺陷的产业监管，因此，也可以将两者统一称为"广义"的经济监管。本书对银行卡产业经济监管的概念正是从这个意义上而言的。因此，我们将一般产业监管分为（广义）经济监管和社会监管。

（二）一般产业监管的发展趋势

在政府对产业的上述监管中，总体而言，自19世纪70年代以来，各国的社会监管不断加强，而经济监管在逐步放松，反垄断裁定的尺度或基调随着一国经济和政治形势的变化而有所变化。

另外，应该引起注意的是，反垄断监管在不同国家的作用差异很大。由于事前经济监管和反垄断都是针对市场势力的，一般而言，在反垄断法在经济中作用有限的国家，则更多地采取事前经济监管机制。此外，事前经济监管和反垄断执法之间的关系的主要内涵还包括替代关系和相反关系，替代关系是指由于经济监管一般已经对产业价格等主要经济变量进行了限制，因此在受监管的产业内不会有垄断价格等严重滥用市场势力的情形出现；相反关系的观点认为，由于经济监管在一定程度上保护竞争，经济监管和反垄断执法从作用上是相反的①。因此，就针对市场势力的监管而言，在具体的体制安排中，经济监管主体和反垄断执法机构之间的关系或作用、分工是需要重点考虑的问题之一。

三、金融监管

由于银行卡首先是银行业务与现代信息技术相结合的一个新型零售银行服务产品。因此，对银行卡产业的监管的考虑不可能脱离金融监管制度框架，而金融监管无论从监管内涵还是监管体制上，都与一般产业监管有很大的区别。

（一）金融监管内涵

首先，由于外来语的关系，与一般产业监管"regulation"的内涵相比，由于金融体系的脆弱性，金融监管（financial regulation and supervision）的内涵增加了监督或监护（supervision）的含义。这就改变了一般产业监管中监管主体与监管对象之间相互独立的关系，也就是说，在金融监管中，除了需要与监管对象独立的监管主体对金融机构的规定行为进行监管外，还需要一种在特定情况下对监管对象保护的监管机制，比如央行贷款、政府对金融机构的救助等金融安全网措施。

其次，正是由于金融系统对上述"依赖"机制的需求，金融监管政策包括微观审慎和宏观审慎两方面的政策。从政策内容看，前者是一般产业监管意义上对金融机构市场进入、价格②、竞争、服务质量等有关的行为监管，而后者是一种宏观政策。我们认为，这种宏观审慎监管政策与货币政策等宏观经济政策的区别在于，前者主要是直接针对金融系统的政策，而后者是国家利用金融体系来达到经济增长或就业等宏观经济目标的政策。当然，前者也间接保护了经济的稳定发展。

第三，由于金融体系的特性和金融实践的发展，金融风险逐渐成为了金融监管的主要内容。在此情形下，微观审慎政策的主要目标是金融机构风险，而宏观审慎政策的目标是金融系统风险。

---

① Carlton & Picker, 2007, "Antitrust and Regulation", NBER Working Paper 12902, http://www.nber.org/papers/w12902.

② 是否对一些金融服务产品的价格进行监管，取决于一国的经济金融发展水平或发达程度、制度安排特征，等等。

基于以上几点，可以说，由于金融体系的脆弱性等特征，金融监管中对系统风险的监管已经超出一般产业监管意义上的微观经济政策①范围。

（二）金融监管体制

由于一国银行卡产业监管框架或具体政策的制定必须建立在该国原有的金融监管体制框架基础之上。因此，这里有必要对有关金融监管体制的基本问题进行简要梳理。

理论上，金融监管体制主要包括机构型监管、功能型监管和目标型监管三种体制模式。机构型监管是指按照金融机构的类型设立监管机构，不同的监管机构分别管理各自部门内的金融机构。各监管机构的监管高度专业化，其业务的划分只根据金融机构的性质（银行、证券公司、保险公司）。功能型监管是指依据金融体系的基本功能而设计的金融监管体制，即一个给定的金融活动由同一个监管者进行监管，而无论这个活动由谁来从事。因此，针对具体金融业务而不是金融机构的功能监管思维颠覆了传统上监管对象的概念。目标型监管模式是泰勒（1995）和古德哈特等（1998）提出的，这种思想认为，只有将监管目标明确定义，并且准确无误地将实现监管目标的责任委托给监管机构，监管才有可能有效地进行；监管机构才有可能产生明确的内部控制重点，避免各监管目标之间的冲突等。其中具有代表性的模式为泰勒的"双峰式"金融监管体制，认为金融监管主要的目标是针对系统性风险和金融机构的机会主义行为，因此建议建立针对前者的金融稳定委员会（或称为审慎金融监管者）和针对后者的消费者保护委员会。

需要进一步说明的是：首先，三种有关金融监管体制安排的理论模式，都是从不同的角度出发，依据各自原则提出的，在实践中并不一定能够找到完全与之对应的实例，一些国家的监管体制都同时具有其中两种甚至三种理论模式的特征。其次，关于金融监管的研究一致认为，一国监管体制的构建取决于该国的经济、金融发展状况及政治体制等制度基础等等，没有一个最优的金融监管体制模式。

---

① Bruce M. Owen, 2005, "Competition Policy in Emerging Economies", SIEPR Discussion Paper No. 4 – 10.

四、银行卡产业的政府监管

首先，从经济监管的角度，随着服务范围的不断扩大银行卡支付已经成为一个产业，产业中的重要组织环节——提供跨行信息转接服务的平台企业，由于其经济性质，一方面为了提高效率需要对其竞争加以限制；另一方面由于这类企业的产业集中度往往很高，也就是说其中的一些企业具有一定的市场势力，因此对银行卡产业的监管往往是从对平台企业的效率保护和限制这个环节的市场支配地位滥用角度考虑的。

其次，由于银行卡的支付清算服务系统在各国零售支付体系中的所占的份额不断提高，而零售支付体系作为一国支付清算系统的重要组成部分，其支付的安全和效率对货币的稳定、公众对国家支付清算系统的信任等至关重要[1]。也就是说，零售支付体系的安全关系到整个金融系统，因此，必须从金融系统风险的角度考虑对银行卡产业风险的监管。

再次，一般情况下，发卡机构和收单机构均为商业银行，而对商业银行的监管是各国金融监管中最为基础的考虑，因此，对发卡和收单机构的监管，并非由于银行卡产业发展而引起的新问题。也就是说，发卡和收单机构的监管，属于各国传统金融监管体制内的存量问题。当然，这是从机构型金融监管思维而言的，以功能型监管的思想考虑，一些监管政策的制定需要综合考虑与银行卡支付业务相关的所有环节。也就是说，在这类政策的制定中，须要忽略掉相互竞争或互补的业务主体，而仅针对整个银行卡支付业务过程合理、有效、顺利的进行制定并执行的监管政策措施。

总之，银行卡产业监管的复杂性，一方面在于不仅要从一般产业（比如基础设施产业）监管的角度，考虑以经济监管为主对市场权力进行限制或干预，而且要从防范金融系统风险的角度考虑相应的金融宏观审慎政策；另一方面，既要从机构型监管理论的角度考虑对平台企业的监管，又要按照功能型监管的思想考虑对整个银行卡支付业务的监管政策。

---

① The World Bank, 2007, "Reforming Payments and Securities Settlement Systems in Latin America and the Caribbean", 2007 The International Bank for Reconstruction and Development/ The World Bank, p. 65.

第二节 银行卡产业监管构成

产业监管主要包括监管主体、监管对象和监管内容三大要素。

银行卡产业监管主体或监管者，是指负责制定产业内各机构以及持卡人的业务、服务标准及行为规范，并对违反行业内业务或服务法规的机构或个人的行为进行制裁等的有关政府机构。包括与银行卡产业直接相关的专业监管部门，比如各国央行、各国银行业监管机构；负责对众多领域进行综合监管机构，比如各国反垄断当局、法院系统。此外，行业协会等组织虽然不是政府监管机构，但其在行业中的协调监督作用对行业的发展也很重要。

银行卡产业监管对象即产业内的机构及个人主要包括发卡机构、收单机构、信息转接服务机构。其中，发卡和收单机构一般是商业银行；信息转接服务机构指以为发卡银行和收单银行提供清算信息服务为主的平台企业。由于发卡和收单机构均为商业银行。而作为为银行卡业务的扩展和便捷而新兴的平台企业则成为银行卡产业的重要监管对象。

银行卡产业监管内容主要指从行业可能存在风险的一些方面，比如不利于竞争的行为、市场不规范、信息不对称和系统不稳定（ADB，2006）出发，对监管对象可能影响这些方面的行为做出规定或限制。

第三节 银行卡产业监管分类

银行卡产业是零售银行业与现代信息技术结合的产业。一方面，银行卡产业是银行业务随着技术进步的进一步延伸，因此，该产业不可能脱离银行业这个母体；另一方面，由于现代信息技术的应用，这个产业的信息交换环节——平台企业又具有规模经济和范围经济等基础设施产业所具有的特征。因此，对银行卡产业监管的考虑，不仅要有金融监管的角度，更要从金融以外的产业监管——特别是经济监管的角度对其进行探讨。事实上，国际上近年来对银行卡产业监管的关注，正是以美国、欧盟和澳大利亚为代表的国家在这个领域的监管案件和措施引起的。

根据银行卡产业的这一特征，我们将银行卡产业的监管分为经济监管、金融监管和社会监管。具体而言，是指即对平台企业的经济监管、银行卡产业的金融监管和主要从消费者利益保护角度对银行卡产业的社会监管。监管的内容和范围如表 9-1 所示。

表 9-1　　　　　　　　银行卡产业监管分类一览表

银行卡产业监管	金融监管		经济监管	社会监管
监管内容	支付体系系统风险	产业内各机构个体风险	产业各个环节的竞争、竞争不充分环节的价格、准入等	从保护持卡人利益角度、与产业相关的社会安全角度（如银行卡犯罪等）的监管*
监管对象及重点环节	产业内机构间的相互依赖、系统失败①	信用卡信贷风险、发卡、收单业务操作风险等	信息转接平台企业的行业准入、服务价格等②	对发卡和收单机构针对客户的信息披露、服务标准等要求、防范和打击银行卡犯罪等
监管主体	金融监管机构、行业自律组织	金融监管机构、行业自律组织	事前监管部门或反垄断执法机构	法庭、金融监管机构、行业自律组织

注：①无论是学术界还是实践领域，关于系统风险所包含的内容和方面目前还存在争议（Lemieux，2003），笔者认为这里的相互依赖风险除银行间的相互依赖外，还应重点关注产业内银行与非银行机构间的相互依赖，因为一般而言，前者已经在原有支付体系框架内有所监管，而后者存在监管盲点。

②一般认为银行卡发卡和收单环节的竞争是相对充分的，而平台企业在各国都是相对集中的产业结构。

第四节　银行卡产业监管的目标和主要内容

从上节分析可以看出，对银行卡产业的监管非常必要，这也正是世界各国和地区对银行卡产业进行监管的理论出发点。本部分从银行卡产业监管的主要问题入手，论述银行卡产业监管的目标和主要内容。

一、银行卡产业监管的主要方面

从银行卡产业监管的内容分类来看，该产业的监管除了必须考虑金融监管和一般产业监管的双重问题角度之外，其复杂性还在于所涵盖机构和业务范围的非常广泛。也就是说由于银行卡产业产业链的复杂性，以及产业创新的不断发展，对银行卡产业监管框架不可能包括对产业链中的每一个相关机构甚至每一个环节的监管。为了抓住问题的主要方面，本小节分析银行卡产业监管需要关注的主要问题。

从监管主体角度，银行卡产业监管体制安排需要考虑以下几个方面的问题：（1）要否指定专门的监管机构对产业进行经济监管？（2）如果对第一个问题的回答是肯定的话，应该由怎样的政府部门承担监管职能？（3）政府部门监管的法律依据是什么？（4）如果由多个部门负责对该产业的监管，具体监管职能如何在这些机构间进行分配？

从监管对象来看，银行卡产业链中的服务提供商主要包括：发卡机构、收单机构和平台企业。由于商业银行是发卡和收单的主体，属于金融体系对银行业监管的范畴，这个环节的监管有相对成型的制度安排，因而不是本书重点关注的范围。

另外，随着信息技术不断发展，银行卡产业链也在不断延伸，传统产业链中的发卡、收单和平台企业的业务外包规模和种类都在加大，对于产业链中的不断壮大的第三方机构，这些机构的业务既有互补又有竞争，因此一般认为不存在市场势力问题；从这些机构对金融体系的影响看，金融机构在外包合同中会强调对自身风险敞口的控制，因此，理论上第三方承包商的行为也不会对金融系统风险造成威胁。也就是说，没有必要对这类机构进行政府监管。

而作为产业服务链中重要环节的平台型企业，其相对于商业银行而言是一个新兴的服务机构，一方面，对其业务的定位是否属于金融业务，其从金融系统风险考虑的产业隐患究竟包括哪些方面①等，在学术上尚在探讨之中；另一方面，各国政策实践中也有不小差异，对这个环节的监管也

---

① Catharine Lemieux, 2003, "Network Vulnerabilities and Risks in the Retail Payment System", Federal Reserve Bank of Chicago, Emerging Payments Occassional Papers Series, 2003 – 1F.

是目前各国银行卡产业监管改革和争论的焦点和难点问题。因此，本书对银行卡产业监管模式的研究主要是针对平台企业这一监管对象而言的。

对于平台企业的监管内容和监管政策，首先要取决于监管目标。而根据以上我们对金融监管的论述，银行卡平台企业的监管目标比较复杂，已经超出了一般产业监管对市场经济权力干预的范围，因此，有必要对监管目标进行专门分析，以便为监管内容和具体监管政策的确定提供方向指导。

二、银行卡产业监管目标

监管目标是政府授权或委托监管主体行使监管权力所要得到的总体效果。从银行卡产业监管的复杂性、产业监管要重点考虑的问题以及平台企业的业务性质，综合银行卡产业监管的各个方面，我们认为，以平台企业为主要对象的银行卡产业监管模式和监管政策的制定，应该以控制系统风险、保护消费者利益和提高产业效率三个方面为终极目标。

（一）控制系统风险

如前文所述，由于银行卡支付在零售支付体系中所占份额和重要性日益提升，而零售支付体系的风险虽然对一国的支付清算体系安全影响有限，但公众对零售支付体系风险的高敏感度，会直接影响他们对整个国际支付清算体系，甚至银行体系的信心。因此为维持银行卡使用者的信心，保护金融支付清算系统安全，保证货币政策传导渠道的顺畅，应该将对系统风险的控制作为监管目标。

从平台企业本身的业务来看，由于其是连接金融机构之间银行卡支付清算通道的重要环节，也就是说规模化的银行卡产业中，发卡和收单机构对其有很高的依赖性，因此，保证平台企业系统安全也间接降低了与该系统相连接的商业银行的风险。

（二）保护消费者利益

银行卡产业服务的目标客户，包括持卡人和银行卡受理商户两个群体。其中，持卡人更是处于信息劣势，而且一般认为，商户一方面会将利益损失向持卡人转移，另一方面商户和产业内其他机构在谈判上的抗衡能力高于持卡人。因此，保护持卡人利益成为产业监管的最终目标。

另外，信息市场失灵在金融产品市场广泛存在，而严格有效的信息披露制度是减轻信息市场失灵的主要手段，因此，监管政策应该为持卡人提供充分的信息，并且能够降低信息需求方分别收集信息的成本，减轻信息不对称，消除掌握信息优势一方的机会主义行为，这对持卡人正确决策的形成进而对产业良性发展至关重要。此外，监管程序中的公开透明和公众的参与也对达到这一监管目标非常重要。

（三）提高产业效率

对平台企业所提供的服务而言，由于产业规模经济和范围经济的存在，产业的市场集中度往往很高，一方面，为了避免整个产业的供给能力过度扩张，充分发挥产业的规模经济和范围经济，必须限制产业过度竞争，从而保证社会资源的最优利用，提高资源配置的效率。另一方面，为提高社会福利，又有必要限制处于相对垄断地位的服务提供商滥用市场地位。

为了达到上述两方面的监管目标，监管政策需要在避免过度竞争和提供创新激励之间进行权衡。

在具体监管政策制定中需要注意的是，上述三个方面的目标中，系统风险控制目标不仅与为了保护消费者利益而最大限度的信息披露、提高监管程序透明度之间有一定的冲突，而且，系统风险要求的信息备份系统、系统应急投资等与提高产业效率也有一定的矛盾，因此，在产业监管体制设计和具体政策规则设计中，应该有一定的制衡机制或通过对具体的政策对各个目标的影响进行仔细评估。

三、银行卡产业监管的主要内容

根据银行卡产业监管目标，各国和地区监管当局主要对银行卡产业中平台企业影响银行卡支付服务市场竞争的一些行为、零售支付体系的金融风险控制角度对产业进行不同程度的监管。以下根据我们对银行卡产业监管的分类，说明各类监管的主要内容①。

（一）银行卡产业经济监管

一般而言，价格监管和产业准入监管是经济监管的基本内容。对银行卡产业而言，经济监管主要对象是平台企业。具体的价格监管内容包括：

---

① 我们根据有关国家和地区的监管经验，从归集的角度罗列主要监管内容。也就是说，并不是所有国家都对这些内容内容实行监管，各国和地区是根据产业具体情况和自己的目标、对问题的认识而选择其中一些作为该国和地区的监管内容。

交换费价格制定机制、交换费价格水平，以及与交换费价格直接相关的平台企业规则。

一些国家也对平台企业的产业准入进行监管。但是，与基础设施等产业的准入监管不同，对平台企业准入的监管不只是从保护产业效率角度、限制竞争的经济监管考虑，从产业安全，即零售支付体系系统风险控制角度的金融监管也是重要考虑之一。也就是说，支付平台服务行业的准入监管，是经济监管和金融监管的交叉点之一。

（二）银行卡产业金融监管

银行卡产业的金融监管主要包括两个环节和内容：一是对零售支付体系的监管，其目标是保证支付体系的安全，属于对金融系统风险监控的范畴。相应的政策属于金融宏观审慎政策范围。监管重点应该是产业各环节之间的衔接、系统风险控制。这里包括银行卡标准监管，以及对参与完成一项银行卡支付业务的各机构之间责任和具体职责的清楚界定。二是从发卡和收单银行的角度对其相关业务风险的控制。属于对个体银行相关业务风险暴露的控制，相应的监管政策属于微观审慎政策范畴。监管的重点在于信用风险和业务规范。业务规范监管是制定标准的银行卡业务规则，规范操作流程，以避免银行卡业务的操作风险。

（三）银行卡产业社会监管

银行卡产业社会监管的主要内容包括信息披露、银行卡领域反欺诈和风险分担两个方面，其目的是保护持卡人合法权益。

为维护持卡人的合法权益，保障银行卡产业的健康发展，监管的重点一是信息披露；二是加强对银行卡欺诈的监管；三是在银行卡组织快速发展、银行卡产业规模日渐扩大的今天，对于因银行卡遗失、被盗等产生的损失，各方应承担的责任及相应分担的风险应有明确规定。

第五节　本章小结

本章从讨论政府对基础设施等一般产业的监管入手，在第五章的基础上讨论了银行卡产业政府监管需要考虑的主要问题。

我们认为，从机构监管的理念出发，由于发卡和收单机构均为商业银行，从银行卡业务角度对这些机构的监管，需要根据产业现实发展对存量监管政策的完善和更新；而对作为为银行卡业务的扩展和便捷而新兴的平台企业，目前国际上一直存在争议，各国经验也各有分歧，则成为银行卡产业的监管的重要研究领域。

当然，随着银行卡产业的不断发展和在各国支付体系、信用体系中作用的不断增强，就进一步监管政策制定来看，从整个银行卡服务业务链——也就是功能监管角度的考虑则越来越重要。这就需要在具体的监管政策制定中，在从不同角度权衡监管目标的前提下，综合考虑经济监管、金融监管以及社会监管的各个方面。

第十章　银行卡产业监管的制度基础

在分析了银行卡产业监管的内涵、构成、目标等的基础上，建立一套银行卡产业监管法规，需要结合现有的理论研究、国际经验和国情特征，首先考虑监管的法律基础。本章首先从银行卡支付服务业务角度，即功能性监管的理念探讨银行卡产业法律基础建设中需要考虑的一些问题，比如是针对产业链中的每一个环节或每一种机构分别建立制度，还是建立一个涵盖范围全面的综合性制度等；另外，由于各国现有相关法律制度的差异，立法过程中需要考虑拟新建的制度与现有制度的结合问题。在此基础上，是监管的权力配置——也就是体制问题，我们还将对监管的职能配置——即监管体制方面现有的国际经验进行总结。

第一节　银行卡产业监管的法律依据

以上我们从银行卡产业重点监管对象、监管的主要方面等，论述了银行卡产业监管的主要内容。一方面，以上分析基本是从传统的机构型监管角度来考虑的；另一方面，各国在整体监管的法律法规制定，也就是监管依据方面都有各自的特点。本小节主要从银行卡支付功能的角度和各国有关法律法规特点的角度分别探讨银行卡产业监管法律依据的制定问题。

一、立法的整体性考虑

我们知道，从发卡到持卡人在受理商户处刷卡消费支付清算的完成，是一整体的银行卡支付服务过程，这个过程的效率不仅取决于其中产业链各环节的服务效率，还取决于这些环节之间的顺利衔接，而且，对于像银行卡这样产业链较为复杂的行业，后者更为重要，因此，一些法律法规的制定必须立足于整个产业，而不是产业链中的某一个环节。也就是说，必须从功能监管的角度考虑立法问题。其次，由于银行卡是零售银行业务的一个方面，随着信息技术的发展及其在银行业应用领域的不断扩展，基于电子信息技术的零售银行业务品种不断增多，而这些业务中，有些（比如网上银行业务）与银行卡产业有很多共同的特征，根据立法的科学性原则，具有共同基本特征的活动应该统一立法。

从有关国际经验看，各国均有从银行卡产业或涵盖范围更广的功能性立法。比如美国一系列与消费信贷有关的法案，针对的不仅是基于信用卡的消费信贷，更包括其他不涉及信用卡的消费信贷，而有关电子资金转移的法案《电子资金转账法》，不仅针对以借记卡为载体的资金转移，而且包括通过电话、电子终端和计算机等介质发出的与银行账户有关的资金转移。澳大利亚的《支付系统监管法》是针对国家整个支付体系而言的，而零售支付体系只是其中的一小部分，以银行卡为载体的零售支付体系在整个国家支付体系中的份额则更小。

二、立法的国情特征

立法等政策的制定，不仅要考虑所调整的具有某些基本特征的经济业务或经济活动的整体性，更重要的是要考虑这些业务或经济活动所处的环境，包括业务发展的市场特征，其他相关的法律制度基础及人文环境等等。通过分析有关国家和地区与银行卡产业相关的法律政策，我们发现它们都有非常明显的国家或区域特征。

美国的相关法律中最为强调消费信贷关系，这一方面体现了美国提前消费的传统的消费观念；另一方面，美国的银行卡种类中以信用卡为主，借记卡直到近几年才开始迅速发展，因此，法律着重规范消费者与信贷提供者之间关系。

与主权国家的有关政策相比，欧盟的情况非常特殊，这首先体现在欧盟关于零售支付体系的一系列监管政策的主要目标，是建立单一欧元支付区域。这一目标导向下的政策，无疑是首先打破欧元区各国银行卡市场的进入壁垒、缩小以致最终取消区域内国内支付和跨境支付服务的价格差异、统一支付标准等。

澳大利亚对包括零售支付在内的支付监管体系重构，首先是与其20世纪90年代末期的金融监管体制改革同步的。当时改革的目标一方面是建立一元化金融监管机构并同时使整个国家的金融监管制度更加集权化[①]，作为金融基础设施的支付体系，是集权化监管制度重建的一个重要方面。另外，澳大利亚将平台企业纳入事前监管的一个重要原因，是认为平台企业的交换费价格信号是导致银行卡支付更多使用价格更高的信用卡而不是借记卡的主要原因（RBA，2002，2007），而金融改革后的有关法律赋予了澳大利亚央行对支付体系效率和稳定的监管责任，对平台企业的监管正是出于对银行卡支付体系效率的监管责任。

有必要进一步说明的是，不同国家关于某一个产业或某一类商业活动的立法的不同的主要原因之一，还源于该国的市场文化和法律基础。比如美国传统上崇尚自由市场精神，又是典型的以判例为主导的普通法系国家，因此，就产业监管而言，美国鲜有针对市场效率引入事前监管，即政府行政权力直接干预的情形，而相对于其他工业化国家，美国的反垄断执法异常活跃。在英国法律的影响下，澳大利亚的法律制度也逐步形成了以普通法、衡平法和判例为基础的法律体系。但其司法制度又与英美的"三权分立"不完全相同。其显著的特点在于：一是澳大利亚的行政机关不与立法机关相分离；二是随着澳大利亚政治经济发展及经济全球化格局的形成，制定日趋成熟的成文法已成为澳法律界人士的共识（顾敏康、王天，2003）。这也是从法律渊源和法律文化方面，澳大利亚对支付体系立法不同于其他普通法系国家的原因之一。

第二节　银行卡产业监管体制

银行卡产业监管内容在各监管主体之间的分配是监管体制的核心所在。从目前的国际经验看，由于各国的法律金融体制、市场发展程度的差异等，对银行卡产业监管的内容和体制安排各有差异。本节主要基于一些国际和地区近年来银行卡产业监管的动态和改革经验，从银行卡产业监管的三个主要问题——平台企业效率保护和市场权力限制、零售支付体系风险防范和银行卡产业整体监管政策入手，分别梳理有关国家和地区针对这

---

① 澳大利亚是联邦制国家，改革之前的监管制度某种程度上是国家与各联邦分权的制度。

三方面问题，将哪些监管内容赋予哪些监管机构，以达到对该产业的总体监管目标。

一、对平台企业的经济监管

目前国际银行卡产业反垄断监管的主要案件以及事前经济监管的主要争论焦点都集中在对平台企业的监管上。这也是本书前文所述的广义经济监管的内容。概括起来，典型的对平台企业的监管体制有三类，即反垄断当局单独监管、反垄断当局的反垄断监管加市场准入监管，以及事前经济监管加市场准入监管。

（一）反垄断当局单独监管

一般来说，作为面向一国几乎所有①经济部门综合性的政府监管机构，各国和地区的反垄断当局也同样司职对银行卡产业，特别是一般有一个或几个寡头企业形成对支付平台的服务形成垄断情形下，这些企业的行为是否符合竞争政策的监管。除此之外，没有其他监管机构对平台型企业的其他方面加以特别限制或监管。

对平台型企业采取这种监管体制模式的主要包括欧盟、美国和英国。以下分别说明这几个国家反垄断机构对银行卡支付平台企业的监管。

欧盟的监管主体为竞争政策委员会，该委员会非常关注支付平台企业的竞争问题，对这类企业跨境交换费制定、银行卡产品或品牌捆绑定价、对待其会员是否平等方面密切关注；美国的监管主体为公平部，该机构过去一些年来负责对美国著名平台企业维萨和万事达展开主动调查甚至提起起诉，而对于商户或持卡人提起的诉讼，一般是由联邦法院或地方法院直接根据美国反垄断法——《谢尔曼法》进行裁决；英国的监管主体为贸易公平办公室，该机构不仅对平台企业展开主动调查，还通过成立主要针对银行卡平台企业的任务小组，发表调查报告等对这类企业的行为进行引导。

（二）反垄断监管与准入监管相结合

基于对平台企业市场效率的保护和从零售支付体系考虑的金融审慎监管需求，一些国家在对平台企业业务类别进行清楚界定的基础上，将其纳入金融体系，并与其他金融机构一样进行准入监管。一般来说，负责准入

---

① 一些国家有时对一些部门有反垄断豁免的政策。

监管职责的是相应的金融监管机构。

这种监管体制的典型案例是德国和日本。德国 2001 年修订的银行法规定："提供支付清算运营为银行业业务"，于是，和其他商业银行一样，由德国的综合专业金融监管机构——联邦金融监管局负责对德国提供支付清算运营的平台型企业进行准入，以及对机构行为的审慎监管。日本 1998 年认定信用卡业务为金融业务，1998 年金融改革后成立的综合金融监管机构——金融厅负责对日本信用卡业务的准入等监管。

需要说明的是，在这两个案例中，由于对平台企业业务的清晰界定，不但将平台企业的准入，而且将这些企业的行为是否合乎有关金融机构行为规定也纳入了金融监管范畴。

另外，在这两个国家，反垄断执法机构并没有明确豁免对银行卡产业，或更宽泛的说对金融业的反垄断监管。只是其对这个产业，甚至整个经济体系的反垄断监管并不积极，或者可以说，这些国家的反垄断法在经济中的地位似乎不像在英美法系国家那么重要。也许，这主要是因为同属于大陆法系的德国和日本的法律制度与英美法系不同，许多研究认为这两个国家的反垄断执法部门由于独立性受到影响等，其执法与其他工业发达国家有很大不同（比如，Mark Tilton，1999；Steve Vogel，1999 等）①。

（三）事前经济监管与市场准入监管相结合

这种监管体制不仅将平台企业纳入金融监管的框架之内，而且还专门针对这类企业采取一系列事前监管措施，对其交换费价格的制定及与交换费价格相关的平台规则等进行专业监管。这种监管体制的典型案例是澳大利亚。

澳大利亚对银行卡支付平台企业的事前监管，是依据该国的《储备银行法》，由国家的央行——澳大利亚储备银行的支付体系理事会作为平台企业的监管主体，于 2001 年 4 月正式将在澳大利亚运营的维萨、万事达和本国的 BankCard② 三个平台企业纳入其监管范围。其后，监管主体由对借记卡维萨的借记卡网络和国内的 EFTPOS 密码借记卡网络也采取了类似的改革措施。监管的内容包括平台的交换费价格、平台企业规则中的

---

① 可参阅 http：//www.aasianst.org/absts/1999abst/Japan/j‐89.htm。
② 该品牌已于 2007 年退出市场。

"禁止商户额外收费"和要求网络平台更加开放对入网会员的限制等。

澳大利亚银行卡改革的理论前提,是认为支付平台企业对其会员及受理商户制定的一些规则影响了支付卡市场的竞争,也因此扭曲了市场机制,从而影响了持卡人群体的社会福利,导致澳大利亚不必要的高成本零售支付体系(RBA,2001)。

二、对零售支付体系的金融监管

尽管各国金融监管体制设定的理论出发点和最终模式各有不同,但总体看来,各国的金融监管主体可分为央行和专业金融监管机构。专业金融监管机构在一些国家是针对整个金融系统的一个综合监管机构,在另一些国家是分别针对金融系统内不同的行业(比如银行、证券、保险业)分别设置的几个专业监管机构,在后者情况下与银行卡产业相关的是银行业监管机构。因此,下面分别论述央行和专业金融监管机构对银行卡产业的监管职能。

(一)央行的监管职能

虽然一般来说央行在一国金融体系中的作用越来越倾向于货币政策和最后贷款人角色,也就是说,金融监管的发展趋势是让独立于央行的专业金融监管机构负责对金融服务业的监管。但是,央行传统上在支付体系中的主导作用,以及随着技术的不断发展和跨国交易额的不断增加,使支付体系安全的重要性凸显,央行对支付体系的监管实际上有加强的趋势。

随着学术界和各国金融监管当局对金融宏观审慎监管政策的日益重视,多数国家的央行将包括银行卡产业在内的零售支付体系的安全和效率也列为自己的监督目标。在以英国为代表的欧盟各国和日本等,央行对银行卡产业的监管一般仅限于通过发表支付体系报告、组织相关研讨等影响和劝说银行卡产业内各机构的行为,央行并无法律具体赋予的监管权力。

与上述国家不同的事,澳大利亚储备银行法赋予澳大利亚央行对国家支付体系监管的权力,其不仅同样具有上述监管职责,还具有将其他央行认为对支付体系有重要影响的机构或企业根据情况纳入监管体系的权力,开放式银行卡支付平台企业就是这样被指定为监管对象,其价格和行为规则由此受到监管限制。

实际上,关于央行在金融监管中的作用,特别是其应该在银行业监管中起到什么样的作用问题,一直以来是金融监管研究的重要问题之一

（Bernanke，2008）。无论从理论还是各国监管实践看，目前为止并没有一个普遍认同的结论。因此，央行是否承担，以及承担哪些行业监管职责，取决于一国根据本国国情所构建的金融法律体系。

（二）专业金融监管机构监管职能

根据其监管范围，一般负责对发卡和收单银行的银行卡业务规范和风险控制负责监管。专业金融监管机构对银行卡支付平台企业的监管则取决于各国对该项服务业务性质的认定。在日本、德国、澳大利亚，开放式银行卡平台企业的银行卡服务业务被认定为金融业务，这些国家相应的专业金融监管机构——日本金融厅、德国联邦金融监管局以及澳大利亚审慎监管局均负责对其国家的开放式银行卡平台服务业进行准入监管。

需要说明的是，"市场准入"是经济监管的重要控制变量之一，但是，随着金融业技术的不断发展变化和全球化趋势的加剧，金融服务领域的竞争政策变得更为复杂（Cleassens，2006）。具体而言，金融服务领域的市场准入更多的是出于审慎监管而不是对市场竞争的考虑。另一方面，技术的发展也使金融市场的市场边界和产品定义更为困难，这也是一些国家将支付清算服务界定为银行业务，另外一些将其界定为非银行金融服务业务，也有一些并不认定其为金融服务业务的主要因素。我们认为，在新市场服务发展到一定规模阶段，如果认为有必要对这个领域进行监管，则应该对其业务有一个相对清楚的性质认定，因为，这往往是将该项服务纳入政府监管体制的前提或基础。

（三）行业自律机构的监管职能

除政府监管机构之外，在一系列法律和规则下，一些国家的银行业协会或银行家协会等行业自律组织在银行卡产业各机构之间的业务协调、争议解决中也起着重要作用，比如日本、澳大利亚和德国的银行业或银行家协会。

另外，作为连接发卡与收单机构的网络平台，同时发卡和收单机构又是其会员的平台企业，是整个银行卡支付链中的重要环节，平台企业往往通过制定一系列会员规则，对发卡和收单机构的一些行为以及交易信息转接涉及的有关技术标准起到自律监管的作用，这些自律监管是产业链各环节之间的顺利衔接的重要保障，从而提高了产业效率。但是，需要注意的是，有时候平台企业会出台有利于自身业务和效益的一些规则，由于平台企业往往具有一定的市场地位，因此，政府监管机构有必要对平台企业的规则进行审查评估。

第三节　本章小结

就监管法律基础设施建设而言，我们认为，应该从功能监管的角度考虑立法问题。通过研究各国相关的法律制度，我们发现，美国的相关法律中最为强调消费信贷关系；欧盟自 2002 年以来的一系列银行卡监管政策和反垄断判例，都与建立单一欧元支付区这一目标域密切相关；而澳大利亚自 2003 年以来的银行卡产业监管制度重建，是其 20 世纪 90 年代末期以来对国内集权化金融监管制度重建的延伸，因此，在考虑参考这些制度时，必须考虑到其立法初衷以及与国家金融或产业监管整体基调的结合问题。

就监管体制来看，首先，典型的对平台企业的监管体制有三类，即反垄断当局单独监管、反垄断当局的反垄断监管与市场准入监管相结合，以及事前经济监管和市场准入监管相结合。其次，尽管各国金融监管体制的理论出发点和最终模式各有不同，但总体看来，各国的金融监管主体可分为央行和专业金融监管机构，以及金融行业自律性组织，不同国家的这些机构都在银行卡产业监管中起到不同程度的作用。

第十一章 中国银行卡产业监管框架研究

第一节 引言

我国银行卡产业起步较晚，不但产业基础还比较薄弱，比如，用卡环境还有待于改善、公众的用卡习惯亟须培养等，更重要的是，与发达国家相比较，我国银行卡产业的监管制度的基础比较薄弱，特别是我国银行卡监管主要脱胎于银行监管，而经济监管和消费者保护还非常薄弱。监管制度的薄弱引发了一系列的监管问题，导致银行卡产业的发展受到严重制约。在这种背景下，银行卡产业监管改革成为人们非常关注的一个问题。

一、中国银行卡产业发展背景

（一）中国银行卡产业近年来获得高速发展

在中国银行业逐步对外全面开放、全球银行卡产业快速发展的大背景下，自 2002 年中国银联成立以来，中国的银行卡产业也获得了高速发展。根据中国银联统计研究资讯①，截至 2007 年年底，我国银行卡发卡总量为 14.7 亿张，其中借记卡发卡量为 13.8 亿张，同比增长 28%。准贷记卡发卡量为 1750 万张，较上年同比减少 14%。贷记卡发卡量为 7000 万张，同比增长 140%。银行卡业务 135 亿笔，金额 120 万亿元，同比分别增长 24% 和 67%。2007 年银行卡消费额占同期社会商品零售总额的比重达 21%，比 2006 年提高 4 个百分点。2007 年年底，全国银行卡受理特约商

---

① 林采宜：《中国银行卡产业 2006 年回顾及 2007 年展望》，2007 年。资料来源：http://www. chinaunionpay. com/showcontent. aspx? newsid = 2856。

户 74 万户，POS 机 118 万台，ATM 机 12.3 万台，同比分别增长 41.9%、44.4% 和 25.8%。

在这一系列高速增长的数字和产业组织结构发生巨大变化的同时，许多监管规定明显老化，明晰的监管体制尚未形成。

（二）国内产业纷争波及的范围不断延伸

随着银行卡日益成为我国商户结算和消费者支付的重要载体，产业发展过程中的纷争和问题所波及的范围也不断延伸。过去几年国内银行卡产业先后发生的一系列纠纷与事件，充分佐证了这一点。比如，从"2004年的年费"和"深圳的银商纷争"，到"2006 年 4 月银联主机系统故障"以及自 2006 年年初开始，至今仍被广泛讨论的"ATM 跨行查询收费"事件，等等。据《经济观察报》、《中国青年报》等报道，中国银联 2005 年曾向会员银行发出了《关于收取品牌服务费、对跨境跨行查询交易收费以及调整跨境取现交易手续费标准的函》。此后，关于 ATM 跨行查询收费的日期两经推迟，具体收费价格也几经调整，于 2006 年 6 月该收费得以实施。其后，有消费者就此向法院对有关商业银行和中国银联提起诉讼，也有人大代表提案建议取消这项收费。

2007 年 3 月，两会期间，广州某人大代表联合多名代表再次提交议案，建议取消"ATM 跨行查询手续费"。某大型国有控股银行行长也表示银行方面愿意取消该项收费。此后，中国银行业协会自律委员会于 2007年 4 月 6 日发出通知，要求各成员银行于 2007 年 4 月 20 日前取消 ATM跨行查询手续费。在各方压力下，中国银联也停止了跨行查询收费。但是，这一切并没有就此结束，提供跨行转接信息服务的中国银联是暂时还是永久取消这一收费？如果恢复收取的话，怎样的标准才是合理的？进一步的问题是：中国银行卡服务的价格是否应该并如何监管？哪些环节是监管的重点？

（三）银行卡产业监管政策亟待明确

由于中国银行卡产业的快速发展和产业内纷争不断出现，政府已经意识到了对这类产业加强监管的必要性和紧迫性。在 2007 年 3 月国务院《关于加快发展服务业的若干意见》中，提出要"建立公开、平等、规范的服务业准入制度"，"进一步推进服务价格体制改革、完善价格政策"等。

　　另外，根据中国加入世界贸易组织的有关规定，国内银行业已于2006年11月26日开始全面对外开放。虽然，在2006年出台的《中华人民共和国外资银行管理条例》中，已经明确了外资银行可以从事人民币银行卡业务。2007年4月初，已有花旗（中国）、汇丰银行（中国）等外资银行向有关监管当局提交了开办银行卡业务的申请。但是，外资银行发卡应该遵从的标准是什么？外资人民币卡是否要通过中国银联的跨行信息服务平台？等等。由于没有相应的业务管理规定和成型的银行卡产业监管架构，目前不仅外资机构本身，而且外资银行的国内合作方以及中国银联等相关机构，似乎都在翘首等待新政策的出台。

　　总之，目前中国现有的监管制度，已经不能适应银行卡产业的快速发展的需要。我们认为，监管制度的不健全是引发各种产业纷争的主要原因。如果不尽快建立有效监管框架的基础上尽早明确监管政策，产业纷争的范围和深度仍将继续延伸。在此背景下研究中国银行卡产业现有监管框架中存在的问题，无疑具有重大现实意义。

　　二、本章主要内容

　　本章力图对我国银行卡产业监管的现状和存在的问题进行深入分析，并在此基础上提出建立中国银行卡产业监管框架的建议。为此，我们需要对重点研究的问题给予界定。

　　首先，从监管的职能划分看，银行卡产业监管主要包括：控制金融风险的金融监管、主要针对防止卡犯罪等的社会监管和对银行卡价格和经营者准入为主要内容的经济监管。具体就银行卡产业而言，社会监管范畴应该是金融监管和经济监管职能涵盖范围之剩余，其涉及范围广泛。在这三方面监管职能中，相对于社会监管，前两者是基本制度。在基本制度范畴内，金融监管的政策和体制相对成熟，而经济监管体制和政策的制定才刚刚开始。因此重点研究银行卡产业的经济监管制度和政策。

　　其次，从监管对象看，由于银行卡产业由多个不同利益群体参与，而对以商业银行为主体的发卡和收单机构的监管，已有相对成熟的银行业制度体制存在；就银行卡两端用户——持卡人和商户而言，其行为基本属于市场行为，对其监管是由消费者保护、零售业竞争政策等有关法律来规范的；其中，从事银行卡跨行信息转接服务的平台企业，由于其所从事服务的技术经济特征，在世界范围看，大多都占据很高的市场份额，这类企业也因此受政府事前监管机构监管（比如澳大利亚）或反垄断机构的关注（比如美国和欧盟等）。在国内，中国银联是目前唯——家提供销售终端（POS）机银行卡跨行信息转接服务的企业。从近年来产业发展中发生的一系列纷争看，作为平台企业的中国银联也往往成为争论的焦点。本文因此重点研究对平台企业的监管。表 11 - 1 列出了银行卡产业监管涉及的内容和环节等，表中灰色格标出了本章研究的政策范围。

表 11 - 1　　　　　　　　　　银行卡产业监管内容一览表

监管职能	金融监管	社会监管	经济监管	
监管对象	发卡机构	收单机构	平台企业	持卡人和商户
重点监管环节	发卡环节	卡受理环节	跨行信息转接环节	用卡环节

　　以上述研究范围为重点，本章将从监管的法律基础、监管体制、监管方法和监管程序四个方面，分析中国银行卡产业的监管现状和其中存在的问题，并对建立中国银行卡产业监管框架提出建议。

第二节　中国银行卡产业监管现状

　　在分析产业监管现状之前，首先有必要简单回顾一下中国银行卡跨行信息转接服务业形成的制度背景。

一、中国银行卡跨行信息服务的发展阶段

　　到目前为止，中国银行卡跨行信息服务业的发展可以分为三个阶段。第一阶段是 1993 年之前，各银行发卡并推动卡的使用基本都各自为阵，因此持卡人只能在其卡所在账户银行的 POS 或 ATM 上进行刷卡交易。第二阶段是自 1993—2002 年，1993 年，中央提出实施以银行卡联合发展为目标的"金卡工程"，以实现联网通用为目标的金卡工程启动后，由中国人民银行负责，在各商业银行积极参与和各地政府的配合下，先后建立了18 个城市银行卡跨行信息交换中心。第三个阶段是自 2002 年至今。2002

年年初，中国人民银行正式提出了银行卡联网通用工作①计划——300个城市银行卡联网通用、100个城市银行卡跨行通用、40个城市推行异地跨行的"银联"标识卡。为配合"314"计划的实施，由中国人民银行批准，2002年3月，在合并18个城市银行卡跨行信息交换中心的基础上，由80多家商业银行共同发起设立中国银联股份有限公司。自此，中国银联成为中国市场唯一一家提供银行卡跨行信息转接服务的平台企业。

二、法律基础与监管方法

与国际银行卡产业监管经验不同的是，国内专门针对市场权力滥用的反垄断法仍刚刚于2008年7月1日开始实施，其关于银行卡产业的监管一时还难以提上议事日程。现有银行卡产业监管的法律依据是普遍的市场监管法和金融业有关监管法。相应的监管方法也是事前监管。

（一）法律基础

目前我国对银行卡产业监管的法律依据主要有：《中国人民银行法》（简称《央行法》）、《中华人民共和国银行业监督管理法》（简称《银行业监管法》）、《中华人民共和国商业银行法》（简称《商业银行法》）和《中华人民共和国价格法》（简称《价格法》）。有关银行卡产业的主要条文如下：

（1）《央行法》中第四条，"维护支付清算体系的正常运行"。第二十七条第九款："组织或者协助组织银行业金融机构相互之间的清算系统，协调银行业金融机构相互之间的清算事项，提供清算服务；具体办法由中国人民银行制定；中国人民银行会同国务院银行业监督管理机构制定支付结算规则。"第三十二条规定，"中国人民银行有权对金融机构以及其他单位和个人执行有关清算管理规定的行为进行检查监督"。

（2）《银行业监督法》第二十三、二十四条规定，银行业监管机构要对银行业金融机构的业务活动和风险状况进行非现场监管和现场检查。

---

① 具体内容是：（1）各国有独资商业银行系统内银行卡业务处理系统要实现300个以上地市级城市各类银行卡的联网运行和跨地区使用，股份制商业银行和邮政储汇局要实现所有地市级以上的分支机构的联网运行，同时，各商业银行要明显提高网络运行质量和交易成功率。（2）在现有银行卡跨行信息交换网络的基础上，实现100个以上城市的各类银行卡的跨行通用。（3）在40个以上城市推广普及全国统一的"银联"标识卡，实现"银联"标识卡在这些城市内和城市间的跨地区、跨行通用。

（3）《商业银行法》第五十条规定："商业银行办理业务，提供服务，按照规定收取手续费。收费项目和标准由国务院银行业监督机构、中国人民银行根据职责分工，分别会同国务院价格主管部门制定。"

（4）《价格法》第二章对经营者自主定价的价格行为的有关规定，以及第三章政府定价行为的有关规定，比如第十八条规定，"自然垄断经营的商品价格"必要时实行政府指导价或政府定价。

从以上主要法律依据看，《央行法》中涉及银行卡产业监管的条款主要是针对支付体系安全即金融系统风险问题；《银行业监督法》和《商业银行法》涉及的主要是对商业银行个体在经营银行卡业务中的风险控制问题，即商业银行作为金融机构的个体风险。《商业银行法》还同时对有关银行业服务价格进行了规定；《价格法》规定了经营者的价格行为和政府是否参与定价。

（二）部门①规定

在以上法律基础上，央行和银监会、发改委分别或联合制定了一系列与银行卡产业直接相关的部门法规，这些规定大体上可分为促进产业基础设施建设、有关业务规范以及价格监管三类。

（1）产业基础设施。与美国和欧盟等国家和地区相比，中国的银行卡产业起步较晚，而在该产业发展初期，政府和有关监管部门出台了一系列基本的制度基础和有利于产业长远发展的软环境建设。这类规定主要有：央行颁布的1999年《银行卡业务管理办法》（简称《管理办法》）、2005年《个人信用信息基础数据库管理暂行办法》、中国人民银行会同九部委发布的《关于促进银行卡产业发展的若干意见》（简称《若干意见》）等。

《管理办法》是中国银行卡产业发展初期国内首部比较全面的银行卡产业监管文件，其中对银行卡业务审批、计息和收费标准、账户和交易管理、风险管理、当事人之间职责等都作了具体规定。但由于受出台时产业发展程度限制，该办法很快就难以满足产业快速发展的需要。鉴于此，中国人民银行已于2001年调整了《管理办法》中银行卡收费的有关政策，

---

① 这里的部门并非具体的某个部委，而是指专门针对一个产业的、由一个部委或不同部委分别或联合出台的监管规则。与监管经济学中的部门监管中的部门相对应。

后又再次于 2004 年对该政策进行了调整。目前，该办法虽名义上仍起作用，但实际内容与目前的产业发展现状已相距甚远。该办法拟以相应的《银行卡管理条例》取而代之。但该条例虽已酝酿多时，现仍在立法程序之中，具体出台日期目前尚难估计。2005 年，针对国内征信系统建设落后的情况，央行出台了《个人信用信息基础数据库管理暂行办法》；针对银行卡受理市场成为产业发展"瓶颈"的情形，国家九部委联合出台了《若干意见》。这些政策的推出，有力地推动了产业的快速发展。

（2）业务规范。随着银行卡产业初步制度基础设施的形成，以及我国银行业监管体制的逐步完善，特别是随着国内银行卡发卡量和刷卡交易量的快速增长，近几年来，中国人民银行和中国银监会开始关注银行卡产业的业务规范。其中重要的文件主要包括：2005 年中国人民银行发布的《电子支付指引（第一号）》、2006 年中国银行业监督管理委员会（简称银监会）发布的《商业银行金融创新业务指引》等。

从银行卡产业角度看，这些规范文件主要针对发卡端，即对商业银行从事发卡以及与银行卡支付相关的其他电子支付等业务的规范。

（3）价格监管。目前，关于价格监管规定主要有两项：一是 2003 年银监会和发改委联合颁布了《商业银行服务价格管理暂行办法》（简称《暂行办法》）；二是 2004 年《中国银联入网机构银行卡跨行交易收益分配办法》（简称《分配办法》）。

《分配办法》已将《管理办法》中发卡行、收单行和跨行信息转接中心①按比例分配银行卡销售终端受益，改为固定发卡行收益和中国银联网络服务费。该办法是目前银行卡产业最重要的调节产业不同参与方利益的监管规定。其出台的法律依据主要有两点：一是前节（1）中的内容；二是前节（4）的内容，即对自然垄断产业商品或服务的价格由政府定价（固化银联收益部分）。与之前的同类规则相比，该规定的最大特点，一是细化了银行卡受理商户的分类，符合细分市场和价格更具体地反映成本的原则；二是固化了发卡行和中国银联的收益；三是放开了收单机构与商户之间的谈判空间，有利于激励收单机构开拓银行卡受理市场，2005 年

---

① 该办法推出三年之后，中国银联才正式成立，当时信息转接中心是中国人民银行下属的各结算信息中心。

九部委联合颁布的《若干意见》，也主要旨在鼓励发展银行卡受理市场，这一点符合产业发展现状，有利于整个产业更加平衡健康发展。

另外一个价格监管法律是《暂行办法》，该办法规定，除基本结算类业务外，"商业银行提供的其他服务，实行市场调节价"。该办法确定了以商业银行为主体的发卡和收单机构，提供以银行卡为载体的结算服务价格属于市场调节价，而非政府价格监管范畴。此外，上述其他中国人民银行和银监会出台的各项有关规定，基本属于市场基础设施建设范畴。

综上所述，中国银行卡产业监管的法律框架主要是以《央行法》、《银行业监督法》和《商业银行法》三大金融法律以及《价格法》为基础，并由有关监管部门出台的有利于产业基础设施、业务规范和价格监管的部门规章。这些法律法规共同构成了中国银行卡产业监管的制度基础。图 11 - 1 是中国银行卡产业监管的法律框架现状简图。

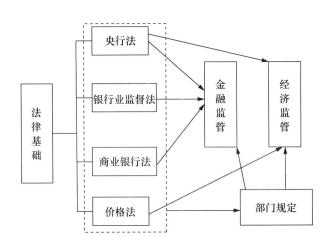

图 11 - 1　银行卡产业监管的法律基础现状

三、中国目前的监管体制

由于属于人民代表制的政体和单一制的国家结构形式，在我国，全国人民代表大会是最高国家权力机构，负责立法工作。国务院及其直属的行政机关是权力机关的执行机关。这些机关根据立法机关的授权，可以制定行政法规。表 11 - 2 是中国目前银行卡产业监管体制与机构简表。

表 11 - 2 　　　　　　　中国银行卡产业监管体制与机构简况

机构	相关监管职能	主要监管环节	主要监管依据	主要相关规定
全国人大	立法和部分立法授权	宏观层面	1982 年《宪法》、2000 年《立法法》	
中国人民银行	支付体系稳定、安全	中国银联	《中国人民银行法》、《商业银行法》(2003)	《银行卡管理办法》(1999)《中国银联入网机构银行卡跨行交易收益分配办法》(2004)、《个人信用信息基础数据库管理暂行办法》(2005)、《电子支付指引(第一号)》(2005)
中国银监会	商业银行银行卡业务规范、风险	发卡银行、收单银行	《银行业监督管理法》、《商业银行法》	《商业银行服务价格管理暂行办法》(2003)，《电子银行业务管理办法》、《电子银行安全评估指引》、《网上银行业务管理暂行办法》
国家发改委	综合价格监管	银行卡服务价格	《价格法》、《商业银行法》	《商业银行服务价格管理暂行办法》(2003)
银行业协会	行业自律、保护银行业利益	银行卡服务市场调节价格部分	《商业银行法》	
全国金融标准化技术委员会	评定、审核行业有关技术标准	支付卡与联网通用	《中国人民银行法》、《商业银行法》等	《全国金融标准化技术委员会章程》

　　从上述法律基础和监管现状看，中国人民银行负责对支付清算体系系统风险的监管和跨行清算环节的部分经济监管职能。

　　从对跨行信息转接服务的提供商——中国银联的监管历史看，银联是于 2002 年经中国人民银行批准成立的，也就是说，人行负责了对银行卡跨行转接服务提供商的市场准入监管，而市场进入监管是我们重点讨论的经济监管的主要方面之一。从经济监管的另一重要职能——价格监管来看，上述《管理办法》到《分配办法》，都是由中国人民银行颁布的。

　　从银行卡产业总体看，在目前为止的监管实践中，作为银行业部门监管机构的中国银行业监督管理委员会（简称银监会）和具有综合价格监管职能的中国发展和改革委员会（简称发改委）也介入了对银行卡产业的监管。但具体分析之后不难发现，银监会所涉及的银行卡产业监管，主要是针对从事银行卡发卡和收单的商业银行、从业务创新、业务规范到业务风险防范角度的金融监管。涉及服务价格的《暂行办法》，是对银行卡产业网络零售端市场定价原则的明确规定。作为银行卡网络零售端的发卡和收单业务，无论从国内实践和国际经验看，都属于竞争相对充分的环节，所以这些环节价格的市场化也符合经济学原理。发改委是作为宏观价格监管部门参与了对商业银行支付结算有关服务价格政策制定。这些部门法规和其在法规颁布中的角色均符合《银行业监督法》、《商业银行法》和《中华人民共和国价格法》，以及国家对银监会和发改委规定的职能范围。

四、目前的监管程序

目前以中国人民银行为主的对平台企业的监管，一方面源自我国现有法律体系中中央银行对支付清算系统的监管，另一方面源自我国历史上由中国人民银行牵头建立跨行信息转接系统的制度安排。自从中国银联成立之后，央行对其监管政策部分以银联本身对产业的研究为基础，这在一定程度上体现了监管对象与监管者之间良好的信息沟通与互动关系。

最近几年来，随着银行卡持卡人群的扩大和使用银行卡交易范围及交易额的增长，以及银行卡收费问题特约商家和持卡人的争议，一些人大代表也将银行卡有关收费问题作为提案，国家发改委也就银行卡产业的价格问题展开了与央行和银监会的合作。

因此，到目前为止，实践中的监管程序主要体现在以下两个方面：一是监管部门与监管对象的沟通，即监管部门在与监管对象沟通的基础上，根据产业发展变化提出部门监管规定。二是有关行政执法机构对涉及民众利益和民众普遍关心的有关产业问题的积极反馈。

第三节　现有监管框架和主要政策

综上所述，中国目前银行卡产业的国民监管，是在《中国人民银行法》、《商业银行法》、《中国银行业监督法》以及《价格法》基础上，由中国人民银行作为监管机构实施对银行卡信息交换平台企业的事前监管。

一、价格监管

从价格监管环节看，国内目前对 POS 银行卡支付价格的监管情况见图 11 – 2 所示。对银联收益即中国银联信息转接服务价格、发卡行从商户折扣中的收益即交换费两部分价格实行国家管制；而涉及两端直接用户、即持卡人卡费和商户折扣率则实行市场调节。

从具体价格监管政策看，目前的主要规定是人民银行 2004 年颁布的《分配办法》。相对于 1999 年出台的《银行卡管理办法》中的相应规定，该《办法》有四个特点：一是与之前直接规定商户折扣率不同，办法旨在调整中国银联各入网机构参与跨行交易时的收益分配关系，改变了原有收费办法对市场进行行政干预的色彩。二是对银行卡产业链中从商户手续费中支付给发卡机构的交换费和中国银联提供信息转接服务的转接费规定了固定比例（见表 11 – 3）。三是根据市场变化进一步细化了商户分类。四是其内容未涉及商户和持卡人支付费用，因此没有规定收单机构与特约商户的手续费标准，而是由其根据所要支付的发卡行收益和银联网络服务费比例，依据商户情况和自身的成本要求协商确定。

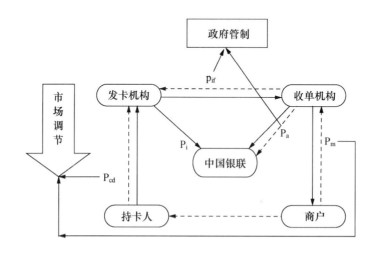

图 11 – 2 中国银行卡产业价格监管情况

表 11 - 3 中国银联入网机构银行卡跨行交易收益分配办法

商户类型	发卡机构	中国银联
宾馆、餐饮、娱乐、珠宝及工艺美术品	交易额的 1.4%	交易额的 0.2%
一般类型商户	交易额的 0.7%	交易额的 0.1%
汽车/房地产	交易额的 0.7% 或每笔不超过 40 元	交易额的 0.1% 或每笔不超过 5 元
批发类	交易额的 0.7% 或每笔不超过 16 元	交易额的 0.1% 或每笔不超过 2 元
航空售票或加油或超市等	交易额的 0.35%	交易额的 0.05%
公立医院和学校	0	0

二、准入监管

在 1999 年中国人民银行颁布的《银行卡业务管理办法》中，规定了商业银行从事银行卡发卡业务须经中国人民银行审批；同时笼统地对从事银行卡业务（包括发卡业务和收单业务）规定了必须满足的条件①，但规定，"外资金融机构经营银行卡收单业务应当报中国人民银行总行批准"。也就是说，中国人民银行对银行卡发卡和收单业务都有准入监管。

上述《银行卡业务管理办法》，没有涉及对经营银行卡跨行信息转接服务环节的准入问题，这是因为在当时，只有有限的一些城市具有跨行信息转接中心，而这些中心基本是中国人民银行地方分行直接建立和经营的。直到 2002 年，中国人民银行批准在合并各地信息转接中心的基础上，组建了唯一一家经营国内银行卡跨行信息转接服务的公司——中国银联。也正是由于这一历史渊源，中国人民银行也负责对银行卡产业这一环节的市场准入监管。2005 年，中国人民银行曾推出《支付清算组织管理办法》征求意见稿，该草稿力图正式确立中国人民银行对包括网上支付在内的支付清算服务提供商的监管职责，但该办法因故至今未能正式面世。

三、对外资的监管

根据中国加入世界贸易组织的承诺，中国银行业已自 2006 年 12 月

---

① 第三章第十三条。

11 日对外资开放，关于外资如何进一步进入中国银行卡市场的问题也由此引起了广泛关注。2006 年 11 月国务院颁布的《中华人民共和国外资银行管理条例》规定，外资法人银行可以从事银行卡业务，而 2007 年 5 月，第二次中美战略经济对话进一步明确：具有经营人民币零售业务资格的外资法人银行发行符合中国银行卡业务、技术标准的人民币银行卡，享受与中资银行同等待遇。

就国内的银行卡 POS 系统跨行信息服务环节是否对外资开放，目前没有相关法规或文件对此有所规定。但需要说明的是，通过互联网提供支付清算平台服务的市场目前处于开放状态，其中支付宝、财付通两大机构占据大部分市场份额①。

第四节　目前监管框架存在的问题

从以上监管现状可以看出，中国对银行卡产业、特别是其中跨行信息服务环节的监管，是中国银联成立之后才提上议事日程。而此后仅有的一项监管文件就是上述 2004 年出台的《分配办法》。以下我们从银行卡产业近年来的纠纷开始，分析目前监管框架中存在的主要问题。

一、产业纠纷与监管

随着银行卡日益成为商户结算和消费者支付的重要载体，产业发展过程中的纷争和问题波及的范围也不断延伸。从过去几年国内银行卡产业先后发生的一系列纠纷与事件看，这一趋势已非常明显。

早在 2004 年，在商业银行公告开始对银行卡收取年费之后，中国消费者协会就中国农业银行等收取银行卡年费的通知发表声明称，"对于消费者来说，这些银行的通告是'霸王条款'，很多消费者也对银行的做法提出了异议"②。两年之后，上海某持卡人向徐汇区法院对交通银行上海漕河泾支行、工行上海漕河泾开发区支行、建行上海分行和中国银联等提起了诉讼，要求返还银行卡跨行查询手续费，并要求"停止侵权，取消

---

① 据艾瑞市场咨询《2007 年中国网上支付第一季度研究报告》。

② 参见 2004 年 4 月 2 日《中国青年报》。

银行卡跨行查询收费"。广东人大代表向全国人大常委会提出过关于叫停银联卡跨行查询收费制度的"紧急建议"。此后,各大媒体兴起了"ATM跨行查询收费"问题的大讨论,媒体报道显示,国家发改委、央行和银监会也开始对该问题进行研究磋商。

该轮讨论一直延续到2007年3月,全国人民代表大会和全国政协会议两会期间,广东、黑龙江、广西等地人大代表再次提案,要求"督促四大国有银行停止收取ATM跨行查询手续费"等。在各方压力下,2007年4月6日,中国银行业协会自律工作委员会常务委员会议通过决议,要求各会员银行于2007年4月20日前,开始停止向持卡人收取人民币银行卡境内ATM跨行查询手续费。针对此规定,中国银联一开始表示"并未考虑放弃该项收费的权利"。此后,在与各会员银行协商之后,银联在2007年五一节前,决定暂停向各会员银行收取跨行查询交易服务费。

从其他国家银行卡产业发展的历史来看,发生在中国的以上事件中,一些是银行卡产业共有的,比如商户对高折扣率的抵触和抱怨;一些是银行卡联网通用初期可能出现的,比如系统故障;而另一些也与我国银行卡产业发展特点有关,比如在发展初期作为营销策略不收取费用,而到一定阶段开始收取跨行查询手续费和年费,从而引起的争议。

总体看来,这些争议一是怀疑中国银联利用垄断地位滥用市场权力或与商业银行合谋;二是认为收费价格制定依据不足;三是对价格制定程序等提出质疑。而这些均是包括反垄断在内的广义经济监管职能需要解决的问题,这些问题正是我国银行卡产业经济监管制度和体制的不足的体现,而法律基础的缺位又使上述问题无法尽快合理解决。

二、监管制度本身的缺陷

根据以上监管现状,我们认为,一方面由于中国经济仍处于转轨时期,市场经济下的各项新制度正在建立之中,旨在取代先前各个领域或行业行政管理的微观监管制度也处于探索阶段;另一方面,具体就银行卡产业而言,一是由于相对于传统的银行业务,银行卡业务属于银行零售业务与现代通信电子技术相结合的新型业务领域。二是由于行业发展处于起步阶段且发展速度很快,因而该领域的监管制度亟待改善,具体的制度缺陷主要体现在以下几个方面。

（一）法律基础建设滞后

从银行卡产业监管的国际经验以及我国产业发展中的问题和争议两个角度，本书认为，中国目前相关法律基础设施的滞后主要体现在两个方面：一是现有法律框架仅以金融监管法律为主，难以涵盖银行卡这一新兴产业的发展需求；二是现存的经济监管部门法规与产业本身的快速发展相比严重落后。

现有银行卡产业监管的法律基础依托于银行业监管，即金融监管法制基础设施这一现状，直接引发了以下三个方面的问题。

首先，强调金融监管而对产业的经济监管重视不足。对于银行卡产业而言，金融监管与经济监管的职能各异①。特别是对于银行卡跨行信息转接环节的服务——即中国银联而言，经济监管法律基础的缺乏会引起这个环节价格制定上的困难和争议。而对准入监管的不明确，一方面影响现有企业，比如中国银联发展战略的制定；另一方面，对新进入企业而言也不得不面对市场混乱甚至恶性竞争。比如，目前国内网络支付市场上就存在后一方面的问题。

其次，由于银行卡产品是银行业零售业务与信息技术相结合的产品，银行卡产业因此也超出了传统金融产业的范畴。从国际经验看，提供跨行信息转接服务的平台企业一般不被看作金融机构。相应的，国内目前也将中国银联定位为非金融服务机构。而无论是国内还是国外，这类平台企业都是银行卡产业中举足轻重的角色。因此，仅从金融法律基础上对银行卡产业进行监管，首先会造成对跨行信息转接服务环节监管的不足；从平台企业本身角度，会使他们难以适从。而平台企业的市场垄断地位则会使问题进一步恶化。

第三，在银行卡产业链不断延伸、出现许多细分市场的趋势下，以金融监管法律为基础的产业监管，对许多新的环节更是鞭长莫及。这些细分市场往往存在规模经济和范围经济，也就是说，存在某个或某几个公司具有重要市场权力的情形，从而也存在这些公司滥用市场权力的可能性。比如在银行卡产业发达的美国，从事商户收单交易处理［比如第一数据公

---

① 关于经济监管与金融监管的区别与联系，请参阅本中心2007年工作论文：《银行卡产业监管的国际经验——监管理论与国外监管实践》。

司（First Date Co. 或简称为 FDC）〕或为发卡机构进行发卡处理等业务的"第三方"公司，越来越成为银行卡产业链中的重要一环。

以上几个方面的问题是传统金融监管法律未有涉及的，因此，仅在金融法律框架下对银行卡产业实行监管，会造成对该产业的监管不足，从而也容易引发相关市场混乱和公众争议。

另外，进一步分析《中国人民银行法》有关内容和当时的立法宗旨，可以看出，以上法律条款的目标是"维护系统安全"。从预防性和宏观的角度看，"安全"也是一种重要的公众利益，但从具体和微观的公共利益出发，需要对垄断环节的成本和利润予以限制，也就是进行价格监管，防止有垄断势力存在的环节由于不合理的价格而影响消费者福利。而这种宏观和微观利益往往是冲突的。因此，"维护安全"的法律框架难以指导以价格监管为重要内容的经济监管实践。

就目前部门层次上的相关监管法规来看，法规的内容远落后于产业本身的发展。比如中国人民银行 1999 年颁布的首部《银行卡管理办法》，虽然其中关于银行卡收益分配的内容已被 2004 年推出的《分配办法》所取代，但其他部分的大多内容至今仍被作为监管实践的依据。这一银行卡产业至关重要的规定存在的主要问题有以下两个方面：第一，仅从产业层面而言，从 1999 年至今，情况却发生了巨大的变化。第二，现有主要监管依据，即我们上述的部门规定，都是人民银行出台的部门级规定，而此后，中国于 2003 年成立了银行卡监督管理委员会，银监会的成立将对商业银行的监管从央行分离出来，而在这种情况下，从金融监管角度，对相对新兴的银行卡产业的监管造成央行与银监会之间职责不清的局面。

（二）监管体制不够清晰

根据我国银行卡产业发展的历程，目前由中国人民银行对中国银联实施监管是体制演变的结果。首先，最初由政府主导、以银行卡联网通用为目标的"金卡工程"是由中国人民银行主管的，而其后中国银联的成立正是基于在这一工程的实施所建立的城市信息交换中心。其次，目前的监管格局主要是基于上述央行法中的第四条第九款及第二十七条，前者主要是为了预防支付体系不稳定而引发金融系统风险；后者主要是针对央行本身所提供的银行间服务，而且主要指银行间大额支付结算即批发支付体系，因为在该法律出台之前，零售支付体系还没有引起足够的重视。从这两个方面看，目前中国人民银行对中国银联实施监管的监管体制有其合理性。

《中国人民银行》同时规定，"中国人民银行会同国务院银行业监督管理机构制定支付结算规则"。但这一条款主要是针对业务规则和标准而言的。虽然，一般认为"价格"和"准入"是最重要的两个经济监管控制变量，但监管机构有时并不直接控制价格和准入，而是通过控制其子变量，比如将限制监管对象的利润作为价格监管的手段、规定监管对象的业务种类来控制市场进入等①。因此，业务种类或标准也是准入监管的变量之一。虽然根据《银行业监督法》，银监会并不对为商业银行提供服务的非金融机构负有监管责任。但是，一方面由于商业银行是该服务的主要消费端，另一方面该服务的标准或类别与商业银行的发卡业务密切相关，因此，无论从法律基础还是从服务监管需求的角度，银监会对跨行信息转接环节的服务标准和种类应该负有部分监管责任。

以上分析可以看出，目前监管体制的合理性，主要是就金融监管框架内而言的。而在现有金融法律框架内，没有明确的关于对支付清算服务提供者在准入、价格方面监管的依据。从经济监管或部门监管对监管的专业性要求的角度考虑，中国人民银行和银监会似乎都可以被赋予这方面的监管职责②。

到目前为止，关于价格监管的法律依据只有1997年颁布的《价格法》，而国家发改委被赋予了监管《价格法》的执行职责。该法中与银行卡信息转接环节有关的，是关于"自然垄断行业由国家定价"部分。由于建立在现有金融监管法律框架下的金融监管机构没有被明确赋予银行卡跨行信息转接环节的经济监管责任，因此，发改委似乎是代表国家参与银行卡产业定价政策制定。另外，在国内《反垄断法》还未实施的情况下，《价格法》本身具有部分反垄断职能③，根据国务院对其监管职能的界定，作为综合价格监管部门的发改委也可以作为反垄断力量介入对某项商品或

---

① Patrick Rey, 2002, "Towards a Theory of Competition Policy", IDEI.

② 这取决于对支付清算服务组织的定位，是认定其为非金融机构还是非银行金融机构。

③ 我国目前反垄断方面的法律基础主要由《价格法》、1993年颁布的《反不正当竞争法》以及1999年通过的《中华人民共和国招投标法》等组成。比如，《价格法》第十四条第一款规定，经营者不得"相互串通，操纵市场价格，损害其他经营者或者消费者的合法权益；"《反不正当竞争法》第六条规定，"公用企业或者其他依法具有独占地位的经营者，不得限定他人购买其指定的经营者的商品，以排挤其他经营者的公平竞争"等。

服务的监管。而"价格政策制定"与"反垄断"两个角色显然应该成为相互制衡的权力,不可能同时由一个机构承担。而且,理论上,发改委若作为前一种角色,不符合部门监管对专业性的要求;若作为后者角色与两大金融监管机构联合制定相关政策,又不符合反垄断执法独立性和权威性的要求。所以,关于发改委参与银行卡产业价格监管的不明确之处,一方面在于其参与监管的角色定位不清楚;另一方面,无论充当哪一种角色,目前都需要根据监管要求对其进行制度等方面的调整,即要么需要快速充实其银行卡产业的专业力量,要么需要国家赋予其更权威、更独立的执法权力。

（三）没有规定的监管程序

一方面由于法律框架的不健全和相应的监管体制的不明确,另一方面由于银行卡信息转接服务仅是于 2003 年才由国家经营转为公司经营,从而对这一新兴产业的监管也刚刚提上议事日程;而且,整个国家政策层面对银行卡产业,特别是其中的跨行信息转接服务环节的关注程度,也是随着近几年国内银行卡发卡量和跨行交易额的快速增加而提高的。到目前为止,对这个环节的监管还远谈不上有一个具有符合透明度要求,又能体现公开性与参与性的监管程序。

自 1989 年《行政诉讼法》第 54 条规定程序"违法的行政行为将被撤销"以来,行政程序制度的价值已日益被重视。1996 年《行政处罚法》首次规定了听证程序,《行政许可法》规定了行政许可的设定、实施和监管程序。依据《价格法》①,国家发改委随后制定了《政府价格决策听证办法》,并于 2002 年 12 月开始正式实施。也许由于在原国家计委 2001 年 10 月公布的价格听证目录中,没有包括"银行卡跨行信息转接服务价格",中国人民银行在 2004 年颁布涉及该环节价格的《分配办法》之前,并未举行价格听证会。而在涉及多方利益的价格制定上没有相应的正式程序,是目前银行卡跨行信息转接环节监管不规范的主要原因之一。

（四）监管政策不够明细

随着银行卡产业的迅速扩大,法律框架不完善、监管体制不明确等问

---

① 《价格法》第二十三条规定:"制定关系群众切身利益的公用事业价格、公益性服务价格、自然垄断经营的商品价格等政府指导价、政府定价,应当建立听证会制度,由政府价格主管部门主持,征求消费者、经营者和有关方面的意见,论证其必要性、可行性。"

题导致目前的监管政策滞后、粗放。根据银行卡经济学原理，我国目前的监管现状和国际银行卡产业监管经验，以下方面应该成为今后政策制定中需要重点关注的问题。

1. 借记卡与信用卡不应统一定价

根据现有的价格政策，即 2004 年人民银行颁布的《分配办法》，对银行卡产业链中各方利益分配规定中没有对信用卡和借记卡进行区分，也就是说对这两种银行卡采取统一定价。这固然对鼓励国内信用卡市场的发展有利，但从成本角度讲，信用卡交易与借记卡交易的成本驱动因素有很大不同。首先，如信用卡的资金成本、欺诈风险成本等都与交易额有关，而借记卡成本主要为与交易额无关的固定成本；其次，由于有融资、超过还款期罚息等因素，信用卡的商业模式比借机卡要复杂得多；再次，信用卡交易的风险要比借记卡交易的风险高出很多。另外，从国际经验看，除法国等少数国家采取同样的统一定价方式外，多数国家对信用卡和借记卡采取不同的定价。

2. 银行卡受理商户面临双重缴税困境

最后几年来，我国银行卡产业发展的一个主要"瓶颈"，是银行卡受理商户数量的增速低于银行卡发卡量的增速，也就是说，双边市场两边的发展很不平衡，要使产业中的资源合理配置，实现整个产业健康发展，必须促进收单方的发展或抑制发卡端的发展。因此，国家在政策方面也采取了一系列措施。在《分配办法》中放开了收单机构与签约商户之间的价格[1]，即商户折扣率中这部分价格由双方谈判决定。这一改革即零售价格由市场决定，而批发定价由政府定价的原则，也旨在减轻商户的受理银行卡交易成本，从而促进受理市场的发展。

但随着国内居民刷卡消费交易额、特别是其相对于社会消费品零售总额的快速增长[2]、商户之间竞争的加剧，"0.8% + x"的折扣率调整似乎仍不足以提高商户受理银行卡的积极性。其中的原因之一是：商户所付的

---

[1]　在之前 2001 年人民银行 44 号文件，即《中国人民银行关于调整银行卡跨行交易收费及分配办法的通知》中规定：发卡行、信息转接服务机构和收单机构之间的收益分配比例为 8:1:1；并且规定了超市、百货业 1% 和宾馆、酒店业 2% 的商户扣率标准。

[2]　比如 2006 年，我国居民刷卡消费交易额同比增长 70% 以上，而根据国家统计局 2007 年 2 月 28 日发表的统计公报，过去一年我国社会消费品零售总额同比增速为 13.7%。

结算手续费也被列为应纳税所得，显然，这部分是商户对结算服务的消费，应该列为商户的营业成本之中。与之相反，对银行卡受理商户的税收优惠是韩国促进银行卡产业发展的重要经验①。2005年4月九部委联合颁布的《关于促进银行卡产业发展的若干意见》，曾提出要"研究出台财税支持政策"，并要求"财政部、税务总局会同相关部门积极研究制定有关税收优惠政策"。但至今没有相关的正式规定出台。

3. 关于行业标准政策不明

与一般的最低限度质量标准不同②，银行卡服务标准是准入监管的控制变量之一。但由于银行卡标准同时又与银行卡品牌竞争密切相关，而银行卡品牌市场存在现实的竞争。因此，对银行卡标准的监管似乎处于一个两难选择。即放松监管对提高平台企业的转接效率和规模经济不利，而加强监管又可能会影响品牌之间的竞争。监管机构需要权衡得失后做出相应的决策。如果将品牌和信息转接服务看做平台企业由于范围经济的存在所经营的上下游产品，这是一个典型的可竞争市场。根据可竞争市场理论，关于市场标准的政策依据，应该是主要衡量放松监管后产业是否可以达到一种有效竞争状态，即竞争的收益是否大于竞争的成本。

银行卡标准的制定涉及发卡机构的卡种选择、银行卡联网接入，以及银行卡品牌竞争等重要环节，因此，关于行业标准的政策会直接影响到行业一些环节的竞争格局，以及产业链之间的衔接问题。银行卡标准的核心是银行识别码，即BIN（bank identification number）号。根据行业国际惯例，银行卡交易信息的转接路径选择由卡的BIN号决定。目前，我国银行卡技术标准的审核和制定是由全国金融技术标准化委员会（以下简称为金标委）负责的，该委员会于2006年8月审核通过了"人民币卡支付标准"，但到目前为止，这一标准仍待中国人民银行审批。

关于标准是否合理本身并不是本书要讨论的问题，我们关注的是这种情形所反映出来的监管制度缺陷。这主要体现在以下两个方面：首先若将

---

① 韩国自1998年开始，为促进银行卡的使用采取了一系列措施，其中一项是对商户受理银行卡的税收优惠政策，即：对于年销售额超过18500美元的收卡商户，可减免3800美元或通过卡支付的销售额的2%的税款（取两者较小的一个量）。

② 注意：最低限度质量标准一般并不是经济监管的范畴，比如，泰勒尔（1996）的《产业组织理论》一书中，将税收、补贴和最低限度的质量标准方面的监管称作"市场监管"。

金标委的职能和银行卡及其应用技术进行对照，可以看出，后者不仅包括金融技术，而且已超出了金融技术的范围，也许正因为如此，在 2006 年 9 月召开的 "2006 年银行卡产业创新研讨会" 上，央行表示将在 2006 年 10 月成立人民币支付卡标准委员会，但其后则没有关于该委员会成立的消息。其次，关于行业标准监管的程序，以及政策透明度还远不规范。这也是引起自 2006 年 7 月开始，到目前又陷入新一轮的 "双币卡" 是否取消，或是否不再新增发行争论的主要原因。

4. 外资银行发卡的具体办法尚未明确

2006 年 11 月颁布的《中华人民共和国外资银行管理条例》[①] 规定，外资银行可以从事银行卡业务。2007 年 5 月中美第二次中美战略经济对话宣布，允许具有经营人民币零售业务资格的外资法人银行发行符合中国银行卡业务、技术标准的人民币银行卡。银监会已自 2007 年 6 月 4 日正式启动外资法人银行开办银行卡业务的具体操办程序，随后，花旗银行（中国）、汇丰银行（中国）、渣打银行（中国）和东亚银行（中国）已经向上海市银监局提出开办银行卡业务的申请。但是，由于到目前为止，银行卡的业务和技术标准似乎都有待《银行卡条例》或其他新的相关政策出台，因此，外资银行的人民币银行卡应如何并以怎样的标准发放、是否需要加入中国银联等仍不明朗。

第五节　产业监管中需要澄清的几个问题

由于法律基础的不完善和监管制度的不到位，产业链中包括多个利益不同的参与主体等，随着银行卡使用范围和使用规模的扩大，银行卡产业近年来纷争不断，各家媒体也热衷于对这些纷争从各个角度进行报道。这些报道中往往不乏对一些现状的质疑。以下将对其中的一些主要问题阐述我们的看法。

一、银联垄断地位本身不是问题所在

中国银联是国内唯一一家提供跨行信息转接服务中的企业，银联的这

---

① 参见《条例》第三章第二十九条第十款。

种垄断地位常常成为银行卡产业其他利益相关方甚至一些媒体争议的焦点。银行卡经济学理论（比如泰勒，2002 年等）表明，由于信息转接服务平台的规模经济和范围经济[①]，以及网络外部性等技术经济特征，垄断性的市场结构是符合效率选择的。传统经济学理论认为，当企业有一直下降的平均成本和边际成本曲线时，表明持续的规模收益递增，随着产量的提高，企业可以不断的降低价格且保持一定的利润，因为这时企业的平均成本是下降的，这种情况下大企业具有远远高于小企业的效率[②]。

就自然垄断而言，现代经济学理论表明，如果由一个企业提供整个产业的产量的成本小于多个企业分别生产的成本之和，即企业的成本方程具有弱增性的条件下，该产业会形成自然垄断，这就是鲍莫尔（Baumol，1977）和潘扎（Panzar，1989）等提出的自然垄断的充要条件——成本次可加概念。当然，由于成本次可加是一个比较抽象的数学概念，要想证明某一个行业是否满足这一条件目前还不可行，但从国际经验看，提供银行卡跨行信息转接服务的领域往往是自然垄断或寡头垄断的产业形态。

从中国银联成立的历史看，在其成立之前，我国的银行卡跨行信息转接服务是由中国人民银行提供的，即处于政府提供服务的情况。中国银联是在中国人民银行此前的各城市信息中心的基础上组建的。银联的组建因此也是政府职能改革的产物，即将服务的政府提供改为由法人企业提供。从这个角度可以说，中国银联在我国银行卡跨行信息转接服务领域的垄断地位与我国的制度变迁紧密相关。而自然垄断的形成与制度之间的关系，也并非独为中国特色，早在 19 世纪中期，最早提出自然垄断概念的英国经济学家穆勒就在其著名的《政治经济学原理》中，阐述过垄断权力源于某种社会制度的观点。另外，政府出于系统安全对该产业的准入限制也是中国银联能够保持垄断地位的要件之一。

因此，无论从经济学理论，还是我国银行卡跨行信息服务领域垄断形成的制度起源看，目前中国银联的自然垄断地位本身都有其合理性。

二、关于反垄断

我们说中国银联的垄断地位有其合理性，并不是说处于这个地位的企

---

① 现代自然垄断理论认为，自然垄断形成的充分条件是成本次可加性的存在。

② 见萨缪尔森和诺德豪斯《微观经济学》第 16 版，萧琛等译，华夏出版社 1999 年版，第 129 页。

业行为都是合理的。由于企业本身具有追逐高利润的动机，垄断企业也不例外。问题在于，与竞争市场中厂商的价格接收者地位不同，垄断企业可能会利用其市场地位，通过制定垄断价格将一部分消费者剩余转化为生产者剩余，从而损害消费者福利、扭曲分配效率。正因为如此，自然垄断企业需要政府监管，价格监管也因此成为针对某个特定部门进行监管、即部门监管的主要内容。根据监管经济学理论，政府进行价格监管的目标有三个方面①：一是促进社会分配效率；二是激励监管对象优化生产要素组合、不断进行技术革新和管理创新，努力实现最大生产效率；三是维护监管对象的发展潜力，使其具有一定的自我积累、不断进行大规模投资的能力。准入监管主要目的是控制产业中企业的数量。从部门监管的这些目标来看，部门监管机构一方面是为了限制垄断利润，另一方面则是为了保护监管对象的利益。正因为如此，施蒂格勒（Stigler，1971）认为，作为一种规则，（事前）监管是产业所需并主要为其利益设计和操作的。

　　既然垄断行业的经营者存在滥用其市场支配地位的可能性，而事前监管机构往往有保护监管对象的倾向和动机，因此，自然垄断行业不可避免地要受到反垄断执法机构的关注。这里的关键问题是，反垄断要打击的并不是市场支配地位本身，而是滥用市场支配地位的行为。银行卡产业的实践也表明，即使是没有准入限制的银行卡信息转接市场，竞争的结果也是少数几家平台服务企业占据市场统治地位。

三、银行卡收费定价的合理性在于定价研究和定价程序

　　近几年来，关于银行卡各个环节收费价格的争议不断，许多媒体也参与论战，"讨伐"所谓的"不合理"定价，但"不合理"之处究竟何在？从我国现有的有关法律基础看，直接针对终端用户的银行卡零售环节定价为市场定价，也就是说，持卡人费用和受理银行卡商户的刷卡营业额扣率②由市场决定。而批发环节的价格即银行卡跨行信息转接服务和由收单

---

　　①　参见王俊豪《政府管制经济学导论——基本理论及其在政府管制实践中的应用》，商务印书馆2006年版，第99页。

　　②　在1999年中国人民银行颁布的《银行卡业务管理办法》中，对商户折扣率做出了"宾馆、餐饮、娱乐、旅游等行业不得低于交易金额的2%、其他行业不得低于交易金额的1%"的规定。这应该与当时国内银行卡业务处于起步发展阶段以及我国价格监管法律发展程度等有关，在2004年的《分配办法》中，人行及时对这些规定进行了调整，放开了收单机构与受理商户之间的价格。

机构从代收的商户折扣率中返给发卡机构的交换费属于国家定价。这也符合零售端处于激烈竞争，而跨行信息转接服务中有市场支配地位企业存在的实际。零售端的定价比较简单，只要根据市场供需情况和回收成本的需要等确定即可。但批发定价比较复杂，目前在理论上也没有完美的解决模型。一般来说，双边市场理论为交换费的确定提供了参考和研究方向，拉姆齐定价原则也普遍被应用于接入定价即银行卡产业中的转接费定价当中。但是，这些理论都只是原则性的，并不能给出具体的定价方案。因此，政府定价需要对市场需求、服务成本、投资需求等进行持续研究。更重要的是，要有一个相对透明并能体现各利益相关方广泛参与性和公正原则的定价程序。这样的定价过程和定价方案，才有可能最大限度地消除消费者疑虑并得到社会的广泛认可。

四、不伤害市场竞争的差别定价是合理的

由于差别定价（或称为价格歧视）常常是具有市场支配地位的厂商，为获得垄断利润而对不同的交易接受者制定不同的价格。因此，我国《价格法》第十四条第五款规定：经营者提供相同商品或者服务，不得对具有同等条件的其他经营者实行价格歧视。这里所说的"价格歧视"，是指商品或服务的提供者提供相同等级、相同质量的商品或服务时，使同等交易条件的接受者在价格上处于不平等地位。我国目前银行卡产业批发定价环节的重要参考依据《分配办法》中，对六类不同的商户制定了不同的转接费用和交换费收取比例，这确实是典型的三级价格歧视①。是否要反对一种价格歧视，首先要看其是否对市场竞争造成危害，对市场竞争没有危害的价格歧视往往是对社会有益的。实际上，这类价格歧视也普遍存在，比如对电价等实行的高峰期和非高峰期差别定价，不同季节和不同日

---

① 根据差别定价的程度，可将价格歧视分为三个等级：一级价格歧视，又称完全价格歧视，就是每一单位产品都有不同的价格，即假定垄断者知道每一个消费者对任何能够满足其需求的产品所要支付的最大货币量，并以此确定其价格，所确定的价格正好等于对产品的需求价格，厂商因此获得每个消费者的全部消费剩余。这是一种极端情况，现实中几乎不可能发生；二级价格歧视，即厂商了解消费者的需求曲线并将该曲线分成若干段，根据不同的购买量确定不同价格，从而获得一部分而不是全部买主的消费剩余，公用事业中的差别定价就是典型的二级价格歧视；三级价格歧视是指垄断厂商对不同市场的不同消费者实行不同的价格，在实行高价格的市场上获得更高的利润，在最大化市场需求的前提下实现最大化利润。

期的航空机票定价，等等。其次，从经济学意义上说，这种差别定价符合"市场弹性越小、价格和成本差额就越大"的最优定价原则。

五、应该慎重对待外资进入问题

由于自 2006 年年底起，中国银行业开始全面对外开放，作为银行卡产业重要部门的、传统的以 POS 为终端的跨行信息转接服务部门是否对外开放再次引起关注。

在中国加入世界贸易组织协议中金融业对外开放领域和范围的承诺中，没有针对银行卡跨行信息转接服务方面的内容①。因此，是否对外资开放这一服务领域，应该取决于中国政府根据公众利益最后做出的决定。在进行这一决策的过程中，我们认为，以下几个方面应该考虑：首先，根据银行卡产业的经济特征和国际经验，即使放开产业准入允许竞争，竞争的结果仍将是少数几家平台企业最终形成对市场的垄断，这种市场属于卡恩（Kahn，1971）所认为的那种"竞争性市场模型明显不能描述甚至无从描述"的产业，因此，在这个领域，期望通过竞争让商户和消费者得到竞争效益的理想是不可能实现的。其次，国际两大巨头维萨和万事达的高额交换费，以及其改制成为上市公司后的股东利益导向下的交换费上升趋势应该引起关注②。再次，基于对现有在欧盟地区提供服务的银行卡平台企业的调查和创建新品牌的评估，欧盟和欧洲央行正在着力推动的单一欧洲支付区（SEPA）计划中，倾向于通过联盟或向整个欧元区的扩散，重新建立一个参与者共同统一接受的支付服务品牌③。

目前，该产业的国际巨头维萨国际利用其与国内部分银行签署的《北京 2008 年奥运战略合作协议》，买断了奥运现场刷卡标识，也就是说，在奥运会现场刷卡消费的游客必须选择有维萨标识的银行卡支付。维萨借此希望通过国际奥委会施压国内相关部门，要么对其放开跨行信息转

---

① 见《加入 WTO 后中国金融业对外开放的内容与时间》，http：//www.pbc.gov.cn/jinrong-faguizhengce/。

② 根据尼尔森报告，美国商户在 2006 年因为受理银行卡而支付的费用为 560 亿美元，超过了 5 年前的两倍。据研究机构 Celent 估计，美国年销售 100 万美元的小商户，受理银行卡的成本自 2000 年以来以平均每年 16% 的速度增长。见 Nilson Report，Issue 877，April，2007。

③ 进一步请参考中国社会科学院银行卡产业研究中心 2007 年工作论文：《银行卡产业监管的国际经验——监管理论与国外监管实践》。

接服务，要么中国银联必须为没有银联标识的维萨卡提供跨行信息转接服务。而中国银联希望通过国内银行卡标准统一，使得维萨在中国发行的人民币银行卡要么带有银联标识，要么以外卡形式通过维萨自己的平台进行转接清算，这样，商户和持卡人需要付出更高的价格。由此可见，银行卡品牌竞争与跨行信息转接服务之争紧密相关，从这个角度看，中国银联虽在国内 POS 终端的跨行信息转接服务上具有垄断地位，但实际已面临国外竞争对手强大的竞争压力。

第六节　结论与建议

根据中国银行卡产业发展的现状和目前监管中存在的问题、银行卡经济学理论以及国际监管经验，我们认为，为建立有效的中国银行卡产业监管框架，首先应该重点解决以下问题：尽快完善银行卡产业法律基础，明确事前监管机制，将中国银联的服务价格和标准作为经济监管的重点内容，尽快明确对外资银行和外资平台企业的监管政策。

一、加快和完善银行卡产业立法

根据我们对有关国家和地区相关政策体系特点及相应的中国政策现状的分析，可以说，中国这个领域的立法等政策体系的建立还有很长的路要走。因此，有必要尽快建立一个银行卡相关的法律结构体系，并根据现实迫切性需要，尽快推出有关支付体系监管、电子资金转移等法律法规。

为了达到这个目标，首先要根据需要规范的业务考虑法律法规体系的结构，特别是以综合立法还是根据业务性质分别立法。具体而言，需要决定的是：应该首先有一部银行卡产业综合性法律，并在此基础上分别制定相关的执行细则，还是根据不同业务的性质，甚至从不同角度分别制定法律法规，比如就信贷业务的立法、不涉及信贷的电子资金转移的立法、专门就保护持卡人或其中某方面权益的立法等。综合立法结构比较简单，立法范围也比较清楚，但由于涉及问题的多个方面，不容易达到整体的政策效果；如果选择分别立法，容易有明确的政策目标，但需要从相关业务技术的角度首先确立立法所要规范的商业活动范围。从有关国际经验和金融业务发展趋势看，许多国家的立法结构倾向于后者。

但是，考虑到中国在这个领域法律严重空缺，而分别立法需要更大量细致的前期工作角度考虑，我国的立法步骤是应该首先有一部类似于《银行卡条例》的综合法规，并在此基础上逐步过渡到更加完整的根据业务性质分别立法的法规结构。

根据业务性质立法，首先，应该在交易程序均符合支付体系安全原则基础上，就与信用卡相关的涉及信用的交易和不涉及信用的资金转移交易分别立法；根据立法目的，还应该分别就保护借贷人权益为目标和防范机构信贷风险为目标对信用提供银行进行具体规定；应该对市场集中度较高的环节——中国银联的定价、规则监管的基础上要求其尽量做到信息透明。也就是说，整个法律体系至少应该包括：支付体系监管有关法律；规范信贷交易的有关法律，其中包括从防范机构信用风险角度和保护借贷人利益角度的立法；以规范借记卡为主要载体的电子资金转移交易的法律法规。

从尽快建立监管法律基础的角度，以及中国目前以借记卡为主体的银行卡市场产品结构现状角度，对支付体系监管的责任和要求的法律，以及电子资金转移法律的立法显得更为紧迫。

二、尽快明确中国银联的业务属性

根据我们对中国银行卡产业监管的主要目标和内容的分析，如果要将中国银联纳入央行监管范围，虽然不必要一定像德国、日本等国家那样，要界定银联提供的服务属于银行业务，但首先，中国银联的业务一定是属于金融服务业务，从这个角度看，目前对中国银联"非金融机构"的定位有些令人费解，有必要对此修正改进。

三、确立人民银行对支付平台企业的主体监管地位

由于目前央行法中就央行对支付体系监管的规定只是原则性的，也就是说法律基础并不足以明确支持央行对中国银联的监管。而目前对支付平台企业价格等经济监管由央行、银监会和发改委共同监管的局面严重影响了监管效率，因此，需要尽快在有关立法中，明确中国人民银行对支付平台企业的监管主体地位。

四、全面评估银行卡支付平台对系统风险的影响

目前，关于零售支付体系对一国支付清算体系的系统风险的影响方式和影响程度等问题，无论从学术讨论还是实践角度，都在探讨之中。但基于这种影响随着各国银行卡市场环境和平台企业在银行卡系统中的影响力等因素而不同这一基本判断，我们建议，由中国人民银行支付司牵头，就中国银联在中国零售支付体系中的作用及其对支付体系系统风险的影响进行研究评估，根据评估报告最终确定对其监管的具体措施。

五、重视行业标准监管

无论从控制零售支付体系风险，还是提高银行卡跨行信息转接服务效率、减少产业有关纷争的角度，监管层需要重视银行卡支付标准监管，尽快明确中国银联的入网标准。从国际银行卡产业发展历史和经验看，银行卡品牌市场份额是主要是由银行卡标准决定的，这也是信息平台服务得以维持和扩大的先导和保障，因此，如果要在中国银联与国际著名品牌的竞争中支持国内品牌，应该尽早在银行卡标准问题上，明确对中国银联相对有利的政策。

另外，在明确行业标准的前提下，还需要对非标准卡的入网定价问题做出原则性规定。对于不符合标准的银行卡，中国银联的跨行信息服务平台是典型的"瓶颈"服务部门，这个问题因此也成为事前监管的重要环节。根据接入定价原理，作为有市场支配权力的服务部门，其服务的定价固然要考虑到需求因素[①]，但实际操作中还要考虑到这一定价需要弥补在位服务商弥补沉淀成本的需要，以维护其投资建设信息平台并进行维护的激励。因此，需要在中国银联实现公平接入的基础上，但也有必要考虑对银联标准卡和非银联标准卡实现差别定价。

---

① 进一步可参阅张昕竹、拉丰和易斯塔什著《网络产业：规制与竞争理论》，社会科学文献出版社 2000 年版，第 143—146 页。

第四篇　银行卡产业定价研究

　　银行卡产业定价，特别是批发定价，是产业监管政策内容的重要方面。那么，什么样的价格机制或价格水平才是合理的？如何对价格进行监管才符合社会目标？银行卡批发定价因此成为银行卡产业学术研究的另一个重点研究领域。

　　一般而言，发卡市场对持卡人的收费价格和收单市场对与商户的价格，即银行卡市场的零售价格均为市场定价，而且，学术研究普遍假设在这两个市场中，发卡机构之间以及收单机构之间的竞争是相对充分的，这一点尤其符合美国的市场实际。而我们知道，无论是在美国还是其他国家，相对于发卡市场和收单市场而言，提供发卡和收单机构间信息转接服务的银行卡支付信息服务市场则有很高的市场集中度。可以说，一方面由于很高的市场集中度，在该市场上，存在有限的几家或一家服务机构（平台企业）滥用市场地位的可能性；另一方面，由于发卡和收单机构一般是平台企业的会员及股东，因此平台企业和发卡机构及收单机构之间的价格也存在合谋定价的可能性，而交换费价格又是收单机构对商户收费的上游价格，也就是说，交换费价格的高低与商户扣率水平直接相关。而一般认为，商户受理卡成本越高，商品的零售价格也会随之提高，也就是说，商户会将较高的银行卡受理成本转化成商品售价的加价，从而转嫁给消费者。这就意味着，不仅持卡人的福利，而且其他不使用银行卡支付的消费者的福利也会因此受到影响，机构间的价格——交换费价格也因此成为学术研究以及政策制定部门关注的重点。

　　也正由于上述原因，我们对价格的研究重点关注批发价格，当然，商户扣率等与批发价格直接相关的零售价格也会不可避免地受到关注。本篇从银行卡 POS 业务定价的国际经验出发，分别研究分析中国银行卡 POS

业务和 ATM 业务定价的特点、合理性以及存在的问题，并针对这些问题提出相关建议。

本篇的具体内容安排如下：第十二章分析美国、欧盟和澳大利亚的银行卡交易的定价方式和定价机制及其变化趋势；第十三章针对中国银行卡交易定价的现状，分析现有定价的合理性及存在的问题，并在对这些问题进行中外比较分析的基础上，提出我们对中国银行卡 POS 交易定价的相关建议；第十四章的研究目标是中国 ATM 业务定价问题，在分别分析国外和国内 ATM 业务发展演变及现状的基础上，提出了我国 ATM 定价机制等相关建议。

第十二章 银行卡 POS 业务定价的国际经验

本章从银行卡产业实践角度出发，就 POS 业务总结美国、欧盟和澳大利亚各国和地区的交换费定价方式；其次，分析总结这些国家和地区的银行卡业务批发定价环节的价格形成机制、定价水平及变化趋势；最后对本章的主要结论进行总结。

第一节 各国和地区的交换费定价方式

一、美国的交换费定价

与其他国家相比较，美国 POS 交易业务结构等情况最为复杂，虽然其银行卡支付工具大类也与其他多数国家一样，包括信用卡和借记卡。但其中借记卡又分为签名借记卡和密码借记卡。而且，与密码借记卡相比，费率更高的签名借记卡的市场份额更大。

（一）美国银行卡 POS 交易市场概况

美国有 6 家信用卡平台企业，其中市场份额最大的前三家（维萨、万事达和美国运通）之间竞争激烈。另外，借记卡网络主要有维萨和万事达品牌下的两大签名借记卡网络和 13 家密码借记卡网络。

从银行卡的卡品种结构来看，由于美国银行卡发展历史是从"赊账的午餐"[①] 即信用卡开始的，到 20 世纪 80 年代，维萨和万事达两大运作成熟的信用卡基础设施网络已经建成。而借记卡的快速增长则发生在 20 世纪 90 年代，借记卡迅速发展的主要动力之一，来自维萨和万事达先后

---

① 进一步可参阅中国银联战略发展部译，埃文斯和施马伦西著《银行卡时代——消费支付的数字化革命》，中国金融出版社 2006 年版，第 58—68 页。

对其新型卡产品——"维萨支票卡（Visa Check Card）"和"万事达币（Master Money）"① 的品牌营销，两大品牌在已有的网络基础上的一系列营销活动，使得签名借记卡在 POS 交易中的份额迅速得以发展。与此同时，使用电子资金转账（EFT）网络、在 ATM 卡基础上的密码借记卡，其发展相对慢于签名借记卡。这是因为，在密码借记卡发展初期，各地银行卡协会需要开始说服商户在原有 POS 机上安装密码键盘，而直到 2006 年，美国受理签名借记卡的 POS 终端，是受理密码借记卡 3 倍② 的主要原因。因此，美国银行卡 POS 交易卡种类结构区别于其他国家的最大特点是，按交易量大小的顺序依次为信用卡、签名借记卡和密码借记卡。

图 12 - 1 和图 12 - 2 分别是近年来美国银行卡市场这三种卡类别的交易量和卡总量比较。

从图 12 - 1 和图 12 - 2 的时间序列可以看出，虽然近年来美国这三大卡类的交易量都在增长，但借记卡交易量的增长速度快于信用卡交易量的增长。而从卡数量增长看，信用卡的发卡增长速度仍快于借记卡数量的增加。后者的主要原因应该是信用卡的发卡激励强于借记卡。从图 12 - 3 看，美国消费者持有的信用卡数量远多于借记卡。而由于受理借记卡，特别是密码借记卡的大商户在增加，因此借记卡和信用卡交易量份额差距小于卡数量的差距。这些变化既与卡类营销推广活动力度有关，也反映了由交换费价格变化引起的不同卡种商户扣率价格的变化。

（二）不同卡种实行不同的交换费率

美国目前市场上三大卡类 POS 交易量的市场结构与每类银行卡背后的交换费激励密切相关。目前信用卡发卡增长速度仍快于借记卡数量的增加，其中的主要原因之一应该是信用卡的发卡激励强于借记卡，而信用卡的高交换费是最重要的发卡激励。类似的，由于签名借记卡的交换费高于密码借记卡，一些发卡机构通过为签名借记卡持卡人提供刷卡消费回报，以

---

① 这两个产品分别通过维萨和万事达信用卡网络，在 POS 机上实现支付时都要求持卡人在授权认可单上签字，因此被称为签名借记卡或离线（offline）借记卡。

② Hayashi, et al., 2006, "A Guide to The ATM and Debit Card Industry: 2006 Update", p. 10.

年交易量（百万美元）

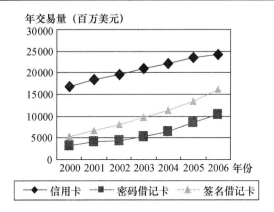

图 12 – 1　美国近年各卡种年度交易量比较

资料来源：EFT Date Book（2006）。

年度卡总量（百万张）

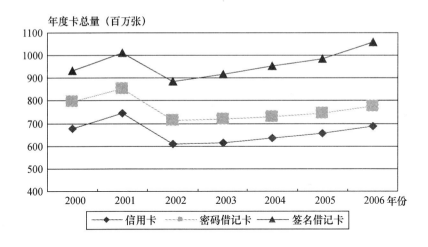

图 12 – 2　美国近年各卡种市场总量比较

资料来源：EFT Date Book（2006）。

及向密码借记卡持卡人收取密码费鼓励消费者持有和使用签名借记卡（Hayashi et al.，2006）。

虽然沃尔玛案件之后，美国的密码借记卡交换费率整体上有所降低，但目前签名借记卡交换费仍高于密码借记卡，信用卡交换费高于签名借记卡。

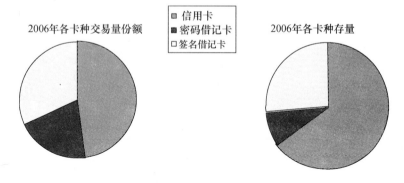

图 12 – 3　美国 2006 年各卡种交易量及卡存量份额[1]

资料来源：EFT Date Book（2006）。

　　如果将上述三大卡类看做卡维度的第一个层次，那么每一个类别内部又有功能和服务项目各有差异的不同卡种，比如根据是否有航空里程奖励、租车折扣、预订宾馆饭店折扣，等等，可选择不同的信用卡或借记卡，而这些卡别的 POS 交易的交换费也各不相同。

　　另外，根据卡使用对象的不同，又区别个人卡、商业卡；其中商业卡又分采购卡、商务卡和公司卡，这些卡别的 POS 交易实行不同的交换费率。

　　最后，交换费定价还与一定时期内的卡均交易额相挂钩，比如万事达在 2007 年 10 月公布的标准中，根据持卡人一定时期内持卡消费总额将这些卡分为核心卡和增值卡（见表 12 – 1），而这两类持卡群体消费交易额又执行不同的交换费标准。

---

　　[1]　无论从交易额还是卡存量看，签名借记卡的份额均高于密码借记卡，主要原因是：接受签名借记卡的商户数量相对较多，这一方面是由于签名借记卡是基于维萨和万事达的早在 90 年代之前就已建成的设施完善的信用卡网络，因而比密码借记卡有占先优势；另一方面维萨和万事达两大平台企业一直都实行商户手里其品牌卡的"捆绑原则（Hayashi et al.，2006）等。

表 12 - 1　　2006—2007 年两大卡组织交换费政策的主要调整措施

	维萨	万事达
2007 年 10 月①	(1) 在小额交易商户中增加了无人看管终端的 CPS（消费者支付服务）类别 (2) 在公用事业商户类别中增加了商务卡交易类别 (3) 开始对不同支付交易水平的同一种类卡交易执行不同的费率	(1) 提高规模较低类别商户交易中的商业卡、环球卡、环球尊贵卡交易的费率 (2) 降低规模较大类别商户交易中以上卡类交易的费率 (3) 宣布将于 2008 年 1 月提高跨境交易评估费
2007 年 4 月	(1) 在商业卡产品结构中新增加了三种交换费类别②，而三个新类别的执行还取决于不同的卡种（购买卡、商务卡和公司卡） (2) 共列出了执行从不同费率的 15 类交易	(1) 增加了核心卡和增值卡种交易的交换费率类别③ (2) 对许多类别的商户，核心卡交易的交换费率降低而增值卡交易的交换费率提高④ (3) 提高环球尊贵卡在一些商户（比如超市基准类等）交易的交换费率
2006 年 10 月⑤	(1) 首次公开了 79 种组合的交换费率； (2) 信用卡交换费率最低为交易额的 0.55%，最高为交易额的 2.7% (3) 由于没有执行相关费率的交易的份额，所以不可能计算其平均交换费率	(1) 就公用事业商户增加了两种交换费类别，符合这两个类别条件的商户可通过注册执行新的交换费率 (2) 增加了 7 个小额交易商户类别
2006 年 4 月⑥	(1) 扩展 MCCs 以纳入新开拓的小额交易商户 (2) 降低小额交易商户的交换费率 (3) 25USD 以下的交易不必签名 (4) 调整商业卡的交换费率结构（包括增加某个层级地交换费、增加大额交易商户的 MCCs 等）	1. 调整了普通信用卡对一些商户类型（如超市、货栈等）的交换费 (2) 增加了执行小额交易借记卡交换费的 MCCs（如路桥收费站、洗衣房等） (3) 提高了面对面交易和公司卡种交易量较低的交易的交换费

---

①　理论："Important Visa and MasterCard Interchange Updates"，http://www. vantagecard. com/lessons。

②　分别是 B2B 或零售和卡布在现场 CNP（cardnotpresent）交易的费率。

③　也就是将消费者信用卡（包括普通卡、金卡和白金卡）分为非增值卡（称为核心卡）和增值卡。其主要策略是对于持卡消费额达到可享受奖励计划最低要求的持卡人所消费的交易额，实行比其他交易优惠的交换费率。

④　"Master Card Changes Rates，Stations Benefit From Rate Caps"，http：//www. greensheet. com/PriorIssues - /070301 - / (3) htm.

⑤　"Visa Releases Credit Card Interchange Rates"，Washington RetailInsight，Volume 11，Number 26，Oct. 27，2006.

⑥　维萨 2006 年 4 月标准及新措施资料来源：http：//www. hillsbank. com/bankfiles/Visa_ Interchange_ Rates. pdf；http：//www. vantagecard. com。

（三）商户区别定价的主要类别

对不同的商户交易实行区别定价是美国银行卡 POS 交易交换费定价最突出的特点，因此也是分析交换费定价结构的重要方面。为了分析近两年来的美国市场交换费价格结构变化趋势，我们根据万事达和维萨在美国市场自 2006 年 4 月以来对其交换费定价的四次调整（调整的时间分别是 2006 年 4 月和 2006 年 10 月、2007 年 4 月和 10 月），将两大公司每一次调整的主要变化归类总结。

就目前 POS 交易对商户实行区别定价的情况看，其定价的依据主要包括以下四个方面：（1）商户行业分类（merchant categories codes，MCCs），以万事达为例，其 2007 年 10 月公布的交换费价格将商户分为 11 个大类。（2）某卡种在某商户处的总交易额比如按交易额大小将同一 MCCs 的商户又分为三类，表 12 - 2 和表 12 - 3 分别列出了维萨和万事达 2007 年 10 月公布的交换费政策中对超市类商户的不同标准。（3）交易方式，主要区分面对面交易和无卡交易（或称为卡不在现场交易），一般而言，由于后者相对于前者有较大的风险，因此也执行较高的费率标准。（4）笔均交易额，比如对于小额交易商户，一般交易额在 25 美元以下的持卡消费交易执行比其他同类交易更低的交换费率。

（四）定价方式的特点及其变化趋势

从维萨和万事达目前的交换费定价方式和表 12 - 1 所列举的过去两年的定价方案调整情况，我们可以总结出美国开放式平台企业定价方式的以下几个特点。

第一，信用卡、签名借记卡和密码借记卡交易执行不同类别和方式的定价。大体上，信用卡在一个基本费率基础上与交易额挂钩，即为两部制定价；密码借记卡为每笔定价，与交易额无关；签名借记卡的定价介于信用卡和密码借记卡之间，在两部制定价的基础上设置了价格上限。

第二，定价结构日趋复杂。这一方面体现在卡种设计方面，产品差异化程度不断加深，从而根据产品的差异区别定价；另一方面体现在对商户端的定价策略上，商户分类越来越细化，随着每一次价格方案的调整，原有的分类列表不断加长。

表 12 - 2　维萨 2007 年 10 月公布的超市交换费标准（以每 100 美元交易为标准）

	信用卡（Visa credit）	签名借记卡（Visa Check card）	密码借记卡
超市一级	1.15% + 0.05	0.62% + 0.13（上限 0.35）	0.17
超市二级	1.20% + 0.05	0.81% + 0.13（上限 0.35）	
超市三级	1.22% + 0.05	0.95% + 0.15（上限 0.35）	0.24

　　注：（1）信用卡和签名借记卡数据来自 "Visa Interchange Reimburse Fees_ Oct. 2007" Http：//www. visa. com；

　　（2）密码借记卡的定价将超市分为两类，因此只有两组对应的价格；

　　（3）密码借记卡价格数据来自 "How Regional Shared Network Interchange Compares"，EFT DATA BOOK 2006。

表 12 - 3　万事达 2007 年 10 月公布的超市交换费标准（以每 100 美元交易为标准）

	信用卡	签名借记卡	密码借记卡
超市基准	1.58% + 0.05	1.05% + 0.15（上限 0.35）	0.00% + 0.24
超市一级	1.37% + 0.00	0.70% + 0.15（上限 0.35）	0.00% + 0.17
超市二级	1.42% + 0.00	0.83% + 0.15（上限 0.35）	0.00% + 0.19
超市三级	1.52% + 0.05	0.95% + 0.15（上限 0.35）	0.00% + 0.19

　　资料来源 http：//www. mastercard. com。

　　第三，不仅信用卡的定价结构日趋复杂，借记卡的定价结构也趋于复杂化。这主要体现在，多数借记卡网络在根据商户类型定价的基础上，进一步对交换费实行了层级定价[①]，即根据商户上一年度在平台上完成的交易量，将商户分成不同的层次，交易量较大的层级的商户执行相对较低的

_____

　　① "More EFT Networks Are Switching to Tiered Interchange Rate Systems"，ATM and Debit News，May 15，2003，p. 3.

交换费率。

第四，从持卡人端的产品差异化战略看，产品的设计不仅考虑到了不同消费者群体对银行卡功能的需求，而且持有功能完全相同的持卡人的刷卡消费习惯，即消费行为也逐渐被纳入差别定价的考虑范围。这体现在交换费率开始与持卡人消费水平挂钩。一方面根据卡消费水平对不同持卡群体的刷卡消费交易执行不同的费率，一般对消费水平高的持卡人的交易执行较低的费率，比如，万事达自 2007 年开始，不仅调低了核心卡交易的交换费率，提高了增值卡交易的交换费率，而且提高了环球尊贵卡在一些商户（比如超市基准类等）交易的交换费率。另一方面对小额交易执行较低的费率。

第五，就商户区别分类看，分类的依据在考虑不同商户价格敏感程度进行不同行业区分的基础上，对同一类别的商户，又根据其交易特点进一步细分为不同的小组，每组商户执行不同的费率。所考虑的交易特点中除交易量外，还包括不同商户所拥有的不同的消费者群等，比如，维萨在 2007 年 10 月价格调整方案中，开始对不同交易水平的相同卡的交易执行不同的交换费率等。

第六，对现有受理商户，交易规模大的商户的费率呈降低的趋势，交易规模小的商户费率呈增加趋势。这既体现了大商户的谈判能力，又体现了最大化交易规模，从而最大化平台企业的利润的定价目标。

第七，采取与现有商户不同的策略积极开拓新的商户。比如传统上，快餐店拒绝受理银行卡，但近两年两大平台企业，特别是维萨积极开拓这类市场且成果显著；平台企业还开拓了传统上以投币为主的无人看管支付场点，以最大限度地提高对现有网络的利用率。

二、欧盟的定价方式

银行卡是欧盟国家非现金支付的主要工具，41% 的欧盟地区非现金支付交易量是通过银行卡完成的[①]。与美国不同，欧盟包括 25 个银行卡支付环境各有差异的国家。因此，若将欧盟作为一个整体来看，其内部的银行卡定价更为复杂。为了分析欧盟现有的银行卡价格结构，有必要首先大致介绍欧盟的银行卡市场情况。

---

① 欧盟报告第 81 页。

（一）欧盟银行卡市场概况

与美国相比，欧盟银行卡 POS 交易市场具有三大主要特点：（1）传统上借记卡占市场主导地位。工业和金融颇为发达的法国、德国、意大利、英国等 15 个欧盟老成员国的借记卡交易比例约占银行卡市场的 65%，而波兰、匈牙利和斯洛文尼亚等 10 个新成员国的借记卡交易比例更高达 79%。（2）欧盟国家的借记卡主要以在线借记卡，即密码借记卡为主。（3）除了两大国际网络维萨和万事达之外，许多国家都有自己的区域性银行卡网络，这些网络大多只支持借记卡交易，其交易的区域一般限定在一国国内。此外，维萨和万事达在提供跨国交易服务外也为一些国家提供境内银行卡交易服务。比如，奥地利的国内的借记卡品牌是万事达的万事顺（Meastro）[1]。图 12 - 4 为欧盟国家借记卡和信用卡的交易情况。

欧盟新成员国借记卡
和信用卡交易比例比较

欧盟老成员国借记卡
与信用卡交易比例比较

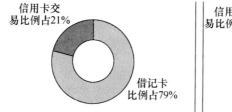
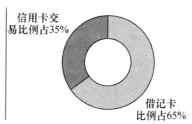

图 12 - 4　欧盟各国借记卡和信用卡交易比例比较

资料来源：《欧盟零售银行业调查报告》，2007 年 1 月。

（二）欧盟交换费定价特点

与美国相似的是，不同的卡种、不同的交易方式、不同的商户类别都实行不同的交换费率；不同的是，欧盟内部的定价又增加了国别维度，而

① "European Payment Cards YearBook - Austrlia（2006）"，资料来源：http：//www. europeancardreview. com/yearbook/ecr_ yearbook_ sample. pdf。

且不同国家又有不同的银行卡网络，国家之间的价格水平差异很大。以下分别从卡种、商户类别和国别三个维度分析欧盟内部银行卡 POS 交易定价特点。

1. 不同卡种分别定价

根据 2007 年 1 月公布的《欧盟零售银行业调查报告》[①]，银行卡分类主要包括以下三个层级。

一级：根据是否有信贷功能区分的信用卡和借记卡两大类。

二级：将以上两类各根据具体提供的服务项目（比如万事达 World Signia[②]）、奖励计划以及卡使用对象（比如公司卡）等有不同卡类（特别是信用卡在这个级别有更多的分类）；

三级：在二级分类的基础上，再根据交易信息安全的程度将信用卡或借记卡交易分为几个层次，每一层对应一个交换费价格。

总之，从卡维度看，首先，信用卡和借记卡分别有各自的定价；其次，带国际网络标志的信用卡中，对于私人卡，根据具体某卡种提供服务细致程度、奖励计划的丰厚程度有高低不同的交换费价格组合。再次，在上述一、二级类别确定的基础上，交易安全程度等的分类一般有 4—5 个层次，比如万事达对私人信用卡交易安全级别由低到高依次为：芯片（Chip）（提供一定的安全保障）、加强电子交易（Enhanced Electronic）、商户认证（Merchant UCAF）、全部认证（Full UCAF）、基准（Base），分别对应一个从低到高的交换费率[③]。

另外，与卡类相关的交易信息方式，也是区别定价的重要考虑。比如离线、在线、有卡和无卡交易，除离线交易主要指信用卡外，定价的高低次序与美国相同。需要说明的是，由于欧盟各国 POS 交易以借记卡为主，借记卡中离线借记卡的份额很小，所以有时离线借记卡与信用卡不区别定

---

① 以下网站可下载该报告：http：//ec. europe. eu/comm/competition/antitrust/others/sector_ inquiries/financial_ services。

② 是比一般信用卡服务项目更多的信用卡，因而这种卡交易的交换费比一般信用卡要高。可查阅万事达网站：http：//www. mastercard. com/us/personalcards/。

③ 具体费率可查：http：//www. mastercard. com/us/company/en/corporate/mif_ information. html。

价，比如，维萨在欧洲的离线借记卡称为延迟借记卡①，目前维萨对该种借记卡交换费定价与信用卡相同。

2. 商户区别定价

在欧盟，对商户的区别定价也体现在商户服务费、即商户扣率上。首先，小型商户和大型商户支付的服务费差距明显。这一点在国际网络平台尤其明显。据欧盟 2007 年调查报告，2004 年，维萨和万事达网络对小规模商户收取的服务费比大商户的价格高出约 70%，而各国国内网络对大小商户服务费定价的差距仅为 7%。其次，交通和娱乐行业（比如宾馆餐饮、租车、专业服务等）的服务费最高，加油站等利润率低的行业服务费较低。再次，欧盟地区一个很普遍的现象是，收单机构通常对商户受理不同网络品牌的支付卡收取一个混合费率，混合费率基本是在交换费水平接近的（比如维萨和万事达信用卡）网络之间执行，而信用卡和借记卡两类卡种之间的混合收费则很少见。欧盟委员会认为这种价格混合（相对于区别）削弱了商户端多归属引致的网络间竞争效应。

另外，欧盟大约有一半国家允许商户向持卡人额外收费，但具体实行额外收费的商户并不多见。

3. 国别定价特点

由于欧盟地区的特殊性，交换费定价既与交易是否发生在发卡机构所在国相关，价格也随着提供服务的网络平台的不同而不同。

（1）交易是否发生在发卡机构所在国。在欧盟内部，银行卡交换费又包括两个层次：一是地区层面，即银行卡交易发生在发卡国家之外但在同一个地理区域之内，这类交易的交换费也称为跨境交换费。二是国内层面，即交易发生在发卡机构所在国国内的情形，这类交易的交换费率称为国内交换费。由于跨境交易服务提供商主要是维萨和万事达，所以跨境交换费定价主要涉及该两大机构。

在此有必要说明的一点是，跨境交换费的监管机构是欧盟竞争政策委员会，而国内交换费是由各国竞争政策或其他有关部门监管。

（2）不同平台企业有不同的定价。一般来说，各国都有自己的借记

---

① 也就是在交易之后（比如一个月内）而非交易即时支付。具体可见维萨欧洲网站：http://www.visaeurope.com/personal/choosing/paylater.jsp。

卡网络，有些国家也有自己的信用卡网络。不仅这些网络之间交换费价格
有很大差异，而且国际卡网络在不同国家的价格也有不小的差别。

首先，从价格结构看，各国的国内网络对借记卡交换费的定价差别很
大，有些采用的是固定价格；有些是按交易额的百分比定价，也有一些是
两者结合，即采取两部定价制。与维萨和万事达网络相比较，欧盟各国借
记卡网络平台交换费定价的一个明显特点是：大多数国家并没有像维萨和
万事达那样对不同的卡种和不同的交易类别实行不同的价格，也就是说国
内平台企业的定价结构相对简单。另外，两大国际网络在欧盟的定价结构
也有差异，比如就跨境交换费来看，维萨借记卡交换费为固定费率，而万
事达借记卡交换费为两部制价格（见表 12 – 4 与表 12 – 5）。

表 12 – 4　　万事达个人卡跨境交换费（2007 年 1 月 11 日起执行）

卡类	交易类别	交换费率（%）
万事达信用卡 （Master Card）	芯片（Chip）	0.80
	加强电子交易（Enhanced Electronic）	0.95
	商户认证（Merchant UCAF）	0.95
	全部认证（Full UCAF）	1.15
	基准（Base）	1.20
环球尊贵卡 （Master Card World Signia）	芯片（Chip）	1.50
	加强电子交易（Enhanced electronic）	1.60
	商户认证（Merchant UCAF）	1.60
	全部认证（Full UCAF）	1.75
	基准（Base）	1.90
万事达电子 （Master Card Electronic）	芯片（Chip）	0.80
	加强电子交易（Enhanced electronic）	0.95
	全部认证（Full UCAF）	1.15
	基准（Base）	1.20
万事顺（Meastro）	芯片（Chip）	EUR0.05 + 0.04
	芯片卡后出示（Chip late presentment）	EUR0.05 + 0.75
	密码认证（PIN Verified）	EUR0.05 + 0.50
	签名认证（Signature Verified）	EUR0.05 + 0.75
	电子商务（e & m Commerce）	EUR0.05 + 1.05

资料来源：http：// www. mastercard. com/us/company/en/corporate/mif_ information. html。

表 12 – 5　　　　维萨欧洲跨国交换费（2006 年 5 月 20 日起执行）

交易类型	信用卡和延迟借记卡（%）	在线借记卡（欧元/笔）
电子授权费（Electronic Authorization Fee）	0.65	0.27
安全电子（Secure Electronic Commerce Fee）	0.65	0.26
电子数据采集（Electronic Data Capture Fee）	0.75	0.27
无卡（CNP）	0.85	0.29
无卡交易（CVV2）	0.75	0.29
航空优惠（Airline Fee）	0.95	n/a
非电子（Non – Electronic）	0.95	0.3
EMV 芯片（EMV Chip）	0.55	0.26
V PAY 借记卡	n/a	0.26

资料来源：2006 年 5 月 20 日起执行费率数据来自维萨欧洲网站：http://www.visaeurope.com/aboutvisa/overview/fees/interchangefeelevels.jsp。

其次，从价格水平看，欧盟地区的特点是：（1）不同国家的国内网络价格水平差别很大，一些国家的国内借记卡网络 POS 交易没有交换费，即交换费零价格[1]。（2）国际卡组织的交换费定价高于各国国内网络的定价。（3）两大国际网络各自在不同国家的价格水平也有很大差异。比如，欧盟调查报告显示，维萨和万事达在各国国内交换费名义价格，最高价分别是各自其最低价的 323% 和 329%；按交易额加权平均估计的交换费水平，2004 年这两大国际组织在欧盟 25 个成员国国内信用卡交易的交换费定价，最高价（高于 1.5%）大约是最低价的 2.5 倍[2]。

再次，两大国际网络在欧盟跨境交换费定价的一个非常重要的特点，是先后开始公布跨境交换费的成本基准或交换费的成本组成。表 12 – 6 是维萨和万事达公布的个人卡交换费成本基准和成本组成。这一方面来自反垄断监管的压力，另一方面说明银行卡网络定价开始向基于成本倾斜。

---

[1]　也就是在交易之后（比如一个月内）而非交易即时支付。具体可见维萨欧洲网站：http://www.visaeurope.com/personal/choosing/paylater.jsp。

[2]　也就是在交易之后（比如一个月内）而非交易即时支付。具体可见维萨欧洲网站：http://www.visaeurope.com/personal/choosing/paylater.jsp。

表 12 – 6 两大国际网络交换费成本组成 单位:%

	万事达信用卡	维萨欧洲	
		信用卡和延迟借记卡	在线借记卡
支付担保成本（Payment Guarantee Costs）	51	48	51
免息融资成本（Free Funding Costs）	14	24	0
信息处理成本（Processing Costs）	35	28	49

资料来源：（1）万事达数据：http：//www.mastercard.com/us/company/en/corporate/mif_ information.html；（2）维萨数据：http：//www.visaeurope.com/aboutvisa/overview/fees/interchangefeelevels.jsp。

三、澳大利亚的定价方式

政府对交换费价格的最高上限监管，成为澳大利亚银行卡 POS 交易定价最为突出的特点。以下分析在政府监管框架下平台企业在澳大利亚的定价方式。为此，本小节首先简要介绍澳大利亚支付卡市场情况。

（一）澳大利亚支付卡市场概览

和其他许多国家类似，在澳大利亚，提供银行卡服务的网络也主要由两大国际银行卡网络维萨和万事达以及国内的电子资金转账系统 EFPTOS 组成，维萨和万事达主要提供信用卡支付清算服务，EFPTOS 网络则提供在线借记卡网络服务[1]。

就信用卡网络而言，在截至 2007 年 3 月的年度内，维萨、万事达和澳大利亚国内信用卡网络 BankCard 三个品牌占澳大利亚信用卡交易额的 83.4％。BankCard 于 2007 年上半年倒闭。

就不同卡类占银行卡市场的份额看，在过去几年里，无论从卡数量还是从卡交易额方面看，借记卡的增长均快于信用卡。根据过去几年的交易笔数数据，借记卡和信用卡大致相同，但信用卡的交易量总额显著大于借

---

[1] Sacha Vidler, 2006, "The Consumer Payment System and RBA Reform Program", p. 3, http://www.rba.gov.au/PaymentsSystem/Reforms/DebitCardSystemsAus/SubmissionsReformDebitCardSystems/aca_ 240206_ 1. pdf.

记卡（RBA，2007）。

（二）交换费定价特点

澳大利亚央行对信用卡和借记卡的交换费价格先后实行了上限监管（见表12-7）。在政府价格上限监管的大框架下，澳大利亚银行卡 POS 交易定价方式的特点与美国类似，即根据卡类别、交易方式、商户类别的不同而有不同的交换费率方案。具体看来，澳大利亚央行价格监管下的交换费定价，主要有以下五个方面的特点。

第一，对信用卡和借记卡根据产品成本的不同分别制定交换费价格上限标准。

第二，这些上限标准均是就平台企业交换费率的加权平均价格而言的，即限制平台企业对信用卡或借记卡两大类别中的不同卡种，以及不同交易（包括交易方式和交易规模、商户行业类别）的加权平均价格。在这一前提下，平台企业仍然根据各卡种交易的特点即产品差异化程度、不同商户价格敏感程度、不同交易方式的风险大小等因素进行区别定价（见表12-8和表12-9所示的万事达和维萨公布的在澳大利亚的交换费标准）。

第三，国际平台企业的具体定价的方式，是信用卡实行与交易额挂钩的线性定价，借记卡实行每笔固定费率定价。

第四，与交换费价格相关联的平台企业规则受到限制，比如监管机构规定取消平台企业的"禁止额外收费"原则；另外，商户受理银行卡的"捆绑原则"也被限定在信用卡和借记卡两大卡类内部。也就是说如果某商户受理某品牌下的信用卡，该商户可以不受理该品牌下的借记卡，但必须受理该品牌不同功能、不同优惠幅度等的信用卡。

第五，对国内借记卡网络 EFPTOS 基本实行单一政府定价（见表12-7）。

在以上政策标准下，两大国际银行卡平台企业在澳大利亚的交换费水平相对于其他国家和地区大大降低，也就是说整体价格水平得到了控制。同时，加权平均上限价格标准又使得平台企业可以在政府限制范围之内，尽可能根据不同持卡人的需求、不同商户卡交易特点，以及不同交易方式等调整自己的价格菜单，以便能在满足市场需求的情况下最大化自己的利润。

表 12 - 7 澳大利亚央行有关银行卡价格的监管标准

交换费	
信用卡	维萨和万事达信用卡的加权平均交换费不得超过交易额的 0.5%
借记卡	维萨借记卡交易的加权平均每笔交换费不得超过 12 分 维萨必须公布其实际借记卡交换费
EFPTOS①	EFPTOS 系统不涉及取现交易的交换费必须在每笔 4—5 分之间
商户限制	
卡类捆绑原则	维萨不得以接受其信用卡为条件要求商户接受其借记卡，或者以接受其借记卡为条件要求商户接受维萨信用卡 维萨借记卡必须是能够由视觉和电子系统能够识别其为借记卡，收单机构必须为商户提供电子识别信用卡和借记卡的信息
额外收费规则	卡组织不得禁止商户就维萨或万事达的信用卡或借记卡支付交易向持卡人收取额外费用

资料来源：RBA, 2007, "Reform of Australia's Payments System", Issues for the 07/08 Review, Table 1, Payments System Reform—As at May 2007, pp. 6 - 7。

注：① 为澳大利亚销售终端电子资金转移系统。

表 12 - 8 澳大利亚万事达信用卡交换费价格（2007 年 6 月 26 日起实施）

	万事达信用卡交换费（Inc. GST）（%）
慈善（Charities）	0.00
各层商户①（Tiered Merchants）	0.374
政府及公用事业（Governments and Utilities）	0.33
加油（Petroleum）	0.374
重复支付（Recurring Payments）	0.33
快速支付服务（Quick Payment Service）	0.33
EMV②优惠卡（EMV Premium）	1.265
EMV 商业卡（EMV Commercial）	1.485
EMV 个人卡（EMV Consumer）	0.693
商业卡（Commercial）	1.265

续表

	万事达信用卡交换费（Inc. GST）（%）
个人优惠卡（Consumer Premium）	1.045
个人电子卡（Consumer Electronic）	0.473
个人标准卡（Consumer Standard）	0.473

注：① 适用于年万事达卡交易额超过 2000 万的商户；信用卡交换费适用于接受所有万事达品牌卡（包括信用卡、借记卡和预付卡）的商户。

②EMV 是一种更加安全的银行卡标准，由 Europay、MasterCard 和 Visa 于 1993 年推出，也因此得名。具体标准和功能可查阅：http：//www. actcda. com/resource/emv. pdf。

表 12 - 9　　澳大利亚万事达借记卡交换费价格（2007 年 6 月 26 日起实施）

类别	万事达借记卡交换费（Inc. GST）（%）
慈善	0.00
各层商户	0.04
政府及公用事业	0.32
小额支付（Micro - payments）	0.55
加油	0.10
重复支付	0.10
快速支付服务	0.55
EMV 商业卡	0.45
EMV 个人卡	0.15
商业卡	0.40
个人电子卡	0.10
个人标准卡	0.40

资料来源：http：//www. mastercard. com/au/merchant/en/rba/index. html。

四、定价方式国际经验比较分析

从上述美国、欧盟和澳大利亚的总体情况来看，平台企业层面交换费的定价方式基本类似，但具体的定价也有所差别。

（一）共同特点

第一，都对不同的卡类别和卡种实行不同的定价。

第二，均对商户实行区别定价，而且不仅对商户根据行业特点进行区别定价，而且商户的规模和卡交易量是区别定价需要考虑的重要因素。

第三，对于不同的交易方式，都根据交易风险的大小实行高低不同的价格。比如，有卡交易的费率低于无卡交易、需要全程认证的交易费率高于只需要部分认证的交易等。

（二）局部相同的特点

第一，在定价方式上，与美国的信用卡定价均实行两部制、借记卡实行每笔固定费率不同；两大平台企业在欧盟跨境交易和澳大利亚都实行按交易额的单一线性定价；而且万事达在欧盟对其借记卡交易实行两部制定价。

第二，在美国和欧盟地区，由于各银行卡网络新的卡品种不断推出，另一方面出于定价策略的考虑，定价分类也在增加。比如，从表12－1两大平台企业在美国本土的定价调整变化和表12－4所示的万事达个人卡交易费率来看，费率的细分类别都在增加。

第三，维萨和万事达在欧盟公布跨境交换费率成本基准这一点，与其在澳大利亚定价受到政府是现有成本基础上给出最高限价的政策基调相类似。也就是说，在这两个地区，成本似乎成为监管机构对平台企业交换费定价监管的重要参考基础。有必要在此进一步说明的是，这一点与现有的交换费理论①并不一致。

第四，在欧盟部分国家和澳大利亚，受到监管政策限制的网络都开始允许商户向持卡人额外收取费用。

可以看出，就这三个国家和地区特点对比看，欧盟和澳大利亚有更多的相似之处。相对而言，美国的大多数情况似乎成为了特例。我们认为，这其中的重要原因，可能是欧盟的反垄断政策近年来开始带有事前监管的味道。

第二节 各国的交换费形成机制

一、美国的价格形成机制

就两大开放式平台企业维萨和万事达而言，其交换费是平台集中定价

---

①　见第二章有关内容。

形成的。这种定价机制是两大企业一直以来受到反垄断指控的重要方面。

虽然 20 世纪 80 年代，美国司法部门就集中定价是否违反谢尔曼法案的指控，做出了有利于两大企业的裁定，即认为交换费集中定价机制是支付卡产业的"合理需要"（Balto，2000）。但美国目前日益增长的商户诉讼，使司法部门面临在新的环境下重新审视交换费集中定价的合理性（Semeraro，2007）。

正是由于这种价格机制屡受反垄断袭击，万事达和维萨先后重组成为公司制组织形式。改制之后，发卡机构将从会员的身份转变为客户，平台企业的定价则更加类似于美国运通和发现卡等独立式系统，即单边制定让市场选择的价格。但由于除了法律形式之外，同样饱受质疑的交换费之性质并未改变。特别是从商户和消费者角度看，两大企业组织形式的改变不大可能对他们有任何改变（Litan and Pollock，2006）。因此，平台企业在新组织形式下的交换费机制很可能难以免受法律挑战。

二、欧盟的价格形成机制

欧盟地区总体上是市场定价，不过由于存在国际和不同国家国内的银行卡网络平台，欧盟的交换费定价可以说是多重机制并存，集中定价仍是主要形式。

目前，在欧盟于 2007 年 12 月宣布万事达多边交换费违法之后，这种定价方式面临挑战，或至少需要在某些方面进行改变。我们看到，欧盟在发表关于万事达交换费裁定的声明中同时指出："欧盟的决定并不意味着所有的多边交换费违法，而是具体指目前万事达的多边交换费违法。"[1]声明并没有特别指明是万事达交换费机制还是水平违法，这显然增加了开放式银行卡网络多边交换费机制的不确定性。根据万事达在欧盟声明当日发表的新闻，万事达将就此提出上诉。该案进一步的动向将预示着多边交换费机制在欧盟地区的改革趋势。

另外，在德国还有一种非常独特的价格形成机制，是成员银行多边协商一个商户支付给收单方之外的服务机构的费用，该机构负责直接从商户

---

[1] "Commission Prohibits MasterCard Intra – EEA Multilateral. Interchange Fees" Introductory Remarksat Pres Conferencemade by Neelie Kroes，Brussels，Dec. 19，2007.

处提取这个费率，然后转给相应的发卡银行，其中并不涉及收单银行①。也就是说，这种机制下，交换费不再是收单机构向商户收取的扣率的组成部分，这也可以看成多边集中定价机制中的一个特例。

三、澳大利亚价格形成机制

澳大利亚最大的特点是政府限价，在这个框架下，存在集中定价（国际网络）和双边定价（国内借记卡网络）。在限定的加权平均价格水平范围内，平台企业特别是国际平台仍采用其在其他国家相似的区别定价策略。

从以上不同国家和地区的交换费价格机制所面临的政府监管和诉讼情况可以看出，以平台集中定价为主的价格机制无论在美国还是欧盟，目前仍然面临法律上的不确定性，也就是说，对这种机制本身是否违法的争论至少在短期内仍将继续。相应的，随着澳大利亚交换费整体水平在改革之后的明显降低，虽然理论上关于这种事前监管机制对支付卡产业的有效性问题争论仍然存在，但越来越多国家和地区的商户将澳大利亚改革后的价格水平甚至限价机制作为参照，来考量自己国家的交换费水平及价格形成机制是否合理。因此，未来澳大利亚对其支付卡产业改革措施评估和调整，仍会对国际银行卡产业批发价格监管以及价格形成机制的演变产生重要影响。

有必要说明的是，这些交换费价格形成机制，特别是其中的集中定价，都是与平台企业的一系列成员规则（比如"卡类捆绑"、"禁止额外收费"等原则）相联系的。因此，在分析或应用这些方法时，要结合具体某平台企业的规则进行具体分析。

第三节　国际交换费水平及变化趋势比较

主要由于不同的监管政策、不同的银行卡环境以及不同的定价机制等原因，各国和地区银行卡 POS 交易的交换费水平和可预测的变化趋势各不相同。以下分别就三个不同地区对此进行分析。

---

① 欧盟报告第 114 页。

一、美国交换费变化趋势

(一) 信用卡交换费水平的变化

由于美国的信用卡交换费定价结构最为复杂，而且无法得到与每一个费率水平相对应的交易量大小，所以无法简单的根据两大平台企业价格调整菜单来估算信用卡 POS 交易的交换费水平。但根据美国食品营销研究所 (Food Marketing Institute，简称 FMI) 2006 年发布的报告[1]，美国的信用卡交换费在过去几年中以每年 20% 的速度递增，预计在今后的几年间将以每年 22% 的速度继续增长。而且该报告和 2007 年 7 月美国众议院就信用卡交换费召开的听证会上的有关证词[2]均表明，美国不仅是唯一一个信用卡交换费在增长的国家，而且其价格水平远高于其他国家和地区。

(二) 借记卡交换费价格水平及其变化

首先，签名借记卡交换费在沃尔玛案件之后略有下降。因为，根据该诉讼的解决条件，维萨和万事达两平台企业同意单边降低其签名借记卡的交易费[3]；其次，密码借记卡的交换费在 2002—2003 年间增长，之后基本处于稳定状态 (Hayashi et al.，2006)。这两种趋势使签名借记卡和密码借记卡的交换费之间的差距缩小。

另外，由于两大平台企业逐步开始细化密码借记卡的价格结构，我们的判断的是，随着价格结构的复杂化，整体价格水平上升的可能性大于价格稳定或下降的可能性。

二、欧盟交换费变化趋势

首先，就两大国际网络的跨境交换费费率水平看，两者的走势有很大差距。根据欧盟 2006 年 4 月《支付卡中期报告 I》和 2007 年最终报告，维萨在欧盟地区内的跨境交换费水平在过去五年内一直处于下降态势，而万事达跨境交换费率的加权平均水平有上升的趋势。其中的主要原因是，

---

① Food Marketing Institute, "Hidden Credit Card Fees: The True Costof a Plastic Marketplace" (February, 2006).

② 可查阅美国众议院网站，比如消费者组的证词，http://judiciary.house.gov/media/pdfs/Mierzwinski070719.pdf.

③ Mark A. Caninham, July 2003, "April Showers for Visaand MC: A Legal Perspective of Visa/MC, 'Wal - Mart Suit' Settlement", http://www.transactionworld.com/articles/2003/July/industryTalksBack3.asp.

根据 2002 年欧盟竞争政策委员会对维萨跨境交换费反垄断豁免的条件，要求其逐步降低跨境交换费。而在此期间，万事达的跨境交换费并未在监管范围之内。可以预见，在 2007 年 12 月欧盟裁定万事达跨境交换费违法之后，为符合欧盟对此案的裁定要求，万事达的交换费水平会有所降低。这将会使欧盟的银行卡特别是信用卡交易交换费水平进一步下降。

其次，就借记卡而言，由于欧盟地区内跨国网络、各国国内网络的情况差异很大，总体价格变化的不确定性增大。我们认为，总体交换费水平会随着 SEPA 进程的推进，地区内国内网络数量的减少，更多银行甚至国内借记卡网络加入或并入两大国际网络，总体的借记卡交易交换费水平会有所提高，但鉴于欧盟目前对此事的关注和具体应对措施的推出执行，中期内不可能有大幅度提高。

三、澳大利亚交换费定价变化趋势

由于政府改革措施的推行，澳大利亚的银行卡 POS 交易交换费水平比改革前显著降低。根据 RBA2007 年 5 月份的报告，维萨和万事达在澳大利亚银行卡交易的平均交换费从改革前的 0.95% 下降到目前 0.5% 水平。

无论是信用卡还是借记卡，交易的交换费均显著降低。此外，在取消了"禁止额外收费"原则之后，目前开始有 14% 的大型商户和约 5% 的小商户开始对受理信用卡向持卡人收取费用[1]。

第四节　本章小结

由于各国和地区银行卡产业的发展历史、发达程度、产业市场结构、产品结构、消费者支付习惯、政策环境等多方面的不同，其产业定价方式和定价机制也有较大差异。本章对美国、欧盟和澳大利亚的银行卡产业定价方式和定价机制进行了分别分析和比较分析，从中也发现了一些普遍性的特征。

---

[1]　RBA，May 2007，"Reform of Australia's Payment System—Issues For The 2007/08 Review"，p. 21.

首先，就定价方式而言，这些国家和地区的共同点体现在三个方面：（1）都对不同的卡类别和卡种实行不同的定价。（2）均对商户实行区别定价，而且不仅对商户根据行业特点进行区别，而且商户的规模和卡交易量是区别定价的重要因素。（3）对于不同的交易方式，都根据交易风险的大小实行高低不同的价格。比如，有卡交易的费率低于无卡交易、需要全程认证的交易费率高于只需要部分认证的交易等。

其次，从不同国家和地区的价格机制面临的法律诉讼和监管政策限制可以看出，以平台集中定价为主的价格机制无论在美国还是欧盟，目前仍然面临法律上的不确定性，也就是说，对这种机制本身是否违法的争论至少在短期内仍将继续。相应的，随着澳大利亚交换费整体水平在改革之后的明显降低，虽然理论上关于这种事前监管机制对支付卡产业的有效性问题争论仍然存在，但越来越多国家和地区的商户将澳大利亚改革后的价格水平，甚至限价机制作为参照，来考量自己国家和地区的交换费水平及价格形成机制是否合理。因此，未来澳大利亚对支付卡产业改革措施评估和调整，仍会对国际银行卡产业批发价格监管以及价格形成机制的演变意义重大。

有必要说明的是，这些交换费价格形成机制，特别是其中的集中定价，都是与平台企业的一些系列规则（比如"卡类捆绑"、"禁止额外收费"等原则）相联系的。因此，在分析或应用这些方法时，要结合具体某平台企业的规则进行具体分析。

再次，从交换费水平变化趋势看，各国和地区的情况差异明显，美国似乎是唯一一个信用卡交换费在增长的国家，而且其价格水平高于其他国家和地区。而欧盟和澳大利亚的信用卡交换费水平趋于下降。就借记卡来看，美国签名借记卡和密码借记卡交换费水平的差距在缩小，随着两大平台企业在美国对借记卡定价结构的进一步细化，整体价格水平上升的可能性大于价格稳定和下降的可能性。欧盟的借记卡交换费水平会随着 SEPA 的推进进一步提高；而在澳大利亚，随着银行卡改革政策范围的扩大，借记卡的交换费水平会得到控制。

从我们的分析可以看出，主导银行卡 POS 交易交换费定价的主要因素可分为政策环境和市场因素两个大类。市场因素主导的价格变化需要在较长的时间内才能反映出来，相对而言，以政策促成为主的价格变化可谓

"立竿见影"。

另外有必要说明的是，本章的分析很少涉及银行卡转接费定价问题，这是因为，首先，从定价理论基础来看，在转接费基于成本定价这一点上没有异议；其次，各国和地区平台企业转接费的定价都是发卡和收单机构直接与平台之间的支付，其支付流程与交换费有本质不同，也就是说，转接费与商户扣率无直接关系。

第十三章　中国银行卡 POS 业务定价研究

从近几年出现的产业纷争来看，其中大多与收费有关，这些收费要么是商户费用，要么是对持卡人的费用。虽然许多纷争的起源都是零售价格，但不少市场评论人士也已经由此对零售价格背后的批发价格及其机制提出了质疑。那么，中国银行卡产业定价目前的现状如何？与国际银行卡产业相比，定价又有哪些特点？其合理性和问题是什么？针对目前存在的问题，今后的调整方向应该是什么？这些便是本章试图分析回答的问题。

第一节　中国银行卡产业定价现状

一、价格形成机制

由于我国银行卡支付产业还处于发展初期，因此其定价机制较为复杂，主要体现在以下三个方面：

（一）交换费和转接费的集中定价机制

目前，我国银行卡 POS 跨行交易交换费和转接费采用集中定价机制，即以银联为主导，在与各家商业银行协商基础上制订交换费和转接费的收费标准，报人民银行审批，通过后颁布实施，这实质上是政府定价。

在实际执行政府定价的过程中，有些地方以当地同业公会或地方银联分公司为主导，与成员银行在《分配办法》（126 号文件）规定下，共同协商、细化形成了本地实际执行的价格标准。这种定价机制考虑了当地实际情况及各行业特点和发展状况而制定的，更符合实际情况。这种集中定价机制属于市场定价范畴。因此，实际上我国银行卡支付交换费和转接费采取的是政府定价与市场定价相结合的方式。

（二）商户手续费的市场化集中定价机制

目前，我国商户结算手续费的形成主要存在两种定价机制：一是大部分地区主要采取集中定价机制（多边机制），即由各地的同行业协会（如银行卡协会、银行协会等）为主导与成员银行协商制定价格。二是有些地区商户手续费采取的是指导价格下的市场谈判定价（双边机制）。即在集中定价形成的协商价格基础上，尤其对有些行业、大商户，由收单机构与商户自主协商，以市场化方式确定，或是实行商户手续费部分返还的优惠措施。

（三）分润模式决定的定价机制

目前我国分润机制在价格形成机制中起重要作用。虽然现行分配办法依据市场调节原则和国际通行做法，只明确跨行交易中的发卡行收益和银联网络服务费分配标准，放开了商户手续费，形成了发卡机构、转接机构（即中国银联）和收单机构 $7:1:X$ 的分润模式。由此也就形成了我国银行卡支付产业的一个价格结构。在实际中，分润机制成为定价一个隐含的前提，因此，各地方形成的商户手续费也都规定了各自分润模式，而正是这一隐含的定价前提，使得商户手续费在某种情况下决定了交换费和转接费的水平。

因此可以说，实际上目前我国银行卡定价采取是政府定价与市场定价相结合的定价机制。这种以政府管理下的统一定价机制，可以避免由发卡银行自行协商确定收益而在发卡行和收单行之间产生的矛盾，同时可以加强政府对银行卡信息转接机构的监督和管理。

二、定价方式

（一）批发定价

目前，我国 POS 业务的交换费和转接费所采取的定价方式，主要有商户差别定价、线性定价、地区区别定价、层级定价及包月（年）制定价方式。

1. 第三类区别定价（商户和地区区别定价）

126 号文件中，将商户划分为五大类，并对它们实施区别定价。

第一大类为宾馆、餐饮、娱乐、珠宝金饰、工艺美术品类的商户，这类商户的一个共同特点是，都属于毛利率较高的行业。对这类商户实行的是线性定价。

第二大类为大宗交易类商户，包括房地产、汽车销售类、批发类等商户，这类商户的共同特点，是单笔均交易金额较高。针对这类商户的特点，目前实行线性定价但有价格上限的定价方式。

第三类为一般类商户，通常包括百货。目前对这类商户实行线性定价。

第四类为航空售票、加油、超市等类型的商户，通常也包括百货。这类商户属于毛利率较低的行业。目前对这类商户实行的也是线性定价。

第五类为公益类商户，包括公立医院和公立学校等。这类商户主要是提供公益服务，盈利并非其主要运营目的，因此，为了推动银行卡支付方式的普及，扩大银行卡的受理市场，目前对这类商户免收交换费和网络服务费。

126号文件规定，我国银行卡支付交易的交换费和网络服务费实行全国统一定价，没有地区价格差异。但目前各地在实际执行中，根据当地的实际情况，通过当地协商定价机制形成了实际上的地区差别定价。各地在规定的商户五大类划分基础上，又对各大类进行了细分，并相应采取不同的定价方式和定价水平。对于126号文件中没有明确规定的行业，地区之间存在较大差异。此外，各地在实际执行过程中，对于126号文件未作出规定的一些情况，根据商户所属产业现状进行了调整，比如，对大宗交易实行按笔收取固定费用等。许多情况突破了126号文件的规定，定价水平低于规定价格。

2. 第三类定价下的线性定价（固定比例和每笔固定收费）

目前，对于同一类商户，我国银行卡支付交易的交换费和网络服务费均采用完全按照交易金额的固定比例收费的统一定价方式。对于房地产、汽车销售及批发类商户实行有价格上限的线性定价，但实际执行中这类商户通常是采用按笔收取固定费用的定价方式。

3. 第三类区别定价下的非线性定价——包月/年制

目前，在各地方实际采取的商户手续费定价方式中，对于有些特殊类型商户，尤其是一些新兴产业，如政府预算类商户、公共事业缴费、有关金融类商户、电信、物业缴费等采取的是包月/年制。

4. 第三类区别定价下的非线性定价——层级定价

126号文件中没有采用层级定价这种方式，但目前各地在实际执行中，根据各类商户的交易特征和实际情况，对有些类型的商户进一步按交易量进行细分，采取数量折扣的定价方式。如对大宗交易的房地产、汽车销售和批发类商户，按照笔均交易额进行层级定价。再比如对大型超市、百货以及宾馆、酒店、餐饮类商户，都要按照每月商户的刷卡交易额分级，实施逐级递减价格水平。

（二）商户手续费定价

由于分润机制的存在，使得目前我国 POS 业务的商户扣率所采取的定价方式与批发定价方式基本一致，主要有商户区别定价、地区区别定价、单一价格的线性定价、层级定价、固定手续费等定价方式。

三、价格水平

自中国银联成立以来，我国政策规定的 POS 跨行交易收费及分配标准主要经历了三个演变阶段。

（一）2000 年 5 月至 2001 年 10 月

（1）不通过信息交换中心转接的跨行交易。商户结算手续费，发卡行与收单行按照 9∶1 的比例进行分配；商业银行也可以通过协商，实行机具分摊、相互代理、互不收费的方式进行跨行交易。

（2）通过信息交换中心转接的跨行交易。商户结算手续费，按照 1∶1∶1 的比例在发卡行、收单行、信息交换中心之间进行分配。

（二）2001 年 10 月至 2004 年 2 月

（1）商户结算手续费设定统一的最低费率。宾馆、餐饮、娱乐、旅游等行业的商户结算手续费不得低于交易金额的 2%；其他行业的商户结算手续费不得低于交易金额的 1%。

（2）商户结算手续费的分配采用固定发卡行收益比例的方式。宾馆、餐饮、娱乐、旅游等行业发卡行收益比例为交易金额的 16‰；其他行业发卡行的收益比例为交易金额的 8‰。

（3）对于通过交换中心完成的跨行 POS 交易，按照固定比例向收单行收取网络服务费。宾馆、餐饮、娱乐、旅游等行业网络服务费比例为交易金额的 2‰；其他行业为交易金额的 1‰，不论经过几个交换中心，均只收取一次网络服务费。

（4）对于采用直联方式实现业务联合且由交换中心承担 POS 设备运行维护工作的商户，其结算手续费中扣除发卡行收益后节余部分的分配，由所在交换中心与入网银行协商确定。

（三）现行收费标准

在实际实行政府 126 号文件规定的各类商户的交换费和转接费现行收费标准中，由于我国 POS 业务的商户扣率实行的是集中定价下的市场定价机制，因此各地方出台的商户扣率差异较大。各地出台的定价体系，不仅包括定价方式及价格水平，还规定了分润模式。我们调研发现，由于各地实际上采用了集中的协商定价机制，同时以分润模式为指导，因此，很多方面突破了 126 号文件的规定，尤其在个别商户的定价水平上低于文件规定，我们认为，这是市场竞争决定的各方妥协的结果。此外，一些收单机构还通过返点、套用低类 MCC 等方式，变相降低了价格水平。

第二节 现行价格机制的特点及合理性

一、价格形成机制

目前，我国银行卡支付业务价格形成机制的特点主要体现在以下几个方面：

（一）交换费机制

目前我国银行卡支付产业定价通过交换费机制平衡双边市场的发展，并执行禁止附加费规则（NSR）。采取这样的定价机制符合现有理论，并与国际经验相一致。尽管目前有些国家已禁止实施 NSR 规则。我们已经知道，一些研究表明：由于在收取附加费情况下，交换费不会影响银行卡的使用状况，持卡人的支付价格会上升，而非持卡人的支付价格会下降。这也许是澳大利亚政府要求取消 NSR 规则后，只有少数商家对持卡人收取额外费的原因。

我国目前仍处于银行卡发展的初级阶段，促进发卡仍然是目前银行卡产业发展的重要方向之一，因此需要交换费机制来促进发卡市场的快速发展。此外，中国银联成立之前，各商业银行自行建设银行卡网络，造成严重的重复建设，同时，由于网络规模不同的银行之间的利益突出，各银行网络之间难以形成互联互通，从而阻碍了产业的发展。因此，为了整合银行卡支付网络，建立全国跨行交易平台，最终建立起发卡行和收单机构之间的有效竞争机制，必须合理利用交换费机制平衡各银行的利益。

（二）交换费和转接费的集中定价机制

目前，交换费和网络服务费是以银行卡平台企业为主导，会员银行参与的通过协商形成的。由于在中国，发卡行收取的交换费和网络服务费应该属于中国《价格法》规定的政府定价范围，因此，这种政府集中定价是合法的。

集中定价机制减少了交易成本并促进了产业效率提高。我国有上百家商业银行，它们都可以从事发卡和收单业务，成为发卡机构和收单机构，如果由每一个发卡机构与每一个收单机构两两谈判协商交换费并不现实，因此交换费的集中制定是必要的，能够最大限度的节约社会经济成本。从国际经验来看，交换费的集中制定也是维萨和万事达信用卡体系正常运转的前提条件。欧盟和澳大利亚的监管机构也认可维萨和万事达关于交换费的集中定价机制。

集中制定的交换费不是通常意义的垄断定价。理论上，单个银行卡平台企业的存在并不一定造成社会福利的损失，其利润最大化定价与社会最优定价是一致的。在中国银行卡产业发展初期、产业规模较小的情况下，认为银联是垄断组织，从而打破垄断引入竞争，不但不能提高银行卡产业效率，反而会造成重复建设，削弱规模经济收益，降低产业的效率。因此，中国银行卡支付产业以银联为主导的集中定价机制有其存在的合理性。但在制度缺失的情况下，有必要一定程度地引入政府监管。

（三）商户手续费的市场化集中定价机制

一般地，商户手续费是由发卡行收益、网络服务费和收单服务费组成的。我国现行分配办法固定了发卡机构与银联的收益，没有规定收单机构的收益标准，由此形成了 $7:1:X$ 的分润机制。在此基础上，各地以同行业协会为主导，充分考虑收单机构的利益和市场状况，通过协商机制出台地方商户手续费指导价格。收单机构根据这一协商价格，遵循市场规律和原则，根据自身的成本，与特约商户自主协商，以市场化方式确定具体商户的手续费，从而确定收单服务费。收单机构取得的手续费收入扣除发卡行和网络服务费后，全部作为收单收益，用以补偿收单成本和风险等。这种情况下，收单机构成为剩余索取者，其与商户谈判确定的费率越高，扣除掉发卡行与银联的固定收益后，所剩余的部分也越多，这种制度安排不仅给收单机构以足够的激励去拓展受理市场，同时，$7:1:X$ 分润机制也为收单机构弥补各项收单成本、加大对受理市场的建设、实现收单市场服务的专业化和规模化和建立可持续发展的收单盈利模式等提供了便利。

此外，分润机制对于价格的形成起重要作用。各家商业银行在区域性市场上以协议方式与银联一起对同类特约商户实行统一签约、统一扣率，这种市场化集中定价机制保证了各发卡银行的分润利益，从本质上改变了各家商业银行为争夺商户而导致扣率下降的恶性竞争局面。

二、定价方式

目前我国银行卡 POS 交易支付业务定价方式具有如下特点：

（一）商户区别定价

目前，我国银行卡交易现行定价是结合国内实际情况，针对不同行业的商户采取不同的收费标准。在区分宾馆、酒店类和一般类型商户的同时，对房地产、汽车销售、批发类、航空售票、加油站、超市等一些特殊类型商户，通过降低发卡行收益和银联网络服务费的方式，鼓励收单机构拓展受理银行卡的商户。在公立医院和公立学校等社会公益性行业，发卡行和中国银联目前暂不参与收益分配。

从有关国际经验来看，区别定价在欧美等发达国家十分常见。从理论分析可以得出，在实施无差异战略的情况下，存在挤出效应，即会产生劣质客户驱逐优良客户的情况。相对于统一定价，区别定价更能够增加社会福利。这是因为，通过区别定价机制，一方面，那些支付意愿较低的消费者可以购买到他们偏好的商品，从而提高了消费者的效用；另一方面，区别定价也可以让销售商通过差异化的定价获得更多的收益回报。所以，只要可以合理的划分具有不同支付意愿的消费者群体，区别定价行为便能够达到帕累托改善。合理的区别定价不仅符合制度设计的参与约束与激励相容约束，为商户使用银行卡提供充分的激励，同时也为银行卡产业的发展提供了良好的空间。而与美国、欧盟等地区平台企业定价相比，我国目前商户区别分类还很粗，因此，实施更为细致的区别定价将是未来中国银行卡手续费定价的必然趋势。

（二）单一线性定价

目前我国现行银行卡支付业务定价基本采取单一的线性定价，除个别特殊商户采用按笔收取固定费和有价格上限的定价方式。线性定价方式按照商家的刷卡交易额进行定价，交易额越高，缴纳的扣率绝对值越高。

这种定价模式既不符合成本定价原则（因为就借记卡而言，每笔交易对银行和银联来说，产生的边际成本几乎相同），也不符合价值定价原则（因为大笔交易产生的消费者剩余虽然大于小笔交易，但一般会存在边际效用递减）。对于商户来说，这种定价方式没有为商家使用银行卡提供应有的激励，容易引发交易规模大的商户对手续费的争议。在这种定价方式下，随着商家交易额的增加，所缴纳的手续费越来越高，商家受理银行卡的积极性便下降。

对于银行和银联来说，单一线性定价也不是最优定价方案，一方面单一定价排除了低端客户，降低了交易规模；另一方面也没有更大的获取高端客户的剩余，由此降低了银行和银联的收益。可见，随着中国银行卡产业规模的迅速增长，交换费统一线性定价模式已经不适应产业发展。

（三）借贷不分

目前我国借记卡和信用卡在价格形成机制、定价方式上都没有差异，只是价格水平不同。这与我国银行卡产业的发展历程是紧密联系的。

由于我国银行卡产业的发展是从借记卡起步的，信用卡是在借记卡发展的基础上近两年才有了快速的发展。另一方面，我国与国外的情况不同，国外的信用卡与借记卡使用的是不同的网络系统，而我国的所有的银行卡业务都是通过一个网络实现跨行转接，这使得信用卡与借记卡的刷卡成本的区别，主要在于资金成本与风险成本，而对于网络转接服务这一环节的成本基本没有差异，这使得借记卡与信用卡的刷卡成本差异大大低于国外。基于以上两点，考虑到信用卡的发展还处于初期阶段，为了扶持信用卡的快速发展，我国对借记卡和信用卡刷卡费用不作区分。但随着我国信用卡的快速发展，发卡量和交易量快速增长，仍继续采取借贷不分的定价方式，显然有悖于成本定价原则。

第三节　存在的主要问题及现实因素

由于我国银行卡 POS 交易的现行价格是建立在联网通用初期以高端商户为主的基础上，因此，随着联网通用在全国范围内的逐步实现，特约商户由高端向低端渗透的发展，银行卡 POS 交易现行定价已经不能适应于当前产业的发展。现行的银行卡支付定价机制存在的问题，主要体现在商户分类过粗、线性定价不符合效率原则、转接费定价不符合成本原则等方面。

一、商户分类不合理造成产业利益损失

商户分类不合理主要体现在：一是商户分类过于粗略。目前我国银行卡支付价格体系只是粗线条的将商户分为三大类，在此基础上对一般类型商户中的一些特定行业进行了特殊考虑，如将大宗交易商户单列出来。二是商户分类维度单一。通过对现行商户分类进行分析，可以看出分类依据主要是在产业分类基础上，按照利润率进行分类，高盈利性行业、低盈利性行业（一般类型商户）和非营利机构，其中按单笔交易规模，将大宗交易商户单列出来。三是商户分类标准不明确。现行商户分类没有对分类标准进行解释和说明。

由于现行商户分类标准过粗、过于简单且缺乏对划分标准的有效说明，对于许多类型商户不能明确界定，由此给套利留下较大空间。如对于没有明确规定的一些多元化经营的商户以及一些新兴行业，如果简单套用一般类型商户难以执行，因此实际中一般执行低扣率；同时单一的线性定价方式，可以实现完全套利，使套利获得最大化收益；此外，收单市场的激烈竞争也导致了执行过程中大量套利行为的产生。如套用低类 MCC、向商户返点，以及利用不同连接方式（间联、直联）、行内交易与跨行交易成本差异等进行交叉补贴。这些套利行为①实行上降低了商户手续费，一定程度上造成不公平竞争，也损害了发卡行和银联的利益。

从对我国银行卡产业的发展分析中，可以找出商户分类不合理的原因。中国的银行卡产业发展处于起步阶段，但发展速度很快。随着收单市场的不断扩大，涉及的商户类别不断扩大，受理商户之间的差异也逐渐增大，由最初的高端酒店、高端餐饮服务业，扩展到各种类型业态的零售业、服务业和新兴产业等，而银行卡支付业务正在由高端市场向低端市场渗透，如超市、普通餐饮商户、便利店等。即使是同一类商户，其差异也较大，五星级酒店就明显区别于普通的住宿招待所等。由于高端客户承受能力强，对现行扣率的接受程度也高，而低端商户成本承担能力、盈利能力等与高端商户差距甚远。现行的银行卡业务价格体系与当时银行卡受理主要集中在少数几个类型商户的情况相适应，对在当时的市场条件下规范

---

① 从目前情况看，商业银行的这些交叉补贴行为是合理的，我们这里要强调的是，这些行为的存在说明现行规定不符合现实发展情况，有必要进行改进。

银行卡业务、避免受理市场恶性竞争、促进银行卡业务发展等起到了重要和积极的作用。但随着银行卡联网通用工作的深入开展,银行卡受理市场发生了巨大变化,而价格体系又没有结合市场变化及时调整。而如今,过粗的商户分类,并且不同收益水平和金额大小,简单划一的手续费标准已成为银行和受理商户之间合作的瓶颈。

二、线性定价不符合效率原则

理论分析和实践经验都表明,目前我国现行银行卡支付业务定价,针对每类商户不考虑商户银行卡交易规模,不对信用卡和借记卡进行区别定价,不分批发费与零售费一律采取按照交易额收取固定比例的费用,这种统一线性定价方式不符合效率原则,显然不是最优定价。

从消费端来看,如不考虑商户银行卡交易规模,维持较高的统一交换费,将造成交易金额大、利润水平低的商户负担过重,导致商户缺乏受理银行卡的积极性,从而会降低银行卡的覆盖面,使低端商户享受不到刷卡带来的收益;从供给端来看,如果制定较低的统一交换费,银联及成员银行没有获取高端商户的消费者剩余,还可能导致由发卡行、中国银联和收单机构组成的银行卡支付系统亏损,从而可能降低发卡行发行银行卡的积极性,使得对银行卡支付服务的供给不足;还可能降低中国银联和收单机构提高转接服务质量和收单服务质量的积极性,造成银行卡产业的效率损失。

此外,现行定价体系不区分商户银行卡交易规模,对于交易规模大的商户,即使初期由于其消费者需求被动受理银行卡,那么当商户市场力量达到一定程度时,也容易引发手续费争端。对于规模小的商户,由于手续费与交易规模无关,他们不但消极受理银行卡,甚至在现金替代程度很高的行业,商户会采用价格折扣等鼓励消费者使用现金,这不利于银行卡产业的可持续发展。

目前,之所以采取这种定价方式主要出于执行简单的考虑,但随着我国银行卡产业的快速发展,这种线性定价方式已不适应中国银行卡产业发展。

三、网络服务费(转接费)不符合成本定价原则

提供银行卡跨行交易转接服务需要大量的固定投入。对于同一类型的银行卡转接业务,其成本基本没有差异,从技术上说,与交易金额的大小

没有关系。目前我国银联的转接费的定价方式与交换费完全相同，只是价格水平不同。基本上是按照交易金额的线性定价方式，随交易额的增大而增大，这显然不符合成本定价原则，而且也与国际上通行的基于成本的转接费定价方式不同。

之所以形成了这种交换费定价方式，主要是从价格结构的考虑。为了平衡银行卡产业发卡、转接、收单三方的利益，分润办法是我国现行价格体系的一个重要组成部分。定价机制隐含的一个前提，即 $7:1:X$ 的分润模式，决定了转接费的定价方式必定与交换费、进而与商户手续费的定价方式相一致。

四、套利行为导致定价不透明

我国银行卡产业发展初期，是分立的发展模式，即各家银行、各地区自行发展，而且首先是从高端商户介入，导致各地初期的定价水平较高。此外，在产业发展初期，为了促进发卡市场快速发展，也制定了较高的交换费。然而，随着受理市场的发展，银行卡业务由高端市场向低端市场渗透，商户之间的差异逐渐增大，市场有较强的降低价格水平的要求。虽然在分配方式上不断下调了交换费和转接费，并向收单行倾斜，但在固定了发卡行收益和网络服务费后，留给收单机构的收益空间已非常有限。

目前收单收益非常低而 POS 业务收单市场竞争非常激烈，主要原因包括以下几个方面：（1）由于收单银行拥有更多的商户，有利于促销活动的开展，促进多刷卡、多发卡以提升发卡市场的竞争优势，同时提高银行资助交易额份额，获取更多的发卡收益。（2）各家银行将收单业务视为银行业务的综合营销手段，以此为切入点与商户建立良好的客户关系，有利于银行其他业务的开展。（3）银行卡产业具有显著的规模经济效应，收单业务也是如此。而我国处于发展初期，市场空间极其广阔，且发展迅速，各家银行基于战略考虑，不惜亏损，甚至使用不正当的竞争手段争夺商户，抢占市场，以获取未来收益。由此导致收单市场的激烈竞争，尤其是大型、中型商户基本上都是多家机构收单，而多家收单从社会角度讲是不经济的，造成了社会资源的浪费。

五、收单市场集中定价存在垄断嫌疑

在实际运行中，收单机构基本遵循当地通过协商机制制定的价格，对于一些行业和特殊商户，在按照 126 号文件难以执行的情况下，存在地方

银联与商业银行通过协商，实行价格联盟，按照协商的分润模式，平衡各方利益。因此，通过价格联盟，形成了分润模式决定交换费、转接费价格水平的情况。这样形成的商户手续费存在垄断嫌疑，容易遭到反垄断诉讼。

六、没有规定专业化服务的利益补偿标准

目前各地开展专业化服务的起步时间不同、发展速度不同、开展专业化服务的深度广度不同、收费标准也不同。有的地方的专业化服务仅提供机具投入、布放和机具维护的服务；而在一些专业化服务深入的地区，不仅提供布放和维护 POS 机的工作，还参与开发商户、商户培训和交易处理等工作。因此，当务之急是需要对专业化服务进行规范和定义，并相应建立和完善专业化服务的利益补偿机制。

第四节　中外定价比较

从各国的实践来看，银行卡支付价格形成机制、定价方式和价格水平都存在较大差异，具体如表 13-1 所示。

表 13-1　　　　　　　　　　中外定价体系比较

分类项目			国　　外	国　　内
批发费用	交换费	定价机制 · 信用卡	（1）会员董事会协商制定（多边交换费）；（2）卡组织集中制定；（3）银行两两协商制定（双边交换费）；（4）政府限价（如澳大利亚、欧盟）	政府定价＋市场集中定价分润模式的价格决定机制（会员银行协商制定商户扣率，并按一定比例在发卡行、收单行、银联之间分配）
批发费用	交换费	定价机制 · 借记卡	（1）卡组织集中制定；（2）会员银行两两协商制定；（3）会员银行协商集中制定；（4）会员银行协商制定商户扣率，卡组织收取商户佣金，并按一定比例分配给发卡银行，没有专门的收单角色	

分类项目			国　外	国　内
批发费用	交换费	定价方式	信用卡	区别定价（卡种、商户类别、交易方式、安全程度、地区）两部制定价数量折扣（层级定价）	单一线性定价（按照交易金额比例收取）商户区别定价地区区别定价每笔固定收费优惠返还
			签名借记卡	基本与信用卡相同，只是有些类别存在价格上限	
			密码借记卡	每笔固定收费、两部制、按照交易金额比例收取、层级定价（如美国），无论何种定价方式均有价格上限有反向支付的情况	
		定价水平	信用卡	不同卡种（个人卡和商务卡；普通卡和金卡等）有所不同。最高	平均来看，借记卡高于国外，信用卡低于国外
			签名借记卡	低于信用卡，高于密码借记卡	
			密码借记卡	最低，有的交换费为零	
	转接费	定价机制	信用卡签名借记卡	遵循成本原则，卡组织自主定价	政府定价+集中定价转接费不是遵循成本定价原则
			密码借记卡	遵循成本原则，网络组织自主定价	
		定价方式	信用卡	根据提供的业务项目，收取相应费用每笔固定费用、层级定价	单一线性定价商户区别定价地区区别定价
			签名借记卡	每笔固定费用、层级定价或优惠返还	
			密码借记卡	每笔固定费用、层级定价或优惠返还	
		定价水平	信用卡		借记卡、贷记卡、准贷记卡没有区别
			签名借记卡		
			密码借记卡		

续表

分类项目			国　　外	国　　内
零售费用	商户扣率	定价机制 信用卡	市场定价	商户手续费市场化＋集中定价、市场定价、协商定价、政府定价
		签名借记卡		
		密码借记卡		
		定价方式 信用卡	区别定价（卡种、商户类别、交易方式、安全程度、地区）两部制定价 数量折扣	单一线性定价、商户区别定价、地区区别定价、层级定价、按笔收取固定费、包月（年）制
		签名借记卡	基本与信用卡相同，只是有些类别存在价格上限	
		密码借记卡	每笔固定收费 两部制 无论何种定价方式均有价格上限	
		定价水平 信用卡	不同卡种不同；最高	借记卡、贷记卡、准贷记卡没有区别 平均来看，借记卡高于国外，信用卡低于国外
		签名借记卡	低于信用卡，高于密码借记卡	
		密码借记卡	最低	

一、价格形成机制比较

从各国的实践来看，银行卡定价机制的特点主要有以下几个方面：

第一，以交换费为主，个别地区开始允许实施额外收费机制。目前，对于银行卡支付业务，绝大多数国家实施的是交换费机制，而随着银行卡产业发展走向成熟和政府监管的加强，有些国家开始对银行卡支付定价机制进行改革，放弃了禁止额外费原则，如澳大利亚，在 ATM 业务中更多国家都采取了额外费机制。

第二，交换费的集中定价机制。在各国银行卡的定价方面，维萨和万事达联合其会员发卡机构集中制定交换费。虽然交换费是国际银行卡平台企业与其会员银行集中制定。但是维萨和万事达在整个银行卡支付系统的核心地位使得交换费的制定权几乎被其控制。

第三，商户手续费的市场化定价机制。在 POS 交易中，商户手续费中收单收益已实现市场化定价。对于开放型平台企业，它们与其发卡会员机构不参与和干涉收单机构的定价，收单价格由各收单机构与商户谈判确定。交换费和收单机构收益之和为商户手续费。商户无须承担国际银行卡平台企业的转接费等，转接费直接向发卡机构和收单机构收取。这就是说，平台企业的转接收益是通过商户扣率的二次分配来实现。

对于封闭型卡组织，主要是直接与各商户谈判协商确定商户手续费。即使是在代理协议或特许协议下，它们的代理收单机构和特许发卡机构也需要根据协议的要求与各商户商谈商户手续费。与开放型平台企业相比，封闭型卡组织自己控制商户手续费的定价权，可以根据市场环境的变化做出相应的调整。

第四，对于网络服务费，国际银行卡平台企业主要是基于成本定价原则。平台企业根据给会员银行提供的各类服务项目的成本，相应地设置了许多收费项目，通常是国际平台企业直接向发卡机构和收单机构收取。在信用卡交易中，主要的交易类收费分为授权费和清分处理费，授权费由发卡方支付，清分处理费由发卡方和收单方分别支付。

此外，定价受到政府部门的监管。维萨和万事达对整个产业的协调功能，通常是在政府有关机构的指导和社会舆论的监督下实现的，这些指导与监督可以防止平台企业滥用其市场地位。

目前，我国银行卡支付业务定价机制与现有理论与国际通行做法一致的是：采取交换费机制，同时禁止额外费机制，交换费采取集中定价机制，商户手续费为市场化定价。其不同在于：一是我国的交换费和转接费主要采取政府集中定价，个别地区是市场集中定价。二是商户手续费是集中定价机制下的市场化定价，是由同业协会或银联主导的。三是，分润模式的价格决定机制，即会员银行协商制定商户扣率，并按一定比例在发卡行、收单行、银联之间分配。这样分润机制就成为定价的隐含前提，和市场确定的商户扣率共同决定了交换费和转接费的价格水平，这种价格形成机制是我国银行卡支付定价的独特之处。四是我国转接费并未遵循成本定价原则，而是与交换费定价机制相同，只是价格水平存在差异。存在这些差别的主要原因是，一方面与国外相比，我国银行卡产业处于不同的发展阶段和发展水平;另一方面,我国银行卡产业的发展背景(如起始于借记卡)及发展模式(信用卡和借记卡的网络相同)都存在很大差异。

二、定价方式比较

国际上对于交换费和商户手续费的定价方式主要特点包括:

第一,大多数国家对信用卡、签名借记卡、密码借记卡实行区别定价。信用卡和签名借记卡基本上采取的是与交易金额相关的两部制定价方式。各国信用卡交换费一般根据不同的交易类型(在线交易还是离线交易;有卡交易还是无卡交易等)和卡种(个人卡还是商务卡;普通卡还是金卡;磁条卡还是芯片卡等)有所不同。对于借记卡来说,从各国借记卡的发展来看,由于绝大多数密码借记卡都是区域性的。因此,各国或地区借记卡的价格形成机制没有统一形式:主要采取按笔收取固定费用方式,与交易金额无关;也有按交易金额的一定比例,但每笔交易的交换费有上下限;有的交换费为零;有的交换费是反向支付的,即由发卡行支付给收单机构。2005 年 4 月维萨和万事达开始执行区别定价之后,全球的密码借记卡基本都由原来的单一定价方式转变为区别定价方式。

第二,对同一类商户,基本上是两部制定价。

第三,采取基于多标准的区别定价方式,而且商户分类很细。如美国的信用卡手续费率是既因商户所在行业的不同有所差别,同时也与商户的交易额挂钩,交易额大的商户其手续费率水平则较低。基于行业性质、交易额差异而制定的区别定价为商户提供了较为详尽的价格组合,使商户可以根据其特定情况选择符合其自身利益的费率水平。

第四,多数国家对同一类商户,还根据商户的交易规模进行交换费差别定价(如美国)或者优惠返回(如欧洲)。

对于银行卡网络国内交易服务费,一般都是按照交易笔数向发卡方和收单方收取固定费用,并按照交易笔数实行层级定价或提供交易量折扣。

与国际经验相比,在定价方式上,我国也采取了商户区别定价方式,但分类维度单一、商户分类过粗;与国际上采取的两部制定价不同,我国基本是单一的线性定价方式(按交易金额的固定比例收费);与国际上采取的借贷分离定价方式不同,我国信用卡与借记卡定价没有区别,而且不同的卡种定价也没有差别。

三、定价水平比较

从各国的银行卡支付业务定价水平来看，世界各国存在较大差异，国际卡组织在各个国家的价格也有不小的差别，即便是对同一类别的商户，维萨和万事达在不同的国家的交换费定价也有很大差别。而且，国际卡组织的交换费定价高于各国国内网络的定价。对于不同卡种来说，在一些国家或地区，签名借记卡的交换费和商户扣率要略低于信用卡；而在另一些国家或地区，签名借记卡和信用卡的交换费和商户扣率没有差异。

在过去几年里，美国密码借记卡、信用卡的交换费有所上升，签名借记卡交换费大幅下降；与美国交换费的上升趋势相反，由于监管机构的介入，澳大利亚和欧盟各国的交换费近年来趋于下降。对于交换费，近年来随着银行卡支付规模的扩大和技术进步，各国的交换费都趋于下降。

与一些国家银行卡手续费相比，中国目前银行卡的交换费率要普遍高于国外借记卡的交换费率，而低于国外贷记卡（信用卡）的交换费率。因此，适时对银行卡产品进行细分，并依其成本状况进行区别定价是未来中国银行卡产业定价的改革方向。

第五节　定价机制选择及相关建议

一、价格形成机制选择

根据我国的现实情况以及银行卡产业发展状况，现阶段我国银行卡支付业务定价应采取集中定价的交换费机制、转接费基于成本定价，商户手续费采取市场化集中定价机制。我们认为，目前我国定价机制的现实选择为：

第一，继续实行交换费机制。从理论研究和国际经验，特别是从澳大利亚银行卡定价改革的经验可以看出，在我国目前银行卡发展的初级阶段，还不适合实施额外费机制，因此交换费机制仍会长期存在。

第二，交换费采取政府管理的集中定价。通过前面的理论和实证分析，可以得出交换费是平衡双边市场不可或缺的机制，有利于促进银行卡产业的发展；而集中定价机制能够有效地节约交易成本，降低定价成本。

从我国的实际情况来看，目前，交换费、转接费属于政府价格管制的范畴，而且在目前产业发展不成熟，各项法律法规不健全的情况下，采取政府定价也是合理可行的。

第三，逐步实现转接费基于成本定价。随着我国银行卡产业的发展壮大和逐步成熟，从理论分析与国际经验来看，网络服务费基于成本定价不仅符合现有理论，也是国际通行做法；更重要的是，其有利于缓解"银商"矛盾，从而促进银行卡产业的健康发展。

第四，完善商户手续费市场化的集中定价机制。现阶段，对于商户手续费，应采取市场化定价机制，赋予收单业务完全市场化的定价机制，建立收单业务持续发展的盈利模式，有利于鼓励收单机构不断开发商户，拓展受理市场，并在竞争机制下不断降低成本，提高专业化服务效率，从而促进收单市场的发展；同时要充分考虑现阶段收单市场激烈竞争的状况，充分发挥行业协会的作用，采取集中定价机制，加强行业协调和管理，有利于遏制收单市场的恶性竞争，促进收单市场的健康发展。

二、定价方式选择

通过理论分析和实证研究，针对我国目前银行卡产业的发展状况，应综合采取区别定价（商户、地区、第二、第三类区别定价、两部制等）并逐步实现借贷分离。

（一）细化商户区别定价

借鉴国际银行卡平台企业综合多个指标对商户进行区别定价的做法，从多维度综合考虑商户特征，如利润率、规模、交易规模、市场竞争程度、笔均交易量、风险成本、产业发展空间和市场容量等多项指标，对现有商户进行进一步细分，对不同类型的商户收取不同的价格。

（二）采取激励性定价

在商户细分的基础上，即在受理市场细分的基础上，对每一类的商户，根据商户月均刷卡交易金额或交易量为依据，细分区间，划分出交换费费率依次递减的若干折扣区间，当商户的刷卡交易金额按每笔交易金额累积未超出第一区间时，适用下一区间的价格标准，由此给商户多组合的定价方案选择。这种方式一是满足激励相容条件，有利于避免套利行为；二是给商户带来更大的利益；三是有利于激励商户提高刷卡交易量，扩大银行卡交易规模，使产业各方获取更大收益。

（三）由线性定价向两部制定价过渡

从前面的分析可以看出，两部制定价可以实现银行卡支付的最优定价。结合我国银行卡产业发展现状，以及银行卡国际定价通行方式，实施两部制定价有利于实现银联和银行利益的最大化。同时对于单个商户来看，保证让银行系统的收益下降幅度在合理范围之内、让更多的商户受惠的宗旨，从而在缓解银商矛盾方面具有更积极的作用。

在定价结构上，由目前单一的线性定价转变为采用按笔收取的固定费和交易额百分比费用组成的两部制定价，即对商户的每笔交易金额，都先收取一笔相对较低的固定费用，再按比例收取手续费。考虑到改革的连续性，可以利用现有交换费的再平衡，设立适用于高利润商户、普通商户、低利润商户三个水平的两部制价格。在条件成熟时，可以对每类商户提供由多个两部制定价组合，由该类商户自我选择适用的交换费（第二类区别定价），其中百分比费用与每笔固定费用成反比。

（四）逐步优化价格结构

首先，逐步实施借记卡与信用卡区别定价。目前我国对信用卡与借记卡实行的是平均定价，即信用卡与借记卡的费率水平没有差异。这使得我国信用卡费率水平低于国际水平，而借记卡费率水平高于国际水平。这种统一定价，没有区分两类卡种的需求、成本和市场竞争等特征，是一种相对价格扭曲，随着我国信用卡市场的逐步发展，这种定价已不适应产业发展的需求。未来银行卡定价改革中应更多的考虑成本与风险因素，对信用卡与借记卡实行区别定价。在现有交换费的基础上，逐步提高信用卡的交换费率的商户扣率，降低借记卡的交换费率的商户扣率。

其次，考虑卡品牌和卡种因素实行区别定价。我国目前的银行卡支付定价没有区分卡品牌（银联卡、维萨卡和万事达卡）和卡种（普通卡和金卡、个人卡和商务卡等），一律实行的是统一定价。可以借鉴国际经验对银联卡实行优惠定价，同时对不同卡种实行区别定价，如对金卡实行优惠价格。

（五）银联网络服务费遵循成本定价原则

银联应借鉴国际平台企业的做法，不断进行业务创新，扩大和细化服务项目，提升服务质量，细化项目类别，并针对服务对象及所提供的服务项目收取相应费用。建议在时机成熟的时候，将信用卡和借记卡的转接费由目前按交易额百分比收费改为按笔收取。对于信用卡和借记卡，转接费向发卡行和收单行同时等额收取。

第六节　本章小结

目前中国银行卡 POS 业务定价采取是政府定价与市场定价相结合的定价机制。这种以政府管理下的统一定价机制，可以避免由发卡银行自行协商确定收益而在发卡行和收单行之间产生的矛盾，同时可以加强政府对银行卡信息转接机构的监督和管理。从定价方式看，交换费和转接费所采取的定价方式主要有商户差别定价、线性定价、地区区别定价、层级定价及包月（年）制定价方式。

中国银行卡产业定价机制的特点主要是，不仅交换费和转接费均采用集中定价机制，直接与上游定价相联结，商户手续费即商户扣率是集中定价机制下的市场化定价。定价方式的特点主要包括商户区别定价、单一线性定价和借贷统一定价。

由于相对于美国和欧盟等地区，中国的银行卡产业仍较落后，因此无论从现有理论研究还是从国际经验看，交换费机制本身有其存在的合理性。根据国际经验，中国目前银行卡 POS 交易定价的问题主要表现在：一是商户分类标准过粗；二是对商户定价不考虑规模等因素的简单线性定价难以对商户形成有效激励；三是借贷不分的定价与两种卡的交易运行机制等不相符合；四是转接费定价不符合成本原则；五是定价过程缺乏透明度，等等。

针对现存问题，我们建议在继续实行交换费机制的基础上，实行政府对交换费水平的监管，逐步实现转接费基于成本定价，完善商户手续费市场化的集中定价机制。在定价方式上，一方面进一步细化对商户的分类；另一方面实行借贷分离定价。另外，特别是针对信用卡，应该根据对商户的激励原则从单一线性定价逐渐向两部制价格过渡。

第十四章　银行卡 ATM 跨行
业务定价研究

近年来，随着发卡量的高速增长，中国的 ATM 业务也得到了快速发展。自 1987 年 2 月第一台 ATM 在广东珠海投入使用以来，中国 ATM 业务呈现快速发展的局面。经过 20 年多的发展，我国的 ATM 在经历了脱机交易、城市联网交易、系统内全国联网和全国跨行联网通用的发展历程。进入 21 世纪后，ATM 数量以每年超过 20% 的速度增长，到 2007 年年底，我国 ATM 保有量迅速上升到约 13.8 万台，ATM 市场规模全球排名第四，仅次于美国、日本和巴西。如果我国 ATM 继续保持这样的增长速度，预计到 2011 年，我国 ATM 市场规模将会突破 20 万台。

随着 ATM 机具功能和 ATM 网络机制的不断完善，ATM 已经成为银行个人金融服务的重要终端，同时 ATM 数量的增长和兼容性的提高，增加了消费者剩余。由于 ATM 使用的广泛性，ATM 收费在一些国家甚至已成为一个关系国计民生、金融公平的政治问题。在银行、银行卡组织、监管机构的市场化竞争和司法行政力量的干预下，ATM 收费呈现出错综复杂的局面，其对支付效率、消费者福利、银行业集中度的影响也引起了众多学者、监管机构以及消费者的广泛关注。

第一节　银行卡 ATM 定价研究的主要内容

一、银行卡 ATM 业务定价的主要争议

近年来，ATM 的收费在国内引起了社会各界的广泛争论。从银行卡年费、ATM 跨行取款及查询收费等，银行收费内容不断拓展，新增收费项目纷至沓来。在此过程中，社会各界对银行服务收费的争议也是经久而

不息。关于 ATM 收费争议的主要焦点涉及 ATM 收费项目、收费依据、定价机制、定价水平及监管等问题。我国自 2000 年至今，有关银行服务收费的话题始终是社会舆论的"沸点"。2002 年 7 月，建行北京分行率先征收每笔 2 元的跨行取款费，此后各大银行（主要是四大国有银行）也陆续开征跨行取款费，2004 年 7 月，中行上海分行也开征每笔 2 元的跨行取款费。2004 年年底一些国有银行分行相继启动了对储蓄卡收取年费的机制，至此 ATM 收费制在全国普遍推开，引起了广泛的关注。2006 年 6 月 1 日部分银行实施跨行查询收费，国内银行卡收费又成媒体与民众关注的焦点。银行卡跨行查询收费在经过 10 个月的备受争议后，在发改委的叫停下画上了句号。中国银行业协会于 2007 年 4 月 6 日宣布，人民币银行卡境内 ATM 跨行查询停止收费，要求各会员银行于 4 月 20 日前开始执行。具体执行时间可由各银行自行决定。但声明同时指出，收费是"一种市场化的经营行为"，与目前的《价格法》和《商业银行服务管理暂行办法》并无抵触，叫停的原因是"考虑到当前还有相当多的中低收入群体，为减轻持卡人负担，服务社会大众"。

和我国的情况类似，国外的 ATM 收费也引起了很多客户的抱怨和争议，甚至引起了对银行和银行卡组织的诉讼。反对者从最初收跨行费时认为"为了取自己的钱居然还要交钱"而不能接受，到同时收跨行费和附加费时认为"为取一笔钱重复交两笔钱"不合理，再到认为向持卡人的收费大大超过了银行的处理成本，指责银行贪婪。各种消费者利益团体想要取消或对附加费设置上限、议员提起议案的声音也不绝于耳。支持者认为，如果消费者愿意跨行取款，证明他们认为从中获得的方便大于付出的成本；禁止收取附加费才会损害消费者的选择权，甚至损害小银行的利益；禁止收取附加费会导致银行通过收取更高的账户月费等其他方式弥补成本，等于把非银行顾客的成本转嫁给银行顾客；对小银行来说，庞大的共享 ATM 网络弥补了网点不足，提升了竞争力（即使返还持卡人附加费，也比自己开设网点、布放 ATM 成本低），收取附加费不会损害小银行的利益；大银行对跨行交易收费高是因为它们本行 ATM 多，付出的成本高，持卡人可以选择使用本行 ATM 以避免手续费；成本更高但给消费者带来更多方便的离线式 ATM 也因为收取了附加费才能布放得更多，等等。银行监管机构、立法和司法机构也高度关注这一问题，多数认为在发卡行没有明显凭借垄断地位侵害消费者利益的情况下，应由各机构自主决定如何收费，由客户自主选择是否进行跨行交易，不应过多干预。

从国内外关于 ATM 收费争议来看，其争论焦点主要涉及银行收费的理由、收费依据、程序、收费标准等问题，但实际上，其本质是银行卡组织与银行之间、银行与银行及出机方之间利益的协调问题。

由此可见，随着我国银行卡 ATM 业务的快速发展和广泛应用，一些问题开始凸显，并引发了社会各界的广泛争论，使得如何科学、合理地确定 ATM 交易价格，在促进资源的合理配置和产业长期发展的同时，能够为各利益相关者特别是用户所接受，成为银行、中国银联和监管机构面临的一大挑战和急需解决的问题。

二、本章研究范围

（一）研究范围

银行卡 ATM 收费包括批发和零售两个层次上的收费。批发定价主要涉及接入定价问题，是指发卡行向收单机构支付的交换费和向银行卡组织缴纳的转接费；而零售定价是指对用户收费问题，主要包括三方面的费用：一是发卡行向使用非本行 ATM 的持卡人收取的跨行费。发卡行收取跨行费多是因为要向机具所有者支付交换费、向跨行转接组织支付转接费。二是 ATM 所有者向持卡人收取的附加费。此项费用我国尚未出现。针对附加费，其他一些国家也经历了从不允许收取到允许收取的过程。三是发卡行向使用本行 ATM 的本行持卡人也收取交易费，这种情况相对较少。这三种费用都可能是对各种交易类型收取，包括取款、存款、转账、查询。不同交易类型的收费水平可能相同，也可能不同。

由于零售定价是由市场定价，因此本章的研究主要针对 ATM 交易的批发定价，重点是 ATM 交易的交换费（涉及跨行取现、转账、查询等业务）和转接费。

（二）主要研究内容

本章的研究基于主流银行卡 ATM 交易定价理论，借鉴国外 ATM 跨行交易定价的实践经验，针对我国 ATM 市场发展的现状及问题，探讨我国银行卡 ATM 跨行交易收费改革的必要性，并根据一些基本信息，建立我国银行卡 ATM 交易定价的数学模型，测算我国银行卡 ATM 跨行交易收费改革的合理方案。

第二节　ATM 业务定价原则

根据第二章和第三章中的有关 ATM 交换费理论、双向接入定价理论和附加费理论的基本结论，在确定银行卡 ATM 交易的交换费和转接费时，可以采取以下几种基本定价原则：

一、谈判方法

根据科斯定理，如果交易成本很小，不存在信息不对称和显著的市场支配权力，那么经过谈判可以达成有效的交换费协议，因此可以采用谈判方法确定交换费。当然，采用谈判方法时，可能产生合谋问题，通过抬高交换费提高零售价格，以此减少竞争，这是监管机构要考虑的问题。

二、基于成本

如果不考虑零售市场的市场支配权力等问题，并且管制机构具备足够的管制手段，而只考虑让交换费提供接入市场或 ATM 投资的价格信号，那么此时的有效定价就是基于成本，即交换费等于跨行交易的长期增量成本，这也是最常用的定价原则。需要强调的是，这里的成本含义为经济成本，即除了投资或折旧以及运维等成本外，还包括合理的收益率，也就是说，合理的资本回报率属于经济成本的范畴。

三、拉姆齐定价

在不能采用谈判方法，并且需要考虑零售竞争等问题时，应该采用社会有效的定价原则，但采用这样的定价原则通常需要更多的信息。拉姆齐定价表明不同服务的加价（高于边际成本）之比等于需求的价格弹性之比。根据这个原则，交换费既有可能高于，也有可能低于银行卡跨行交易业务的成本，特别是在零售市场存在超额利润时，批发定价应低于成本，以减少零售市场的扭曲。正是基于这个原因，在目前银行市场竞争不充分的情况下，跨行交易收费偏离成本有一定的合理性。

四、有效元素定价

这是由鲍莫尔－威林（Baumol－Willing）在研究电信业接入定价中首先提出的：一个垄断的在位电信业者向与其在长话市场上竞争的互联需求者提供互联服务，互联的需求方必须向在位者支付其因互联而产生的机会成本。问题是，在位者的"机会成本"如何获得？实际上，有效元素定价（Efficient Componet Pricing Rule，ECPR）的使用条件应满足：垄断在位者基于边际成本制定零售价格；在位者与进入者提供具有完全替代的服务；生产技术呈现规模报酬不变性；在位者的边际成本应能准确获得。

根据 ECPR 规则，接入价格等于提供进入者进入的直接接入成本与存在竞争的机会成本或盈利损失之和。为使 ECPR 具有可操作性，豪斯曼在 ECPR 思想的基础上，给出一个基于边际成本的计算接入价格的变通方法：接入价格至多为零售价格与边际成本之差。

从减少政府干预的角度，似乎应采取两两谈判的方式，确定 ATM 跨行交易的定价。但一般来说，采用两两谈判的方法交易成本太高。比如对于 97 家发卡行来讲，采用这种方法意味着，每家银行需要与其他所有银行谈判，达成跨行交易的互联和转接协议，但因为不同银行的竞争地位不同，采用谈判方式很难达成协议，带来的交易成本非常大，而且由于不对称信息和市场支配权力等因素，谈判结果很可能不是社会有效的，正因为如此，对于 ATM 跨行交易的定价，还需要一定程度的政府干预，比如规定集中定价[①]。

采用社会有效的定价原则当然是最佳的，但从实际操作角度，这种方法会带来很多操作上的问题，比如缺少必要的弹性信息和正确的成本信息，正是这个原因，妨碍了这种方法在实际中的应用。但需要特别强调的是，尽管可能缺少使用拉姆齐定价所需的完备信息，但这并不妨碍这种定价原则成为制定有效定价的指导原则。

第三节　国外 ATM 业务收费的现状及演变

一、主要国家 ATM 业务的收费状况

ATM 在国外成熟市场上是一个获利的行业，ATM 经营主体通过向持卡人收费不仅弥补了成本，而且通过各服务主体间利益的再分配，产生了利润，这就是为什么在成熟的市场上非银行出机机构愿意投资固定成本颇

[①] 政府干预定价有多种方式，不一定只限于政府确定价格。实际上，政府规定集中定价也是对定价的干预。

高的 ATM 机具，有的甚至能在土地租赁价很高的滑雪场、飞机场、足球场等地方出资布放 ATM 机具。

（一）美国

1. 收费机制

美国 ATM 收费采取的是交换费加附加费机制。在美国 ATM 产业历史上，ATM 网络一般禁止收取附加费，20 世纪 90 年代早期，对于禁收附加费规则合法性的争议促使 ATM 网络开始改变规则，现在收取附加费的现象已经很常见，同时银行收取跨行费的比例也有所增加。到 2001 年，美国有 78.5% 的银行收取平均每笔 1.17 美元的跨行费，88.5% 的银行收取每笔约 1.32 美元的附加费。

2. 收费种类

从美国 ATM 收费的实践来看，其主要表现为批发费和零售费。批发费是 ATM 网络系统设定的，具体包括转接费和交换费，这构成了发卡行的成本。批发 ATM 费用由网络运营商规定。一次性或按月、年支付的费用主要有会员费和年/月费，前者是申请加入会员时必须交纳的费用，后者是根据会员银行的发卡量交纳的费用。通常来说，这种费用对于大多数银行来说并不太大。

转接费是与交易相联系的，由使用该网络转接的银行支付给网络运营商。转接费变得复杂是因为必须分清交易是否跨区域。如果交易发生在同一地区性 ATM 网络内，只由发卡行支付转接费。如果交易是跨区域的，那么交易所经过的每一个地区性网络都会向该交易参与方收取转接费（一些网络运营商称之为网关服务费）。如果跨区交易经过一个全国性网络，则发卡方还需再支付一笔额外的转接费。

ATM 交换费用除了补偿 ATM 拥有商外，还旨在使会员银行的持卡人使用 ATM 拥有人机器的相关安排标准化。交换费是发卡银行支付给 ATM 出机方以弥补出机方运营和维护 ATM 的费用。对于那些地区性网络之内的交易，由网络运营商规定费率。如果两家地区性网络对信息交换签订双边协议，那么交换费就由该协议规定，这笔交换费的费率与地区内网络的交换费有所差别。如果交易经过全国性网络，则由全国性网络决定交换费率。各种不同的 ATM 交易支付不同的交换费。

零售费是由持卡人的银行和 ATM 的所有人来设定的。如果一个持卡人使用的 ATM 不为发卡银行所有，则持卡人的银行可以针对使用人收费以覆盖它必须支付给 ATM 所有人的费用。

3. 收费方式

美国除了发卡行向持卡人收取跨行费以外，ATM 出机机构还要向持卡人收取额外费，同时发卡行向出机机构支付交换费。ATM 交易的交换费一般按笔支付，并根据不同的交易类型（取款、查询、存款和转账）支付不同的交换费，基本是存款最高，取款次之，查询和转账最低。

4. 收费水平

ATM 转接费用每笔交易大约在 0.02—0.15 美元范围内，是由持卡银行支付给网络商的，覆盖了通过网络商的计算机交换系统承载交易的成本。转接费的实际支付标准可以根据交易量的大小获得一定的折扣。地区性网络的交换费的种类更多，但费率水平与全国性网络差不多。根据 *EFT DATA* 一书，地区性网络转接费为每笔 2—12 美分，全国性网络转接费为每笔 2.5—9 美分。Plus 和 Cirrus 规定取款交易的交换费为 50 美分，而账户查询和转账的交换费为 25 美分。交换费从 20 世纪 90 年代中期的 20—50 美分，经过波动略微上扬，2006 年基本上为 45—60 美分（转引自 Hayashi 等，2006）。

各 EFT 网络（美国现有 25 家）对每笔 ATM 跨行交易收取的转接费，1993 年时基本上为 4.5—9.5 美分，经过缓慢下降，近几年保持稳定，到 2006 年基本上为 3.5—6.5 美分（转引自 Hayashi 等，2006）。每笔交易的交换费则通常在 0.30—0.60 美元。

（二）英国和德国

在英国，由 ATM 出机机构直接向持卡人收取跨行费，同时不再向持卡人的发卡行收取交换费，由此发卡行也不再向持卡人重复收取跨行费。英国的 ATM 跨行转接组织 LINK 规定，对持卡人只能收取跨行费或附加费中的一种，不得对同一笔交易同时收取两种费用。如英国巴克莱银行迄今对客户用借记卡在国内任何一台 ATM 上取款都免跨行费，在其他国家，全球 ATM 联盟以外的 ATM 均要收取 2%，最低 1.5 英镑，最高 4.5 英镑的跨行费。英国银行的在行式 ATM 不收附加费，部分离行式 ATM 要收取附加费。第三方组织的 ATM 都收取附加费，一般为 1.5 英镑。2006 年底，英国 61000 台 ATM 中，有 3.5 万台是免费，2.6 万台是收费的。但 2006 年只有约 4% 的交易是交纳附加费的。

德国和英国类似，在国内跨行取款，发卡行不收费，但机具所有者可能收费。德国的主要银行，包括德意志银行、德国商业银行、德累斯顿银行、德国裕宝联合银行和邮政银行形成联盟，向各参与银行的客户提供免费 ATM 服务。

（三）澳大利亚

在澳大利亚，当 ATM 跨行交易发生时，持卡人的发卡行向 ATM 出机机构支付交换费，持卡人向其发卡行支付跨行费。

澳大利亚 ATM 交换费的改革起源于 2000 年 10 月发布的《联合调查报告》。该报告认为，目前 ATM 跨行交换费存在的核心问题是，交换费收费过高而且缺乏透明度，同时过高的交换费导致持卡人负担的跨行费偏高。2003 年 4 月，ATM 产业指导小组发布了《澳大利亚跨行 ATM 交易的直接收费（讨论稿）》，表示澳大利亚 ATM 产业赞同澳联储用直接收费模式代替交换费机制的举措。澳大利亚支付委员会在 2007 年 8 月 27 日的会议再次提出 ATM 系统改革建议，澳大利亚银行家协会（ABA）和澳大利亚支付清算协会（APCA）认为目前的交换费机制既对消费者不透明，又影响了竞争力，建议最迟到 2008 年年底取消交换费。

澳大利亚 ATM 产业指导小组提出的与直接收费相关的观点包括：（1）交换费减至为零，取消由银行和其他金融机构向 ATM 所有者支付的因提供 ATM 服务所征收的交换费；而依靠向持卡用户直接收费回收成本，其中跨行费分为 ATM 运营商服务费和发卡机构服务费。（2）ATM 所有者（运营商）和发卡机构直接向持卡人收费，并自主决定收费标准。（3）ATM 所有者（运营商）和发卡机构应当确保收费标准的公开、透明，并使持卡人容易获得相关信息，ATM 所有者必须明确披露收取的所有费用，使得消费者在进行交易前知道，并能够无成本取消交易。（4）ATM 所有者（运营商）和发卡机构的收费应反映相应成本和合理的投资收益，即允许回收经济成本。作为供给方的 ATM 运营商，直接收费促使运营商采取区别定价，促进服务创新，从而增强竞争实力。目前的交换费机制建立在集中定价的基础上，除了潜在的法律问题外，还存在缺少灵活性的问题，而采取直接收费可以提供更灵活的定价选择，比如通过区别定价反映不同地域 ATM 服务的供求关系，提高 ATM 网络的使用效率。

对整个 ATM 网络产业，直接收费对整个产业的发展提供重要的激励作用，为进入者提供一个透明、公平的环境，增加产业内部不同 ATM 运营商之间的竞争。在相对透明的竞争环境下，进入者的进入壁垒将会降低，潜在进入者对在位 ATM 运营商产生的进入威胁，将导致整个行业处于一种有效竞争的环境中。

总之，澳大利亚 ATM 定价改革的主要经验是，更多地依赖向用户直接收取交易费用，从而逐步用直接收费取代交换费，这种趋势无疑代表未来 ATM 定价改革的基本方向。但这种改革的前提是，ATM 卡的使用环境比较成熟，持卡人已经习惯于 ATM 卡的使用，因而对收费不是很敏感。但在消费者对收费过度敏感的情况下，还需要掌握好定价改革的时机，特别是引入不同收费种类的时序，这是我国 ATM 定价改革需要注意的问题。比如可以先引入比较不敏感（价格弹性相对较小）的周期性收费，然后逐步引入更为敏感（价格弹性相对较大）的交易收费。此外，在零售定价改革的过程中，还要对交换费做出相应的调整。

二、国外 ATM 交易定价的主要特点

尽管各国在 ATM 跨行交易上的收费方式和收费结构有所不同，但最终向持卡人收费是成熟 ATM 市场的共性所在。从另外一层意义上看，ATM 收费的普及化是 ATM 行业发展的原动力，收费刺激了整个 ATM 产业的不断壮大。

国外 ATM 业务在批发定价方面主要有以下几个重要特点：

首先，在定价机制方面，目前 ATM 业务的批发定价基本是采用由网络组织主导的集中定价模式，这样既节约了两两谈判的成本，也提高了效率；而且定价机制有由交换费机制向直接收费机制转变的取向。在过去，主要出于市场营销和消费习惯方面的考虑，银行一直没有向持卡人直接收取交易费用。但必须指出的是，没有免费的午餐，以营利为目的的商业银行不可能承担这些费用，肯定会以种种方式转嫁成本负担，最终只能由用户自己承担这些成本。事实上，长期以来，银行或者通过交叉补贴的方式回收这些成本，比如通过低存款利率产生的利润补贴 ATM 交易成本；或者通过交换费的间接方式，回收 ATM 机具及其他成本。但交叉补贴的问题是扭曲相对价格，造成资源配置扭曲，而且随着反垄断机构对交换费集中定价机制的质疑，利用交换费机制回收成本的空间将逐渐缩小，更重要的是，随着人们对持卡交易变得越来越习惯，直接向持卡人收费逐渐变得可行。

其次，对于价格水平，多数银行支付的周期性费用（包括年费或月费）相对较低；从过去几年的趋势看，平均转接费水平逐步下降，而平均交换费水平逐步上升。

再次，关于转接费，转接费对本地区和异地交易实行（第二类）区别定价，并且按照交易量的不同，为发卡行提供多层转接费价格结构，交易量越高，适用的费率越低。

最后，对于交换费，不同的 ATM 交易（取现、存款、转账和账户查询）具有不同的交换费；对于网点内 ATM 终端与网点外 ATM 收取不同的交换费；此外不同 ATM 所有者收取的交换费也不同，非银行机构提供的网点外 ATM 终端收取的交换费比其他所有者收取的交换费更低。

国外 ATM 业务在零售市场上收费已普及化，主要有以下几个重要特点：第一，除了跨行交易向持卡人收费以外，行内交易也向持卡人收费。第二，除了有资金清算的交易向持卡人收费以外，账户查询等没有资金清算的跨行交易也向持卡人收费。第三，ATM 行内交易是由银行每月向其持卡人提供一定数量的免费交易笔数后，再按笔数收取费用。但跨行交易中并不存在免费的交易笔数。

三、ATM 交易定价的变化趋势

在国外 ATM 交易的收费中，有两类费用变化趋势非常明显。一是 ATM 网络转接费正在不断下降（见图 14-1）。这种下降的本质原因在于：大型银行或者是拥有大量 ATM 机具的出机行作为 ATM 网络的重要会员，逐渐显现出其日益增强的市场支配能力。ATM 网络为了使更多的机具纳入其网络范围，对这些机构的收费采取优惠措施，或者用分级定价使其缴纳较低的转接费以区别拥有机具数量较少的小银行，由于 ATM 网络的多数交易量来源于大银行的终端，这就造成了转接费的总额下降。

另外一种趋势是交换费正在不断上升（见图 14-2）。其原因也在于，拥有 ATM 数量较多的大银行在 ATM 网络中扮演着重要的角色，在一定程度上影响着交换费的制定。对拥有 ATM 机具数量较多的大银行而言，收取较高的交换费有利于促使他们的持卡人进行行内交易，这使得他们在对 ATM 出机量较少的小银行的竞争中处于优势地位，或者至少能够维持当前的市场份额。

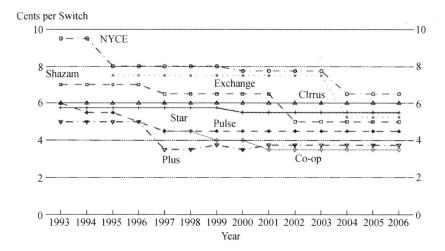

图 14 - 1　美国 ATM 网络转接费变动趋势

资料来源：引自 *A Guide to the ATM and Debit Card Industry*：2006 *Update*，转引自 Debit Card Directory（various years）；EFT Network Data Book（various years）。

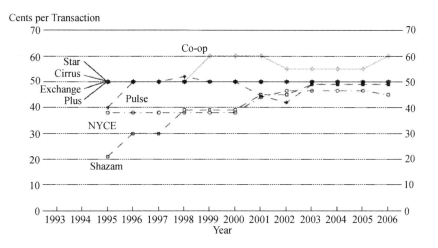

图 14 - 2　美国 ATM 网络交换费变动趋势

资料来源：引自 *A Guide to the ATM and Debit Card Industry*：2006 *Update*，转引自 Debit Card Directory（various years）；EFT Network Data Book（various years）。

第四节　我国 ATM 服务收费的现状及问题

一、价格形成机制

目前，我国 ATM 交易定价机制是政府定价与市场定价相结合的定价方式。

我国目前 ATM 批发费用采用政府管理下的统一定价方式，在 ATM 跨行交易手续费分配上，固定代理行手续费和银联网络服务费，可以避免由发卡银行自行协商确定收益而在发卡行和收单行之间产生的矛盾，同时可以加强政府对银行卡信息转接机构的监督和管理。

ATM 交换费和转接费实质上是政府定价。我国 ATM 交换费和转接费的制订是以由各家商业银行组成的 ATM 业务管理委员会为主导，在协商基础上制订交换费和转接费的收费标准，报人民银行审批，通过后颁布实施。

对于 ATM 交易的零售定价，跨行费由各家商业银行根据市场竞争状况同时考虑持卡人的承受力自主决定，以市场化方式确定。

这种定价方式，既有助于建立可持续发展的收单盈利模式，鼓励收单机构和专业化服务机构加大对受理市场的建设和投入；又有利于促进收单市场的专业化和规模化经营，从而有利于降低收单成本，实现受理市场良性循环。但需要监管部门值得注意的问题是，ATM 交易批发定价中以合作方式确定交换费的方式，这种批发市场的合作协议很可能会形成零售市场的价格合谋。

二、定价方式与价格水平

目前，我国只对 ATM 跨行交易收费，对行内交易不收费。ATM 手续费只规定了取现交易的收费标准，对于 ATM 跨行转账交易的收费标准，无论是批发价格还是零售价格都没做规定。虽然对于 ATM 跨行查询的收费，从 2006 年 7 月开始实施，执行了 10 个月，于 2007 年 4 月停止。

（一）定价方式

对于 ATM 跨行取款业务，其交换费和转接费均采取的是按笔收取固定费用的定价方式。

对于 ATM 转账业务，目前我国 ATM 跨行转账业务收费机制与国外存在很大差异，每笔转账业务的手续费分同城和异地有所不同，同城跨行转账是按照每笔转账金额的大小实行层级定价（见表 14－1）；异地跨行转账实行两部制定价，按转账金额的百分比收费，并有最低和最高限价。转账手续费在收单机构、转出银行、转入银行和银联之间按照一定比例进行分配。

表 14－1　　　　　　　　　ATM 跨行转账收费标准

同城/异地	转账金额	手续费（元）	支付方	手续费分配
同城	0—1 万元（含）	3	转出机构	收单:银联:转出机构:转入机构 30%:30%:30%:10%
	1 万—5 万元（含）	5		
	5 万—10 万元（含）	8		
	10 万元以上	10		
异地	1%（最低 5 元，最高 50 元）			

（二）价格水平

1. 2000 年 5 月至 2001 年 10 月

中国人民银行 1999 年发布的《银行卡业务管理办法》第二十六条规定：

第一，持卡人在 ATM 机跨行取款的费用由其本人承担，并执行如下收费标准：持卡人在其领卡城市之内取款，每笔收费不得超过 2 元人民币；持卡人在其领卡城市内以外取款，每笔交易手续费为 2 元＋取款金额的 0.5%—1%（由发卡行确定）；为了推动银行卡业务的发展，培养持卡人的用卡意识，发卡银行每月应为持卡人提供 3 次同城跨行免费取款服务。

第二，发卡行应向代理行缴纳代理费：同城跨行交易的代理费为每笔 4.5 元人民币；异地跨行交易的代理费为每笔 5.1 元人民币。

第三，对于通过信息交换中心转接的跨行交易，代理行应向信息交换中心缴纳网络服务费：同城为每笔 0.6 元人民币；异地为每笔 1.2 元人民币，在本地和异地两个银行卡中心之间分配。银行卡信息交换总中心不参与网络服务费的分配。

2. 2001 年 10 月至 2004 年 2 月

2001 年,中国人民银行又发布了《中国人民银行关于调整银行卡跨行交易收费及分配办法的通知》,取消了同城和异地的区别,规定发卡行总行自主确定银行对持卡人跨行取款是否收费,但无论同城或异地,每笔取款的手续费最高不得超过 2 元。

采用固定代理行收益方式。无论同城或异地,发卡行均应按每笔 4 元的标准向代理行缴纳代理费。

对于通过交换中心完成的 ATM 跨行取款交易。交换中心按每笔交易不超过 0.7 元的标准向代理行收取网络服务费。不论该交易经过几个交换中心,均只收取一次网络服务费。

对于 ATM 取款业务,2004 年 1 月,中国人民银行发布《中国银联入网机构银行卡跨行交易收益分配办法》,规定每笔 ATM 跨行取款交易发卡行均按每笔 3 元的标准向代理行支付代理手续费(交换费),同时按每笔 0.6 元的标准向银联支付网络服务费(转接费);且具体跨行费率由各商业银行自行决定。

对于 ATM 转账业务,手续费在收单机构、银联、转出机构、转入机构四方之间,按照 30%:30%:30%:10% 的比例进行分配。按照这一收费机制对于每笔跨行 ATM 转账业务收单机构、转出银行和银联均可以得到 0.9—15 元的收益,转入银行可以得到每笔 0.3—5 元的收益。由此我们可以得到当收单行即为转出银行时,ATM 转账交换费为 1.8—30 元/每笔;当收单行即为转入银行时,交换费为 1.2—20 元/笔,因此,总体来看我国 ATM 转账交换费在 1.2—30 元/笔。

三、我国 ATM 定价存在的主要问题

从对我国 ATM 交易定价的现状分析及国内外定价的比较来看,我国 ATM 交易批发定价存在以下问题:

(一)定价过粗、收费结构不合理

目前我国 ATM 交易只对跨行交易向持卡人收费,对行内交易不收费,这就促使银行通过制定较高的交换费使跨行交易来对行内交易进行补贴,这就有悖于公平性和透明性定价原则。

没有针对不同的 ATM 业务设置不同的交换费,如对于查询业务不收费，银行为达到 ATM 业务收支平衡，必然以取款业务和转账业务的收益来对查询业务进行补贴，由此可能造成取款、存款交换费过高。

（二）定价方式单一化

主要体现在，一是我国交换费、转接费也没有针对不同地区和连接方式的不同实行差别定价。由于本地跨行交易和异地跨行交易，以及不同连接方式其每笔交易所发生的成本是不同的，目前我国 ATM 交易采取单一收费制不符合基于成本定价的原则。如在美国，如果交易是跨区域的，那么交易所经过的每一个地区性网络都会向该交易参与方收取转接费（一些网络运营商称之为网关服务费）。如果跨区交易经过一个全国性网络，则发卡方还需再支付一笔额外的转接费。

其次，交换费、转接费没有针对不同的交易规模制定相应的差别定价，而是收取相同的费用。在美国转接费的实际支付标准可以根据交易量的大小获得一定的折扣。如 Shazam 对发卡方提供七个等级的转接费率，大型发卡机构经由该网络转接交易每月超过 1.25 万笔，则转接费率为每笔 2 美分。

第五节　ATM 跨行交易定价机制框架及建议

一、ATM 业务定价机制选择

从各国实践来看，ATM 业务交易定价主要采取的是交换费机制，但从其他国家的经验来看，越来越多的国家和越来越多的 ATM 网络，开始允许其成员银行或机构向持卡用户收取附加费。这是由于附加费的收取能够更好地平衡消费者的需求与 ATM 提供方的利益，特别在 ATM 网络并不发达的地区和某些高成本地区，仅仅由交换费带来的收益不能弥补安装和维护成本，而附加费可以为 ATM 所有方提供充分的收益，保证 ATM 所有方有扩大投资和服务范围的激励。引入附加费后，消费者可以在更多的地方享受 ATM 服务。

考察目前我国的情况，与国外相比，我国 ATM 正处于起步阶段，但发展非常迅速，ATM 受理市场发展滞后。因此提供 ATM 服务所带来的巨大的成本，已经使 ATM 发卡方与收单方感到巨大压力，通过何种方式在弥补成本的同时并不对 ATM 消费产生很大影响,是目前迫切需要解决的问题。

综上所述,根据有效定价原则,随着我国 ATM 业务逐步发展成熟,可以考虑借鉴美国的经验,逐步引入附加费,采取交换费与附加费相结合的定价机制,有利于缓解成本压力,扩大 ATM 投资。更重要的是,在银行卡产业即将开放的前提下,需要加快 ATM 网络设施建设,以便在竞争中占得先机,而引入附加费无疑会增加 ATM 网络设施的投资激励。

对于 ATM 业务的批发定价现阶段仍应该执行政府指导下的集中定价机制,而零售价格应发挥市场机制的作用,采取政府监管下的市场定价方式。

二、相关建议

从目前我国 ATM 价格体系的现状、世界各国的经验比较分析以及估算结果来看,我们建议,今后 ATM 业务定价改革的重点在于,调整价格结构,优化价格水平。

第一步,逐步实行区别定价。应按照 ATM 业务类别实行区别定价,即对于取款、转账、查询、缴费等业务以基于成本定价原则收取不同的费用,以补偿不同业务所引致的成本。也就是说,不仅对有资金流量的业务收费,对没有资金流量的业务(如查询业务)也应收取相应费用。这是因为,小额账户、闲置银行卡的大量存在及客户频繁的跨行查询等占用了相当的系统资源,收费可引导资源的整合,提高系统运营效率及交易成功率;同时也体现了"谁受益,谁付费"的有效定价原则,符合市场经济的客观要求;而且相应收费能使银行更好地开展差别化服务,提升服务品质,也有助于客户整合其资金资源,获取更好效益。

第二,逐步降低 ATM 业务的总体平均价格水平,特别是应降低跨行转账业务的价格水平。目前 ATM 取款转接费还存在降价空间。这是因为按照谁投资、谁受益的原则,初期结合投入成本、运营成本,考虑培育受理市场的因素,通过转接费收取的形式使投入获得补偿并获得合理收益;当银行卡市场成熟、银行卡交易普及时,这时的网络资源类似于基础设施,具有公共产品的属性,当投入已收回时,应从社会整体福利出发,转接费的收取应以补偿营运成本为目的,不应以盈利为目的。

第三,建议对跨行 ATM 交易定价引入数量折扣,以降低跨行交易的平均价格，促进 ATM 网络的有效使用。

第四，在市场成熟以后，可以对行内交易收取相应的费用。

最后，增加 ATM 定价透明度，通过各种方式在用户使用 ATM 之前应了解详细的收费项目及标准。

附　　录

一、取款交换费估计方法

ATM 交换费的方程设定为线性形式[①]，解释变量包括 ATM 数量、卡均交易笔数及单笔 ATM 数量和一个控制网络区域性质的虚拟变量。在该虚拟变量中，地方性网络取值为 0，全国网络取值为 1。

线性模型：$Y_i = X_i \beta + \varepsilon_i$ i = 1，…，n，$y_i \propto N(0, \sigma^2)$

均值预测：$E(Y_i) = X_i \beta E[\exp(\varepsilon_i)] = X_i \beta$

（1）估计方程：

$lnqk = a^* lnatm + b^* jy\_ fk + c^* atm\_ jy + d^* national$

均值预测：$E(Y_i) = \exp(X_i \beta) E[\exp(\varepsilon_i)]$

（2）变量定义：

被解释变量：

lnqk：对美国 6 个 ATM 网络的 ATM 交换费取对数。

解释变量：

lnatm：对 ATM 设备数量取对数，表示网络的总固定成本。

jy_ fk：卡均交易笔数，表示网络的运营成本。

atm_ jy：单笔 ATM 数量，表示每笔交易所分摊的固定成本，即平均成本。

二、ATM 转接费估计模型

（1）线性模型：$lnsw = a^* atm\_ jy + b^* jy\_ fk + c^* lnjy + d^* national$

均值预测：$E(Y_i) = \exp(X_i \beta) E[\exp(\varepsilon_i)]$

（2）变量定义：

---

① 由于中国香港 ATM 交易笔数缺失，所以去掉该样本。

被解释变量：

lnsw：对 ATM 网络的 ATM 转接费取对数。

解释变量：

atm_ jy：单笔 ATM 数量，表示每笔交易所分摊的固定成本，即平均成本。

jy_ fk：卡均交易笔数，这里表示网络的市场规模，反映 ATM 所具有的规模经济效应。

lnjy：对 ATM 交易量取对数，表示网络的市场势力。

第五篇　互联网支付研究

随着互联网和信息技术的快速发展，互联网消费市场将日益成长，全球的互联网支付产业也得到了迅速发展。市场预计 2005—2010 年，欧洲电子商务市场将大幅成长 186%，到 2010 年，预估交易额能达到 1150 亿欧元（约人民币 11626 亿元）；美国市场未来五年将持续以 14% 复合增长率增长，2010 年电子商务市场交易额将成长至 3290 亿美元（约人民币 26320 亿元）。增长最快的是中国市场，2005—2010 年预计复合增长率可达 52%，到 2010 年电子商务市场规模将达到 460 亿元人民币。[①] 另据市场调查公司的调研数据，2005 年，全球网上 B2C 市场的总体规模大约在 1.8 万亿元人民币左右，其中欧洲网上 B2C 电子商务市场为 402 亿欧元，折合人民币约 4064 亿元[②]，美国网上 B2C 电子商务市场为 1720 亿美元，折合人民币 13760 亿元[③]，中国 2005 年网上 B2C 电子商务大约人民币 56 亿元，同比增长 33%。

近年来，随着我国电子商务的蓬勃发展和互联网支付环境的进一步完善，以银行卡为载体的互联网支付、手机支付等新兴支付方式发展迅速，电子支付交易量也在不断提高，并逐步成为中国零售支付体系的重要组成部分。目前，互联网支付尽管在银行卡总交易规模中所占比例不到 1‰，在银行卡消费交易额中约占 1%[④]，但由于其为客户提供超越时空的"AAA"式服务（Anytime，Anywhere，Anyhow），随时随地的进行网上交

---

① iResearch 预估数据。
② Mintel 的市场调查报告。
③ ForresterResearch 研究调查。
④ 据中国银联《中国银行卡产业发展研究报告（2006）》的统计数据，2005 年银行卡总交易额为 49.37 亿元人民币，其中消费交易额为 9595 亿元；艾瑞统计数据显示，2005 年网上支付交易额 160 亿元。

易和支付，交易成本也较低，互联网支付呈快速增长，且发展空间广阔，将逐步成为银行业未来业务重点之一。据上海 IResearch 研究机构的调查统计，2001 年中国互联网支付的市场规模为 9 亿元，2004 年为 72 亿元，2005 年该规模增长为 160 亿元，年均增长率超过 100%，2006 年的网上交易额估计为 300 亿—400 亿元。据 IResearch 预测，未来几年随着互联网的普及和广大消费者传统支付观念的改变，人们将越来越多地使用互联网支付手段进行结算，我国互联网支付的市场规模继续扩大，2010 年该规模将达到 2600 亿元，互联网支付用户规模将达到 50350 万户。

目前，整个社会各行各业都在基于互联网构建自己的信息化系统；大量传统商业逐步向互联网迁移或者复制；非面对面交易方式日趋流行，互联网的需求正呈现出快速膨胀的趋势。会有越来越多的电子商务和传统商务交易把支付从传统支付手段转向互联网支付。这种情况下基于互联网的非面对面支付将存在巨大的增长空间，因此互联网支付的定价问题引起了互联网支付市场参与主体各方的关注。

本篇研究银行卡互联网支付定价问题，第十五章研究银行卡互联网支付基础，重点分析银行卡互联网支付的商业模式和产业链；第十六章研究银行卡互联网支付的国内外现状以及互联网定价理论对中国的启示。

第十五章　银行卡互联网产业概述

随着互联网技术的成熟和发展，通过互联网进行银行卡支付成为银行卡产业又一个具有发展前景的支付服务业务。由于通过互联网支付的支付工具和支付方式所包含的范围非常广泛，其中的一些支付工具本身还有待完善，围绕这些支付工具的支付服务方式也尚在探索之中，特别是中国的银行卡互联网支付业务也刚刚起步，在此背景下，有必要对现有互联网支付的各种商业模式的特点、合理性、存在问题和发展前景进行探讨，同时，在此基础上对互联网支付的产业链进行分析，以便为从事互联网投资和业务运作提供参考。

第一节　互联网支付的相关概念

一、电子支付与互联网支付的内涵与外延

（一）电子支付

本书采用《电子支付指引1号（征求意见稿）》中关于电子支付的定义。电子支付是指企事业单位、个人通过电子终端，直接或间接向银行业金融机构发出支付指令，实现货币支付与资金转移。电子支付的业务类型按电子支付指令发起方式分为互联网支付、电话支付、移动支付、销售点终端交易、自动柜员机交易和其他电子支付。

（二）互联网支付

互联网支付是电子支付的一种形式，是指所有以通用终端、通过互联网络，下达支付、转账指令，实现资金转移的活动。互联网支付按照支付工具不同，分为银行卡支付、电子现金支付和电子支票支付。

二、互联网支付工具

目前在互联网上通常采用的支付工具包括银行卡支付（信用卡、借记卡）、电子现金和电子支票。

（一）银行卡互联网支付

银行卡互联网支付包括信用卡和借记卡互联网支付。以银行卡为基础实现电子支付，是目前互联网支付工具中使用率最高、发展速度最快的一种。根据银行卡信息在网上的处理方式不同，电子银行卡分为实时处理方式和通过电子邮件传递银行卡信息方式两大类。

（二）电子货币

电子货币是 20 世纪 90 年代中期出现的一种新型支付工具，是以数据形式流通的现金货币。1998 年，欧洲中央银行发布的《电子货币》报告中正式使用了电子货币的概念，该报告把电子货币定义为："以电子方式存储在技术设备中的货币价值，是一种预付价值的无记名支付工具，被广泛用于向除电子货币发行人以外的其他人的支付，但在交易中并不一定涉及银行账户。"[①]

按照载体不同，电子现金可分为"卡基"和"软件基"两类。"卡基"电子现金也叫电子钱包，主要是以预付卡（储值卡）形式进入流通支付的卡片，包括各种储值卡、零售卡、福利保障卡等（在美国 EBT 卡就是典型的福利保障卡）[②]。"软件基"电子现金也就是远程支付，是通过互联网、电话、手机等通讯终端实现基于银行卡账户的无卡支付，这种类型支付通常不是通过读取卡片信息，而是通过密码来验证支付指令。

（三）电子支票

广义的电子支票是纸质支票的电子替代物，是客户（付款人）向收款人签发的、无条件的数字化支付指令。它通过金融网传递支票信息，从而加快支票解付速度。狭义的电子支票是指基于互联网的用于发出支付和处理支付的互联网支付工具。本书采用狭义的电子支票概念。电子支票支付工具既可满足 B2B 交易方式的支付，也可用于 B2C 交易方式的结算，

[①] 用于支付发行人提供货物或服务的支付工具不属于电子货币的定义范畴，也就是所谓的封闭系统的储值卡，储值卡的发行人同时又是商品和服务的提供者，比如电话卡、交通卡等。

[②] 同上。

而且支付速度快、安全性高、不易伪造。使用电子支票进行互联网支付前，客户和商家必须到各自的开户行申请电子支票应用授权，获取数字证书及电子支票相关软件等。

另外，从互联网支付的业务种类看，互联网支付又分为网上转账和电子商务互联网支付。前者是指转账没有商品或服务，或者说脱离了商品服务的资金转移，而后者主要指基于商品、服务交易的资金转移活动。

三、互联网支付研究的重点问题

从互联网支付工具来看，根据前面互联网支付的定义，互联网支付包括的范围很广。比如，按互联网支付工具分为：银行卡互联网支付、电子货币互联网支付、电子支票互联网支付。由于目前互联网支付应用最广，所占份额最大的是银行卡互联网支付，而电子货币互联网支付、电子支票互联网支付只占互联网支付份额不到10%。根据目前全球个人网上消费的支付情况调查，59%是信用卡付款，11%是借记卡付款，其余的是转账、货到付款、邮局汇款等其他支付方式。银行卡互联网支付已经成为互联网消费的主要支付方式。同时由于电子货币种类繁多、业务模式差异较大，不同的业务模式其定价方法也各不相同。因此从支付工具角度，本章将研究重点集中于以银行卡为基础的互联网支付上。

由于目前互联网支付的商业模式主要分为两大类：一是以银行网关作为支付平台的网上银行支付模式；二是由付款和收款人之外的第三方公司提供支付平台的第三方支付模式。从产业链角度分析，网上银行支付模式相当于一个封闭的银行卡平台企业，即将发卡、收单、转接集于一身，独立提供支付平台，其定价机制重点在于对于两端用户的收费。而第三方支付模式进一步细化了产业分工，第三方支付公司作为银行网关的延伸，与商业银行共同搭建起互联网支付平台，相当于网上银行支付模式的延伸。其定价不仅涉及对两端用户的定价，而且还涉及银行和第三方支付公司之间的利益分配。由此可见，网上银行支付模式的定价问题就包含在第三方支付模式的定价中，只要搞清楚了后者，前者就迎刃而解了。因此，本章重点是第三方支付模式定价研究。

从网上资金转移的基础来看，网上转账严格来说不能算是互联网支付，只有电子商务的交易支付才是真正的互联网支付。同时，由于网上转账与基于商品或服务交易的互联网支付的商业模式完全不同，因此本章就内容而言主要基于对电子商务的互联网支付。

第二节　互联网支付产业的经济性质

互联网支付产业与传统的银行卡支付产业一样，具有双边市场特征和网络外部性特征；更为重要的是互联网支付产业具有多平台竞争的产业特点，并且，类似于一个封闭支付体系（三方结构）。

一、双边市场特征

对于互联网支付产业，首先互联网支付是平台两端用户共同参与且相互依赖。互联网支付的终端用户，一方是持卡的消费者，另一方是电子商务商家；提供支付平台的是第三方支付公司及商业银行。罗奇特和泰勒尔（2005）[①] 指出，平台一边成员数量取决于另一边成员的数量和每次相互作用的价格。互联网支付市场中使用互联网支付的消费者的数量越多，愿意接受银行卡互联网支付的商家就越多；相反，互联网支付平台上电子商务商家越多，则采用该平台的消费者将越多。

其次，交易规模与价格结构有关。对于互联网支付，实际的支付规模与支付平台对商家和消费者的收费水平有关，因此，互联网支付呈现为双边市场特性。

第三，收费不能转嫁（价格结构为非中性）。对于互联网支付市场，由于交易成本或制度上的原因，电子商务商家无法将接受银行卡互联网支付的商户扣率转嫁给消费者（特别在商品市场竞争激烈的情况下）；这样，商户对受理银行卡互联网支付的选择在一定程度上与支付平台设定的收费水平和收费结构有关。由此可见，互联网支付也是一个典型的双边市场。

互联网支付的双边市场特性表明支付平台两端用户（网上商户和网上消费者）的同时参与才能形成支付市场，同时合理的价格结构（对于平台两端用户的价格）是非常重要的，它有利于吸引两端用户的参与。

---

① Rochet J. C. and J. Tirole：2005，"Two－Sided Markets：A Progress Report" ［R］，IDEI Working Papers 275，IDEI，Toulouse.

二、外部性

互联网支付产业存在显著的外部性，包括网络外部性（直接外部性和间接外部性）和使用外部性。

第一，互联网支付产业具有明显的直接外部性。互联网支付平台中参与的商家越多，持卡人通过该平台的支付越多，支付平台价值越大，这与传统的银行卡支付不同，通常传统的银行卡支付不具有这种直接外部性。

第二，互联网支付产业的间接外部性。是指在互联网支付产业中，支付平台两端的最终用户（消费者、商家）可以看做是一对互补产品。因为使用互联网支付的商家越多，消费者注册并使用该支付平台的吸引力越大；反过来，该支付平台拥有的注册消费者数量越多，商家参与的需求就越大。由此可见，互联网支付平台两端用户分别对另一端用户产生正的外部性。

互联网支付产业的网络外部性特征表明，在互联网支付发展的初期，当网络外部性比较显著时，需要相对制定较低的价格策略，以便吸引更多两端用户的参与，否则难以形成有效的网络规模，支付平台也将难以生存。

第三，互联网支付具有使用外部性。使用外部性来自于使用决策。由于任何一笔支付都是由支付方与收款方共同完成的，对于通过互联网支付的消费者来说，在有多种支付手段和多个支付平台可以选择的时候，其支付决策会对商家的成本和收益产生影响。终端用户之间的交易收益基本上总是来源于使用。一方面由于互联网支付的方便、快捷使持卡人采用互联网支付而非其他付款方式；另一方面对于不同支付平台对两端用户价格水平的不同，一端用户选择不同的支付平台，会对另一端用户的成本和收益产生影响。因此，如果存在显著的使用外部性，或者说如果不能将使用外部性内部化，那么，支付需求和支付规模将小于有效水平。也就是说，该支付平台的使用将小于最优水平。互联网支付具有使用外部性表明，对于支付平台两端用户的合理定价可以将使用外部性内部化，从而提高支付平台的使用水平。

强调不同外部性的意义在于：首先，在产业发展的不同阶段，不同外部性的重要性有所不同。在互联网支付发展的初期，由于正反馈效应，市场双边的用户只有达到临界规模，支付平台才能够得以生存，达到有效、稳定的网络规模，所以此时网络外部性非常重要。但是在网络达到一定规模后，网络外部性的重要性相对减弱。但对于使用外部性来讲，无论在网络发展的初期，还是进入成熟期以后，因为都涉及网络的有效使用问题，这种外部性的重要性一直存在。其次，对于不同的外部性，需要解决的问题不同，采取的策略也必然有所不同。当存在网络外部性时，需要解决的问题是，设法吸引用户以扩大市场规模；而对于使用外部性，需要解决的问题是，如何提高支付平台的使用水平。

三、多平台竞争特性

目前，互联网支付市场中存在众多的互联网支付平台，由此表现出与传统银行卡支付产业一个显著的不同特征，即具有多平台竞争的特性。

首先，由于互联网支付的市场领域个性化特征更明显，如金融产品的支付、数字化产品、电子票务等都与实物的电子商务支付存在很大的不同，对于互联网支付的需求也各具特色，更易于进行市场细分，由此催生了各类支付平台，也导致了支付平台之间的激烈竞争。如商业银行、第三方支付公司（网关型、中介型、银联）都能够独立或是联合提供支付服务。因此，互联网支付市场存在众多的支付平台。

其次，随着网络信息技术的快速发展，以及互联网产业所具有的低复制成本特点，使得互联网支付的进入壁垒较低，也由此导致了众多第三方支付公司的产生。支付平台数目众多，无论国外与国内均是如此，这也是互联网支付市场与传统的银行卡支付市场最大的不同。提供互联网支付的市场结构接近于垄断竞争的市场结构，而传统银行卡支付市场在国外基本上是商业寡头垄断的市场结构。

此外，两端用户的多归属性加剧了平台之间的竞争。互联网支付市场两端的最终用户（网上消费者、网上商户）基本上都是多归属①，且零售定价水平差异不大，由此决定了较低的平台转换成本。对于网上商户，可以根据自身偏好自由选择多个支付平台。目前我国网上电子商务公司通常加入几家支付平台，除个别大型电子商务商家，如阿里巴巴，与第三方支付平台捆绑经营模式，专属于一个支付平台，其他均同时参与多个互联网

① 所谓单归属，是指无论有多少个支付平台，用户都只选择使用其中的一个；而所谓多归属，是指用户可以选择使用两个或两个以上的支付平台。

支付平台。对于网上消费者在网上商家提供的几种可选择的支付平台中，任意选择使用，这就加剧了平台之间的竞争。

　　一般而言，在其他条件都相同时，平台竞争会降低支付平台的价格水平，但这并不表明，支付平台的竞争一定是对社会有利的。由于具有双边市场的特征，对单个商户而言，并非商户扣率最低的平台是最有吸引力的，因为有网络外部性的存在，商户不仅要考虑自身的费率水平，还要考虑交易量。对消费者而言，选择网上支付平台最重要的考虑包括平台上商家产品或服务的质量、支付平台对用卡环境安全的保障等。

　　尽管在 Chakravorti 和罗森（2006）的研究框架下，可以证明平台竞争会降低卡费和商户扣率，提高消费者和商户福利，并且提高整个社会的福利。但是 Chakravorti 和罗森的分析并非严格的理论证明，而是通过几个数字例子给出了说明，其普适性尚待检验。而且，一些研究（比如罗奇特和泰勒尔以及格思里和赖特）表明：在某些情况下，平台竞争对价格结构效率性的消极影响，可能会降低而不是提高社会福利。特别是，格思里和赖特发现，当某些消费者如果能从持卡本身获得收益时，面对垄断商户，相同平台竞争所形成的交换费会最大化商户剩余，降低消费者剩余，同时也会降低支付系统的联合利润和社会总福利水平。

　　因此，对于互联网支付产业，支付平台之间的竞争程度是定价应考虑的主要因素。平台之间的竞争有利于总体上支付价格的降低，并由此提高市场两端用户的福利；但在市场发展初期，过度的价格竞争将造成社会总体福利的损失，不利于整个产业的发展。

四、封闭系统

　　传统的银行卡支付既有开放系统，也有封闭系统，而互联网支付则类似于封闭系统或三方系统。在这一封闭系统中存在主要的三方主体，他们分别为：支付平台和两端用户（电子商务商家和网上消费者），如图 15 - 1 所示。支付平台集发展互联网支付用户、收单、转接于一身，提供支付服务。在网上银行模式中，互联网支付平台由商业银行独立提供；在第三方模式中，互联网支付平台由第三方支付公司和合作商业银行联合提供。在封闭系统中，定价机制重点在于零售定价，而批发定价则显得不重要了。因此，互联网支付的定价重点在于零售定价，即支付平台对两端用户收取的费用。

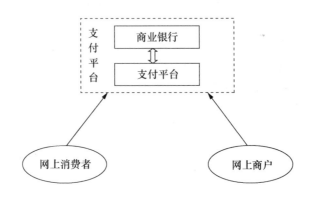

第三节　银行卡互联网支付的商业模式分析

我们知道，根据业务模式的不同，可将互联网支付分为网银直联支付和第三方支付两大模式。网银直联模式是网上消费者直接使用银行的在线支付界面进行支付，其方便之外的缺点是这种业务的使用范围受到银行卡的限制，各银行只能受理本行发行的银行卡；第三方支付公司则是独立于银行和商户的第三方实体，是连接消费者、商户和银行三方的纽带。

第三方支付平台的经营模式大致分为两种：一种是第三方支付平台与银行密切合作，实现多家银行数种银行卡的直通服务，只是充当客户和商家的第三方的银行支付网关。这是一种独立的市场产品（比如目前中国市场的首信易支付、Chinapay、网银在线等）。另一种第三方支付平台，在具备与银行相连完成支付功能的同时，充当信用中介，为客户提供账号，进行交易资金代管，由其完成客户与商家的支付后，定期统一与银行结算。比如支付宝、贝宝（Paypal）就属于这种非独立性的模式。

一、网银直联模式

网银直联模式是指银行利用互联网技术，通过自建的支付网关，银行同时可以为网上商户提供银行卡互联网支付与收单服务，并通过行内系统为商户完成快速的资金清算。这种模式是电子商务公司直接将银行网关接入到自己的交易平台的模式。商家不但要维护多个银行的网关联结、清算对账，还要在各银行开设清算账户，用于接受客户支付的资金。

在这种模式下，客户选择商品和提供银行卡后，商户根据客户的银行卡开户行，用相应账单调用相应银行的网关，确认客户身份信息。在这个过程中，用户不需要输入金额，也不需要输入收款账户等信息。支付流程如图 15 - 2 所示。

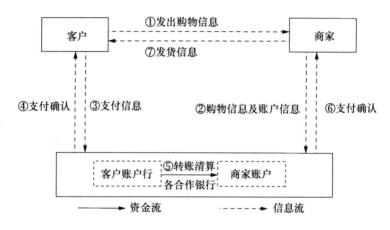

图 15 - 2 网银直联模式支付流程

此模式需要商家在客户的开户银行中开设结算账户。如果商户需要支持多家银行发行的银行卡，则需要与每家银行的支付网关进行连接，并在每家银行开设支付账户，这为商户的业务运营及操作管理带来了很大麻烦。因此，如果能够组建一个统一的支付网关，同时为多家银行发行的银行卡提供互联网支付服务，则会为网上商户进行业务开展带来很大的便利，正是基于这种市场需求，便产生了第三方支付网关这种商业模式。

二、网关型第三方支付模式

网关型第三方支付，是指由银行与商户之外的第三方专业化支付公司，通过自己组建的互联网支付网关，为商户提供支持多种银行卡的互联网支付服务；同时，该公司在后台又以商户形式加入多家银行，连接各银行的支付网关，由各银行处理本行的互联网支付交易。支付流程如图 15 - 3 所示。

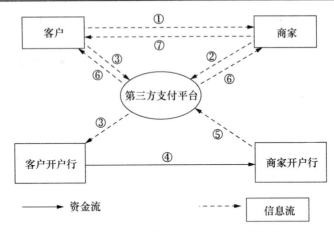

图 15 - 3　网关型第三方支付模式支付流程

说明：①持卡人网上购物，向商家发出购物申请；②商户通过第三方支付网关向发卡行发出支付信息；③持卡人通过第三方支付网关输入支付信息，并提交到开户银行；④银行后台进行实时扣款，并将款项直接划入商家账户，或通过央行清算系统转入商家开户银行账户中；⑤银行支付网关将支付结果发送给第三方支付网关；⑥第三方支付网关向客户发送支付确认信息，并将支付结果发送给商户；⑦商家确认用户支付成功后，通过物流为用户出货。

在这种模式下，支付公司利用信息软件技术把所有银行网关（网银、电话银行）集成了一个平台上，商户和消费者只需要使用支付公司这一个平台，就可以连接多个银行网关。通过第三方支付网关，可以实现一点接入，为消费者和商户提供多种银行卡的互联网支付服务。同时，每个网上商户可以根据各自的资金结算需要，与商户代理支付网关制定不同的资金结算办法，商户代理支付网关可以在与各联网银行之间的结算完成后，定期为联网商户进行资金结算，也可以针对商户需要，在交易资金达到一定数量后为联网商户进行资金结算。

第三方支付网关的出现，为互联网商家提供了极大的便利，但同时该模式也存在如下问题：（1）由于交易资金采用二级清算的模式，延迟了商户资金到账时间，尤其是对异地商户和资金交易量比较大的商户不太适用。（2）一定程度上扩大了支持银行卡的范围，但仍旧不能避免支持银行卡不全面的问题。（3）商户必须对商户代理支付网关完全信任。

第三方支付网关是作为银行的一个特约商户接入网银的，第三方支付平台并没有从事支付业务，支付实际发生在银行内部，第三方只是提供交易、支付渠道的汇集，而且目前国内大多数的网关业务都很趋同，他们只是银行附加服务的一部分，与银行网关共同提供支付服务。

三、中介型第三方支付模式

中介型第三方支付，是指第三方支付机构不仅为商户提供银行支付网关的集成服务，还为客户提供资金暂存账户（虚拟账户）管理服务。客户可以一次性从银行账户等资金来源向暂存账户或虚拟账户中注入资金，或反方向提出资金。客户平时的支付可以在虚拟账户上完成，也可以在虚拟账户与银行账户之间完成。这样可以加快清算速度，减少使用银行支付服务产生的成本。

客户在商家网站下订单后，先把货款付给大家都信任的第三方中介机构，在商家知道货款已到第三方中介机构后把货物发送给客户，如果客户对货物满意，货款就通过第三方中介机构付给商家，如果不满意，客户把货物返回给商家，并从第三方中介机构处取回货款。此模式要求客户和商家首先在第三方中介机构注册账户。其支付流程如图 15 - 4 所示。

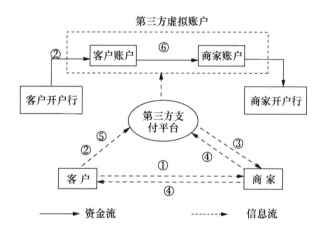

图 15 - 4　第三方中介模式支付流程

说明：①客户向商家发出购物请求；②客户将相应数额货款存入开设在第三方中介机构的账户中，并通过第三方支付平台发送支付信息；③第三方中介机构将收到货款的消息发送给商家，并要求商家发货给客户；④商家发货给客户，并通知第三方中介机构已经发货；⑤客户收到货物后若满意，通知第三方中介机构把货款给商家；如果不满意，将货物返回给商家，从第三方中介机构的账户中撤出货款；⑥三方中介机构收到客户付款指示时将货款从客户账户转到商家账户，完成交易。

中介型第三方支付除了具有支付集成的功能外，最大的好处就是解决了交易中信息不对称的问题。一是通过虚拟账户商户和消费者的银行账号、密码等进行屏蔽，买家和卖家都不能互知对方的此类信息，由此减少了用户账户信息不必要的暴露；二是为互联网支付提供了信用担保，为网上消费者提供了信用增强[1]，由此一定程度上解决了国内互联网支付的信用缺失问题。

由此可见，由于拥有款项收付的便利性、功能的可拓展性、信用中介的信誉保证等优势，中介型第三方互联网支付模式较好地解决了长期困扰电子商务的诚信、物流、现金流等问题，在互联网支付中具有较强的竞争力。

第四节 互联网支付产业的收益来源

提供互联网支付服务的机构的收入主要来自于对两端用户的收费，不同的支付模式其收入来源也有所不同。

一、网银直联模式

网上银行模式相当于一个封闭的卡组织模式，其发卡、收单、提供转接服务于一体，其提供互联网支付服务的收入主要来源于向两端用户收取各种费用，包括向商户收取的一次性的接入费、年费及每笔交易的手续费。

二、网关型第三方支付模式

网关型第三方支付平台作为连接用户和银行网关之间的中介，其盈利模式主要靠收"收取过路费"，即支付手续费。第三方支付平台与银行确定一个基本的手续费率，缴给银行，然后，第三方支付平台在这个费率上加上自己的毛利润，再向客户收取费用。有些第三方支付模式还收取一次性的接入费、年费。

此外，随着网关型第三方支付平台增值服务的拓展，如利用其信息资

---

[1] 所谓单归属，是指无论有多少个支付平台，用户都只选择使用其中的一个；而所谓多归属，是指用户可以选择使用两个或两个以上的支付平台。

源，给电子商务商家提供结算账户管理、客户管理等服务，从而收取增值服务费。

三、中介型第三方支付模式

这类第三方支付平台基本是依托于电子商务交易平台，其盈利模式除了具有网关型第三方支付平台所有的收入项目，一是收取买方或卖方或买卖双方的手续费/佣金；二是在新开发的增值服务收入之外，还有一项主要收入来源，就是来自于其虚拟账户中的滞留资金所产生的利息收入和金融投资收入。此外由于其依托于大的电子商务交易平台，能够实现交易平台客户与支付客户之间的资源共享，庞大的客户资源可能会带来某些间接收入。

第五节 互联网支付产业链分析

互联网支付产业链，涉及客户、商家、CA 中心、商业银行、第三方支付公司等诸多环节，每一个环节都有各自的利益获得与应得的利润收入。在目前阶段，商户、银行和第三方支付公司在支付市场上扮演着不同的角色，三方是市场的共同培育者，缺一不可。它们相互之间既合作又竞争。它们在产业发展的不同阶段，各自拥有不同的市场势力，从而在支付市场中发挥着不同的作用。

一、产业链各方的市场地位及作用

首先，商业银行在整个价值链中占主导地位。商业银行提供的互联网支付服务是整个互联网支付的主要基础，第三方支付服务机构对商业银行的电子银行服务依存度非常高。所有电子商务公司、第三方支付服务机构所提供的支付服务，大部分都将依靠商业银行提供的互联网支付网关，完成收付双方的资金转移。大商户与银行具有更紧密的合作关系，与银行网关直联，采用网银支付模式，一方面可以实现资金的快速转移，另一方面降低了交易成本。从银行角度而言，不少大银行更乐于与规模较大的商户进行直联。

其次，商业银行的开户数和发卡量决定其市场地位。由于两端用户的资金结算账户在银行，作为支付工具的银行卡由银行发行，最终的支付清算活动也是由银行完成，因此，银行的开户数和发卡量直接决定其互联网支付市场一端用户——网上用户的数量，由此也就决定了其市场地位。因此，开户数和发卡量越大的商业银行，在互联网支付市场中市场支配力越强，对第三方支付平台的吸引力越大，在支付定价中越具有话语权。这一分析对于第三方支付平台的意义在于：必须与开户数量多的商业银行合作并保持良好的合作关系。

再次，商户选择决定支付平台的市场需求。在互联网支付市场中，商户对支付平台的选择，尤其是控制性大商户对支付平台的选择决定了平台的市场份额及市场地位，如阿里巴巴与支付宝的捆绑、Ebay 易趣与贝宝和安付通的捆绑、腾讯财富通与 QQ 的结合，使得支付平台可以共享这些大的电子商务商家的庞大用户群。由于支付平台拥有了网上商户也就拥有了网上消费者，因此，在互联网支付市场中网上商户对互联网支付平台更为重要。也就是说，对于支付平台的需求，平台两端用户中商户起决定性作用，而消费者对于平台选择在某种程度上是被动的，只能在商家选择的支付平台中做二次选择。因此，支付平台对于商户的开发，特别是对控制性商户的开发更为重要。

二、产业链各方的相互关系

（一）第三方支付平台与银行之间是既有合作又有竞争的关系

首先，第三方支付公司帮助银行进一步整合中小商户，将银行的服务和产品向网上消费者和商户进行推广，最后将交易信息汇总到银行，这也保证了银行客户不会流失。所以到目前为止，第三方支付公司与银行之间还是以合作支持为主，将来合作还会有强化的态势。能否与各大商业银行形成紧密合作，能否在和银行的谈判中将价格谈到最低，成为支付公司竞争的首要手段。

其次，就目前或今后较长一段时间来看，在互联网支付过程中，非银行的支付公司从事的支付服务业务，最终都将通过银行的支付网关完成，并且由银行来进行结算。事实上，支付公司之间的竞争，首先反映在其与银行关系的竞争上。当银行不通过任何第三方支付公司，而直接与商家连接时，第三方支付公司将面临来自银行的强大竞争，并且可能在成熟应用领域开始挤压其他环节。第三方支付需要更多的资本投入和创新，才能保持自己的市场地位。①

（二）银行、第三方支付公司在不同的业务领域中各有其优势

首先，从客户规模来看，小商户和小银行，通过第三方支付平台连接而获得业务发展。而大商家一般是和大银行直联，第三方支付平台没有机会。

其次，从电子商务交易模式来看，在 B2B 领域，很多大型企业直接开发和应用支付平台，利用银行提供的系统接口，直接实现支付。在 B2C 领域，第三方支付平台与银行间存在竞争，商家也可以直接连接网上银行支付网关，不采用第三方支付平台的技术方案和服务，但第三方支付平台占据了先发优势，并可以提供多家银行的支付通道，虽然目前还具有一定的优势，但发展空间逐步缩小。在 C2C 领域，单笔交易利润很低，目前各家支付平台均处于发展客户，扩大规模的阶段。另外，支付公司和银行之间的关系，并非只有合作。在此领域，中介型第三方支付平台生存空间比网关型支付平台更大。比如 Paypal 在美国占据了 90% 的网上 C2C 支付业务，这已经使其非常成熟和有竞争力。第三，从客户从事的行业来看，一些和产品高度相关的领域商业银行很难介入，因而和这些领域相关的第三方支付可能是银行难以取代的。比如说网游、移动、联通等通信领域。

第六节　本章小结

相对于传统的银行卡支付服务，互联网支付是更加新型的支付服务业务。由于通过互联网支付的支付工具和支付方式所包含的范围非常广泛，其中的一些支付工具本身还有待完善，围绕这些支付工具的支付服务方式也尚在探索之中，因此，本章一开始对互联网各种支付工具和支付方式进行了界定和概述，将我们的研究范围界定在以银行卡作为互联网支付工具，有第三方支付平台参与的电子商务互联网支付。

从产业性质看，除了具有与传统银行卡支付类似的双边市场特征和外部性外，互联网支付的特点主要在于：具有传统银行卡 POS 支付业务所

---

① 潘辛平：《国内互联网支付市场研究》（2006）。

不具有的直接网络外部性、更加激烈的平台竞争性，以及传统的封闭式银行卡系统的特征。这些性质决定了互联网支付定价既有与传统银行卡产业类似的方面，也有与其不同的方面，比如，定价主要关注的是零售而不是批发定价等。

为了从投入和收益的角度理解互联网定价，本章总结和梳理了目前中国互联网支付市场上三种最主要的商业模式，即网银直联模式、网关型第三方支付模式和中介型第三方支付模式，并对这些模式的不同特点、支付中介发展需要重点关注的问题，以及与这些不同商业模式相对应的支付流程进行了分析。在此基础上，我们还就银行卡互联网支付的产业链、产业链中不同机构的市场地位和这些机构之间的关系进行了简要分析，最后针对各种不同银行卡互联网支付模式，分析了其主要收益来源。这些分析为下一章分析定价问题提供了基础。

第十六章　银行卡互联网支付定价研究

在上一章对银行卡互联网的产业链和主要商业模式及其收入来源分析的基础上，本章旨在定性研究银行卡互联网定价问题，为此，我们首先总结国外银行卡互联网支付定价的特点和经验，并以此为对照分析中国目前该产业的现状和存在问题；其次，我们从理论上分析银行卡互联网支付定价的决定因素，并在此基础上结合现有文献分析定价的理论模型；最后，我们将综合本章的分析，提出中国目前互联网支付定价中需要注意的问题。

第一节　国内外互联网支付定价现状及问题

一、国外银行卡互联网支付定价特点

纵观国外互联网支付市场价格状况，呈现出如下特点：

（一）费率水平具有一定竞争力

有关资料显示，美国互联网支付费用低于传统的使用信用卡和借记卡支付费用，通常不低于交易额的 2%，对交易规模大的商户价格较为优惠而小商户的费用相对较高。但由于互联网支付使用的是公共网络，不需投资建设专网，因此其成本要大大低于传统的银行卡支付。据有关的调查统计，实体银行网点每一笔交易所需的费用为 1.07 美元，电话银行为 0.45 美元，ATM 自助银行 0.27 美元，而网上银行每笔交易的成本是 0.01 美元。因此，随着该产业的发展，其价格下降的空间较大。

（二）第三方支付经历了免费到收费的过程

PayPal 在业务发展初期，实施免费服务，收入主要来自用户留存在 PayPal 账户中资金的浮动利息。运作初期，PayPal 花费超过 1 亿美元的资金，使用进攻性的财务奖励计划以及"病毒式"营销模式，以打开市场。

在建立了一定的市场知名度和接受度后，PayPal 逐渐通过成熟的支付模式和市场策略建立了在该领域的主导地位。

由于 PayPal 账户中资金的利息收入十分有限，且同时也受到监管机构的限制。因此，PayPal 逐步开始对服务收费。目前收入来源分为两块：交易及其他费用收入、利息收入。对商户或收款方的交易收费是最主要的部分。PayPal 的收费结构中，个人账户的服务是免费的。高级账户和公司账户存款、取款、付款都不收费（仅对美国国内用户），只有当他们接受付款时需要付费（类似于商户扣率），费率根据交易量的大小，从 1.9% +0.3 美元到 2.9% +0.3 美元不等。PayPal 还以低廉的价格作为卖点，月交易额超过 10 万美元的商家可享受 1.9% +0.3 美元的费率，更大型的商家还可以与 PayPal 进行协商。

PayPal 对国际用户的支付、取款等有额外的收费，2001 年这部分收入在总收入中占 8%。PayPal 发行的取款/借记卡在有万事达、万事顺和 Cirrus 标识的地方消费和取款时，PayPal 可以获得交易费用，2001 年这部分收入比约占 5%。用户选择将 PayPal 账户留存资金购买 PayPal 货币市场基金时，PayPal 可以赚取基金管理费用。此外，还有一些与交易相关的收费，例如寄送支票的费用、国际退单费用等。具体见表 16 - 1。

表 16 - 1   PayPal 交易收费情况简表

	个人账户	公司/商业账户
注册新账户	免费	免费
发送款项	免费	免费
提取款项	美国国内银行免费 其他银行有不同的费率	美国国内银行免费 其他银行有不同的费率
充值	免费	免费
接收款项	免费	1.9%—2.9% +0.30 美元

PayPal 依托于电子商务交易平台；具备交易费、利息收入和金融投资至少三种盈利方式。其中交易及其他费用收入是 PayPal 最主要的收入来源。2001 年这部分收入约 1.05 亿美元，在总收入中占比超过 96%。随着这几年 PayPal 业务的发展，这部分收入飞速增长，2004 年达到 6.8 亿美

元。目前，68％的 eBay 交易都使用 PayPal 付款，PayPal 控制了美国将近 1/4 的网上拍卖交易支付市场。由此可见，Paypal 模式将很快成为今后中国第三方支付的模式。

二、国内互联网支付定价的现状及问题

目前，中国互联网支付产业处于发展初期，还很不成熟，现阶段开拓电子商务支付的一个重要手段就是服务价格。由于一方面缺乏相关的法律、法规等，另一方面市场参与方的收费方式等尚处于摸索阶段，市场主体的自由度很大，商业模式不断出新，定价方式也各不相同，价格水平差异较大，定价透明度较差。一些具有市场势力的主体，凭借其市场地位存在滥用市场权利的情况，导致市场秩序混乱、价格无序化，不利于产业的健康发展。

（一）收费项目

目前，由于我国存在数目众多、类型各异的支付平台，其服务的对象及内容也各不相同，因此其收费项目也有所差异，表 16－2 列出了国内主要支付平台的收费项目和收费水平。

表 16－2   国内主要支付平台收费项目和收费水平情况

平台名称	成立时间	商家费用（元）	买家手续费	Alexa
阿里巴巴支付宝 http：//www. alipay. com	2004 年	免费	免费	178
贝宝 PayPal（中国） http：//www. paypal. com/cn	2005 年	免费	免费	非独立网站
首信易支付 http：//www. beijing. com. cn	1999 年	接入费为 0—2000 年费为 1500—3000	人民币：1%—13% 外币：3.7%—4.2%	6325
Yeepay 易宝 http：//www. yeepay. com	2005 年	免接入费、免年费	2% 或协议	28208
9SBill 快线 http：//www. 99bill. com	2004 年	免接入费， 免年费、免开发费	转账免费， 提现单笔为 3 元	5875
腾讯财付通 http：//www. mail. tenpay. com	2005 年	免费	0.5%	2202

续表

平台名称	成立时间	商家费用（元）	买家手续费	Alexa
银联电子支付 http：//www.chinapay.com	1999 年	接入费为 400	按银行标准	13798
网银在线 http：//www.chinabank.com.cn	1999 年	接入费为 2000—3000 免年费	推广期：1% 标准:1%—2.5%	3586
云网 http：//www.cnoard.net	2002 年	年费为 0—998	人民币： 0.9%—1.5% 外币:3.6%—5%	15358

可以看出，目前我国第三方支付平台主要的收费项目包括对商家和对消费者两个方面，具体收费项目见表 16 - 3。

表 16 - 3 　　　　　　　　国内第三方平台首要收费项目情况表

收费对象	费用类别	收费方式
商家	接入费	一次性
	年费	固定收费
	商户扣率	按交易额的一定比例收取
消费者	手续费	按笔收取、按交易额的一定比例收取

（二）定价模式

目前我国互联网支付对商户端的定价方式主要采取完全差别定价（一户一价）且定价缺乏透明度。我国商业银行对第三方支付公司和直联商户的收费水平是根据双方各自的市场势力和谈判能力在协商的基础上确定的，基本是完全差别定价，即一户一价，同一银行对不同的支付平台费率不同，同一银行不同地区费率不同；不同银行之间价格水平不同。据互联网周刊《2006 电子支付产业调查报告》调查显示，商户与第三方支付公司的定价模式：56% 是协议定价。

这种定价模式交易成本较高，商户和第三方支付公司需要与每家合作银行进行两两谈判，支付平台与商家也要经过两两谈判确定。

（三）费率水平

由于互联网支付发展迅猛，市场规模巨大，我国互联网支付产业仍然处于开拓期，进入壁垒较低，一时涌现了众多的第三方支付公司，互联网支付处于垄断竞争的市场结构，市场竞争异常激烈。为了获取网络外部性效应，提高支付平台的价值，很多第三方支付公司拼命降低交易手续费抢占市场，有些支付公司甚至不惜"倒贴"，花钱去买交易量，恶性竞争的结果导致价格过低，使得全行业处于亏损局面，不利于行业发展。

目前，我国互联网支付的费率水平存在如下特点：

第一，目前网上交易已经比网下交易扣率低。统计显示，2000年国内电子支付刚起步时，第三方支付企业向商户除了收取接入费和年费之外，还要按交易金额的1%—2%收取手续费。但由于激烈的市场竞争，到了2005年，为了抢占市场，一些第三方支付企业不仅免收年费，并且分成比例低于1%的"优惠条件"层出不穷，甚至一些完全免费，如支付宝和贝宝①。目前，行业内手续费率除少数大公司外，从0.3‰—3‰不等。商户给ChinaPay的扣率最低是8‰，银行的扣率一般是5‰，超市的POS也是5‰，而网银在线给商户的扣率最低有3‰。这就意味着这样的第三方支付公司收入与成本（支付公司交给银行的手续费）已经持平，总体运营亏损。因此国内绝大多数电子支付企业仍处于"盈利无期"的局面。

第二，外币交易收费高于人民币交易收费。外币交易农行、中行、Visa、Master均收取超过2%的佣金。②

第三，提供服务及虚拟产品的特定行业的互联网支付费率较高。对于适合于互联网支付的一些特定产业，由于支付需求巨大，交易成本低，扣率水平相对较高。这类行业可大致分为四种：（1）保险、基金、证券等金融衍生产品的销售，因为这些交易无须物流且交易额巨大、利润可观，网上销售手续费通常在1%—1‰之间。（2）网上电子客票的销售，目前电子客票的扣率是"3%＋X"。（3）中国网游产业的支付需求也非常庞

---

① 目前，用贝宝可以向境内任何地方的任何人付款和收款，快捷、安全而且完全免费。详见 https：//www. paypal. com/cn/cgi－bin/webscr? cmd＝_ display－fees－outside。

② 同上。

大，但目前还没有任何银行提供相关的服务，所以盛大、QQ只有自己发行点卡，这种支付方式的扣率为15%。（4）话费充值业务，这种充值服务的推广为联通节约了大量发行纸质充值卡的成本，因而开展这一业务的佣金可以达到百分之几。

第四，互联网支付产业的融资结构为其免费服务提供了物质基础。从国内外互联网支付价格演变来看，在互联网支付市场发展初期，支付系统价格不足以弥补成本，这种价格水平在一定时期内得以存在，是由于该产业的融资结构决定的。由于互联网支付产业具有的高成长性、广阔的发展空间及其所具有的外部性效应，使得很多风险资本投资于该产业，促使第三方支付公司敢于免费或亏损来争夺市场份额，达到迅速做大的目的，因而这种定价能实现短期均衡，也就是说在短期具有一定合理性，但不能保持长期均衡，一旦时机成熟，第三方支付提供的支付服务一定会收取费用，这是市场经济的基本原则决定的，即"不可能存在长期的免费午餐"。支付宝的三年零佣金就要到期，估计不能继续这种"免费"策略。①

第二节　银行卡互联网支付定价理论基础

一、互联网支付定价的主要影响因素

影响互联网支付服务价格的因素众多，主要包括提供支付服务的成本、对互联网支付的需求状况，以及支付市场的竞争状况。

（一）成本

成本是定价的基础，银行卡互联网支付系统各采用主体都支出了成本，同时支付平台两端的最终用户还拥有机会成本。不仅实际发生的成本对定价产生影响，而且机会成本对定价也产生重要影响。

产业链中不同的主体的成本状况不仅影响提供支付服务的成本，而且还影响对支付服务的需求。

---

① 目前，用贝宝可以向境内任何地方的任何人付款和收款，快捷、安全而且完全免费。详见 https：//www. paypal. com/cn/cgi－bin/webscr? cmd＝_ display－fees－outside。

1. 支付系统（第三方支付平台和银行）的成本

第三方支付平台的成本，包括一次性支出的固定成本和维护系统运行及提供支付服务的变动成本。固定成本在投入后即成为沉没成本，并具有规模经济效应，随着支付规模的扩大，每笔交易分摊的固定成本递减。运营成本不仅包括交易处理成本、系统维护费，还包括向银行支付的费用、促销费用等。

银行提供互联网支付的成本与第三方支付公司的成本项目基本一致，此外还有提供免息期的成本。

通常情况，支付系统的成本越高，决定了其支付系统的价格水平也越高，只有当价格高于其成本，才有利润空间。因此，从长期来看，在成熟的互联网支付市场中支付系统的成本是影响价格的重要因素。

2. 网上商家的成本

网上商家接受互联网支付的成本主要包括开发该项功能的固定投资和向支付平台缴纳的各种固定费用和变动费用；其次，是由于应用互联网支付中欺诈造成的损失。此外，还包括接受该种支付方式和选择该支付平台而放弃其他选择的机会成本。

从商户角度考虑，网上商户是否采用互联网支付，以及采用哪个支付平台，主要取决于其采用该支付方式和支付平台的净收益（总收益－总成本）。其成本越高，对该支付系统的需求越低。

从支付平台定价角度考虑，对于高成本的商户应给予较低的价格；而对于低成本的商户可以采取较高的价格水平。尤其是在市场不成熟阶段的差别定价更是如此。

3. 消费者的成本

消费者用银行卡进行互联网支付的成本主要包括：向支付平台缴纳的各种固定费用和变动费用；采用互联网支付由于欺诈造成的损失；接受该种支付方式和选择该支付平台而放弃其他选择的机会成本。

网上消费者的成本对支付定价及支付需求的影响基本与商户一致。对于消费者自身，是否采用互联网支付，以及采用哪个支付平台，主要取决于其采用该支付方式和支付平台的净收益。其成本越高，对该支付系统的需求越低。从支付平台定价来看，对于消费者的成本越高，应给予较低的价格；相反，则应采取较高的价格水平。

（二）需求

对于互联网支付服务的需求不仅取决于支付系统两端用户的需求，还取决于其价格弹性。

1. 支付系统各方的需求

支付系统的总需求取决于平台两端的需求。平台两端用户性质、规模、市场势力，不仅决定自身对平台的不同需求，而且还彼此影响对支付平台的需求意愿，最终影响支付系统的总需求，因此，平台两端用户性质不同、规模不同、市场势力不同，在定价中所起作用也不相同。

罗奇特和泰勒尔（2003）就消费者类型对银行卡定价的影响进行了研究。他们认为，控制性客户①、受控消费者②和多归属消费者的存在都会影响到银行卡的定价。

当支付平台中存在有影响力的客户时，会使得平台对商户更有吸引力，加入有影响力客户所属的平台可能成为商户竞争的策略性工具，从而商户会愿意为加入平台付出更高的成本。这种情况下支付平台就可以提高商户扣率，以降低向消费者提供服务的成本，消费者所支付的手续费也因此会降低。结果，形成较低的网上买家手续费、较高的商户扣率。

面对受控制的消费者，支付平台不必担心竞争对手的争夺会使得这部分用户流失，而可以更多地为争夺商户进行竞争。一般而言，这时支付平台可以提高支付手续费，降低商户扣率。相反，如果消费者不够"忠诚"，而对自身所面临的价格较敏感，面对价格下降，他们会迅速转向其他支付平台，则支付平台不敢随心所欲地提高支付手续费，这时商户扣率相对较高。

2. 支付系统各方的需求弹性

两端用户的需求弹性对平台竞争下的银行卡互联网支付定价也具有重要影响。这一点从罗奇特和泰勒尔（2003）一文的命题 3 和命题 4 中可以清楚地看到。例如，该文的命题 3 中，罗奇特和泰勒尔推导出封闭式银行卡系统竞争所形成的对称均衡定价满足公式：

---

① 所谓控制性客户是指对商品购买量较大的消费者。这类消费者无论是对商品本身价格还是对支付服务价格都有较高的需求弹性。

② 所谓受控消费者是指不论卡费如何变化，都会忠于同一个卡组织的消费者。

$$p_B + p_S - c = \frac{p_B}{\eta_B^o} = \frac{p_S}{(\eta_S / \sigma)}$$

显然，无论是对网上消费者端还是网上商户端，自弹性或弹性本身都对竞争所带来的价格具有重要影响。一般而言弹性越高，该端的定价越低。类似的结论在阿姆斯特朗（2005）、Chakravorti 和罗森（2006）对此也均有所论述。

（三）竞争

互联网支付市场及两端用户市场的竞争状况是影响其支付系统定价的又一个主要因素。主要包括支付工具、支付渠道的竞争，支付平台之间的竞争以及商户市场的竞争状况。

1. 支付工具的竞争状况

各种支付工具各有其特点、优势及使用范围，因此有其各自的适用范围。电子支付工具与传统支付工具相比，更适合于互联网支付。电子银行卡、电子货币、电子支票由于其各自的技术特点和适用对象的不同，适用范围也受到一定限制，相对而言目前银行卡适用范围更广泛。通常哪种支付工具、支付渠道成本越低、越方便快捷、越安全，就越具有竞争力，对客户的吸引力越强，相应的，其支付价格可以相对较高。

2. 支付平台的竞争状况

支付平台之间的竞争状况决定了互联网支付的定价方式、价格总水平、价格结构及社会福利。罗奇特和泰勒尔（2003）、格思里和赖特（2003）、Chakravorti 和罗森（2006）等人研究了平台竞争对价格结构以及社会福利带来的影响。得到的结论是，平台竞争可能会降低价格结构的效率和福利。在某些情况下，如果能保证支付平台的利润固定，那么平台竞争通常只会改变市场两端的价格结构。然而，更一般的情况下，如果利润不受限制，总价格下降的影响超过价格结构变动的影响时，竞争就可能会提高福利。

决定支付平台竞争力的主要因素包括以下几个方面。

第一，安全性是互联网支付的首要问题。如今影响互联网交易发展的最大障碍是消费者对网上欺诈和信息泄密的担心，而且这种担忧正影响着互联网作为零售渠道的发展。调查显示，没有互联网欺诈顾虑的消费者进行网上购物的次数是有这种担心的消费者购物的 2.3 倍。同时调查数据显示,在选择电子支付考虑的诸多因素中,64.5%的商户首选安全因素。39.8%的商户很关注电子支付是否快捷和方便。

互联网支付风险主要来自于两方面。一方面是系统风险。电子支付主要是服务于电子商务的需要,而电子商务在网络上的交易由于交易制度设计、技术路线设计、技术安全等方面的缺陷,可能导致交易中的风险。这种风险是电子商务活动及其相关电子支付独有的风险,它不仅可能局限于交易各方,而且可能导致整个支付系统的系统性风险。减少和消除支付信息被窃取,保证电子支付的安全性是获得客户忠诚的首要因素。第二个方面是信用风险。互联网支付拓展金融服务业务的方式与传统金融业务不同,其虚拟化服务业务形成了突破地域甚至国界限制的无边界金融服务特征,对金融交易的信用结构要求更高,金融机构可能会因此面临更大的信用风险。互联网支付的信用风险专指交易方在到期日不完全履行其义务的风险。社会信用体系的不健全是信用风险存在的根本原因,也是制约电子支付业务甚至电子商务发展的重要因素。

每个支付平台面临的社会信用风险是相同的,其安全性主要取决于支付平台的系统风险。安全性越高的支付平台其竞争力越强。

第二,快捷性。在关注安全的同时,电子支付的快捷和方便等因素也受到商户和消费者的重视。互联网支付的快捷性包括信息传输的简单、快捷和资金转移、清算、结算及到账的速度。如何让商户更安全地完成支付,同时又能保证这一过程快捷方便,这是互联网支付平台面临的一大挑战。通常,支付越快捷便利的互联网支付平台其竞争力越强。

第三,覆盖面。支付平台覆盖更多的商家,拥有更多商业银行的参与合作,覆盖更多的上网客户,是制胜的关键因素。由于互联网支付具有的网络(成员)外部性,不仅具有直接外部性而且具有间接外部性。表现在参与互联网支付的买方和卖方用户越多,支付平台越有价值,同时,平台一端用户越多对另一端越有价值。因此,覆盖面越宽的支付平台竞争力越强。

第四,产品差异化、多元化。电子商务包含不同的模式,因而也存在多样的电子支付需求。第三方支付平台应积极进行市场细分,找到"空白的市场",提供出与此匹配的产品和服务。因此,市场的变化性和竞争的激烈性要求第三方支付平台继续进行有效市场细分,提供相应的产品和服务，才能保证在竞争中具有一席之地。此外，多元化策略的意义是能满足更多用户的更多样支付需求，能够扩大用户基础。

因此，支付安全性越高、越快捷、便利、覆盖面越广且具有特色服务的支付平台，其竞争力越强，通常对于它所提供支付服务的收费水平可以相对较高。

3. 商户市场的竞争状况

格思里和赖特（2003）通过比较发现，无论银行卡系统是竞争还是垄断，商户垄断时银行卡的定价结构均对商户有利。在封闭式银行卡系统中，这表现为较低的商户扣率和较高的卡费，在开放式银行卡系统中则表现为较低的交换费。商户竞争则会降低受卡抵制力，因为受理银行卡是吸引消费者的策略性工具之一。这种情况下，"挖墙脚"效应会导致商户扣率或交换费趋高。阿姆斯特朗（2005）通过双寡头和垄断平台的比较，也得到了类似的结论。

（四）交叉外部性

阿姆斯特朗（2005）提出交叉外部性的相对大小会对银行卡的定价结构产生影响。他发现，如果平台一端的用户对另一端用户产生相对更强的正外部性，则前一端的用户就会成为平台竞争的目标。特别是在竞争性市场中，是一端用户为另一端用户所带来的收益，而非得到的收益决定了前一端用户的价格。一端用户带来的外部性收益越高，其价格越低。在银行卡产业中，如果消费者从与商户的互动中收益相对更多，成本相对更少，则消费者所面临的卡费就会更高一些。对于这一结论，从阿姆斯特朗（2005）一文命题2和命题3的结论中不难理解。

二、互联网支付定价方法

从国内外实践和理论研究看，互联网支付定价一般包括谈判、基于成本和最优定价（或称为拉姆齐定价）三种方法。一下分别对这些方法进行分析。

（一）谈判方法

根据科斯定理，如果产权清晰并可交易，且交易成本很小、信息完全，即使存在外部性，经双方协商能够达到帕累托最优。因此，对于互联网支付可以采用谈判方法确定交易价格，尤其对于支付平台的收费在商业银行和第三方支付公司之间的分配较为适合。当然，采用谈判方法时，可能产生合谋问题，提高零售价格，以此减少竞争。

（二）成本定价法

即互联网支付平台根据银行卡互联网支付的营运成本和变动成本来进行定价。其中营运成本指银行卡账户管理的各种作业成本（如开户、销户、接受和处理存款、支付利息以及在计算机上进行账户维护等），变动成本指支付给客户的存款利息。

如果市场竞争充分①，那么定价非常简单，此时价格都应该等于成本；但是如果存在市场支配权力，那么均衡定价非常复杂，与成本、需求、竞争等多种因素相关。赖特认为，单纯基于成本的交换费定价机制，不考虑价格变动对消费者的影响与商户对支付方式需求的影响，不会达到社会最优。

（三）拉姆齐定价

社会有效或拉姆齐定价。在不能采用谈判方法，并且需要考虑竞争等问题时，应该采用社会有效的定价原则，但采用这样的定价原则通常需要更多的信息。

拉姆齐定价的基本原则是：每种服务的价格都应对回收企业的固定成本做出贡献，并且尽量减少由此造成的经济扭曲。从资源配置效率的意义上讲，对那些消费者不愿付出高于边际成本价格很多的服务就少加价；对需求弹性相对较低的服务，应该对回收固定成本做出较大的贡献。也就是说，加价结构反映需求弹性结构，这与任何一个企业都相似。关于拉姆齐定价，已经在本书第四章的最优定价理论中有较为详细的说明，在此不多赘述。

考虑到限制企业信息租金的主要工具是利润分成机制，拉姆齐定价是以一种对消费决策扭曲最小的方式分配税负或加价。让·雅克·拉丰（Jean - Jacques Laffont）、让·泰勒尔（Jean Tirole）（1993）证明：在某些条件下，偏离拉姆齐定价不会减少信息不对称，也不会减少留给企业的信息租金，因而没有必要使收费偏离拉姆齐定价原则。进而得到分离原

---

① 如果零售市场竞争充分，但是接入市场竞争不充分，存在高接入定价问题，此时总利润为零，但是高接入价格对零售价格提供交叉补贴，如移动电话的竞争。本书的讨论已忽略这种情形。

则：价格的作用只限于资源配置，而利润分成工具则用来减少租金。

对于银行卡互联网支付，每个第三方支付公司需要与各家银行谈判，达成代理网关支付和转接协议，但因为不同第三方支付公司、不同银行的竞争地位不同，交易成本非常大，而且由于不对称信息和市场支配权力等因素，谈判很可能得到的并不是社会有效的结果，正因为如此，互联网支付定价有时需要一定程度的政府干预。

采用社会有效的定价原则当然是最佳的，但从实践角度，这种方法会带来很多操作上的问题，比如缺少必要的弹性信息和正确的成本信息，正是这个原因，妨碍了这种方法在实际中的应用。但需要强调的是，尽管可能缺少使用拉姆齐定价所需的完备信息，但这并不妨碍这种定价原则成为制定有效定价的指导原则。

第三节　银行卡互联网支付的定价理论及模型

回顾已有的银行卡定价方面的文献，大部分理论模型都是考虑从不同竞争状况下单一平台的角度出发进行分析的。而互联网支付最突出的特点就是多平台竞争。近年来罗奇特和泰勒尔（2003）、格思里和赖特（2003，2006）、阿姆斯特朗（2005）、Chakravorti 和罗森（2005，2006）等人已经开始对双边市场中平台竞争的问题进行分析，并且取得了一些进展，达成了部分共识。

罗奇特和泰勒尔（2003）提供了一个适用于各类市场的平台竞争一般模型框架。

一、基本模型

假设市场存在两个竞争平台，买方和卖方是异质的，其交易产生的剩余是随参与另一方数量的不同而不同。当交易发生在平台 i 上时，b_i^B 表示买方剩余；b^S 表示卖方剩余，并且是连续分布的。平台对买方和卖方的收费比率分别为 p_i^B 和 p_i^S。对于交易剩余为 b_i^B 的买者，只有当 $b_i^B \geq p_i^B$ 时消费者才愿意参与平台 i，如果 $b_j^B - p_j^B > b_i^B - p_i^B$，则卖者更愿意采用平台 j 上进行交易。同理，对于交易剩余为 b^S 的卖者，只有当 $b^S \geq p_i^S$ 时，才愿意在平台 i 上进行交易，如果 $p_j^S < p_i^S$，则更愿意在平台 j 上进行交易。

假设卖方隶属于两个平台，而买方只选择一个平台进行交易。买方的准需求函数为：$D_i^B = D_i^B (p_i^B) = \text{Pr} (b_i^B - p_i^B > 0)$ （16－1）

和 $d_i^B (p_1^B, p_2^B) = \text{Pr} [b_i^B - p_i^B > \max (0; b_j^B - p_j^B)]$ （16－2）

当卖者只隶属于平台 i 时，使用平台 i 的买者的比例为 D_i^B，当卖者隶属于多平台时，愿意使用平台 i 的买者的比例为 d_i^B。这些函数满足下列性质：

$$d_i^B \leqslant D_i^B \leqslant d_1^B + d_2^B \qquad (16-3)$$

假设 (b_1^B, b_2^B) 的分布是对称的，这就意味着需求函数也是对称的：$D_1^B (p^B) = D_2^B (p^B) \equiv \hat{D}^B (p^B)$，而且 $d_1^B (p_1^B, p_2^B) \equiv d_2^B (p_2^B, p_1^B)$。当 $p_1^B = p_2^B = p^B$ 时，可以简化为：$d^B (p^B) \equiv d_i^B (p^B, p^B)$。

二、价格对称的情况

假设价格对称，则：$p_1^B = p_2^B = p^B$，$p_1^S = p_2^S = p^S$。当 $b^S \geqslant p_i^S$ 时，则交易剩余为 b^S 的卖者同时隶属于两个平台，否则两个都不属于。每个平台的交易量等于：

$$Q = d^B (p^B) D^S (p^S) \qquad (16-4)$$

卖方的净剩余为：$V^S(p^S) = \int_{p^S}^{+\infty} D^S(t)dt$，同时买方的净剩余为：

$$V^B(p_1^B, p_2^B) = \int_{p_1^B}^{+\infty} d_1^B(t_1, p_2^B) dt_1 + \int_{p_2^B}^{+\infty} D_2^B(t_2) dt_2$$

$$= \int_{p_2^B}^{+\infty} d_2^B(p_1^B, t_2) dt_2 + \int_{p_1^B}^{+\infty} D_1^B(t_1) dt_1$$

三、非对称价格的情况

假设平台 1 的卖方价格低于平台 2 的卖方价格：$p_1^S < p_2^S$，交易剩余为 b^S 的卖方有三种选择：不参与任一平台；只隶属于平台 1；同时隶属于两个平台。即：

（1）当 $b^S \leqslant p_1^S$，卖方不参与任一平台。

（2）当 $b^S \geqslant \hat{b}_{12}$，卖方隶属于两个平台。其中：

$$\hat{b}_{12} \equiv \frac{p_2^S d_2^B - p_1^S (D_1^B - d_1^B)}{d_2^B - (D_1^B - d_1^B)} \qquad (16-5)$$

（3）当 $p_1^S < b^S < \hat{b}_{12}$，卖方只参与价格低的平台（这里是平台 1）。

通过削价竞争，每个平台都试图促使一些卖家（主要是隶属于多平台的）只归属于单一平台，这种策略被称之为"诱导"策略。同理得出 $p_1^S > p_2^S$ 的情况。当 p_1^S 和 p_2^S 收敛于价格 p^S，$\hat{b}_{12}$ 和 $\hat{b}_{21}$ 收敛于 p^S，得出公式 $\hat{b}_{12}$ 和 $\hat{b}_{21}$ 是连续的。用 σ_i 表示下列指数：

σ_i 为平台 i 的单一平台指数，在 [0；1] 区间内，是用来衡量平台 i 的消费者的"忠诚度"。当 $\sigma_i = 0$ 时，表示买者需求独立于卖家是否隶属于平台 i（$d_1^B + d_2^B = D_j^B$）；当 $\sigma_i = 1$ 时，表示当卖家不属于平台 i 时，买家也不参与平台 i（$D_j^B = d_j^B$）。在对称价格情况下（即 $D_1^B = D_2^B = \hat{D}^B$），得到：

$$\sigma_1 = \sigma_2 = \sigma = 2 - \frac{\hat{D}^B}{d^B}$$

在对称价格结构下，假设平台 1 价格 p_1^S 降低一个微小的量 ε，平台 1 从两方面增加了需求：一是吸引新商户（$p_1^S - \varepsilon \leq b^S < p_1^S$）；二是诱导以前隶属于多平台的商户转向该平台（$p_1^S < b^S < \hat{b}_{12}$）。假定，诱导效力取决于 σ_2：当 $\sigma_2 = 1$ 时为 0，当 $\sigma_2 = 0$ 时为无穷大。

要确定价格函数为 p_i^B 和 p_i^S 的平台上的交易量，在 $p_1^S \leq p_2^S$ 的情况下（$p_2^S < p_1^S$ 的情况可以对应得出），卖方的准需求函数 D^S 表示为：

$$D^S(p^S) = \mathrm{Pr}(b^S > p^S)$$

假设一个买者和一个卖者相遇的概率独立于各自隶属平台的类型，则平台总预期交易量为：

平台 1：$Q_1 = d_1^B(p_1^B, p_2^B) D^S(\hat{b}_{12}) + D_1^B(p_1^B)[D^S(p_1^S) - D^S(\hat{b}_{12})]$　　（16-6）

平台 2：$Q_2 = d_2^B(p_1^B, p_2^B) D^S(\hat{b}_{12})$　　（16-7）

其中 $\hat{b}_{12}$ 由公式（16-5）给出。

私有平台是以利润最大化来决定价格。平台 1 的利润为：

$$\pi_1 = (p_1^B + p_1^S - c) Q_1 \qquad (16-8)$$

由一阶条件得到对称均衡下的简化形式：

$$\frac{\partial d_i^b}{\partial p_i^b} D^S = (D^S)' \frac{(d^B)^2}{2d^B - \hat{D}^B}$$

或：

$$\left(\frac{2d^B - \hat{D}^B}{d^B} \right) \left(- \frac{\partial d_i^B / \partial p_i^B}{d^B} \right) = - \frac{(D^S)'}{D^S}$$

后一个公式中第一项是单一平台指数 σ，是衡量单一平台归属的消费者的比例。第二项是买方的自有品牌价格需求弹性：

$$\eta_o^B = - \frac{p^B \partial \ d_i^B / \partial \ p_i^B}{d^B}$$

最后一项是卖方的价格需求弹性比率。由此得到结论：私有平台竞争的对称均衡形式可以表示为：

$$\left(p^B + p^B - c \right) = \frac{p^B}{\eta_o^B} = \frac{p^S}{(\eta_o^B / \sigma)}$$

这一公式与垄断平台下的公式相同，不同在于：（1）在买方，需求弹性 η^B 由（更高的）自有品牌弹性 η_o^B 所替代；（2）在卖方，需求弹性 η^S 由等值的自有品牌弹性 η^S / σ 所替代，当所有买者都隶属于单一平台（$\sigma = 1$），自有品牌弹性和需求弹性一致，但由于隶属于多平台更为普遍（σ 减小），诱导概率增加了自有品牌弹性 η^S / σ。

四、线性需求

假设买方的需求可以用霍特林（Hotelling）模型表示，两个平台之间距离为 Δ，每个平台与最近的外部选择之间的距离为 δ，并服从均匀分布，但市场并非全部被覆盖（并非全部潜在的买者都购买）。

（1）买者的单一平台指数等于：$\sigma = \Delta / (\Delta + \delta)$，并随平台替代性的增强而降低；平台的诱导能力随买者的单一平台指数的减小而降低；在买方，总弹性等于自有品牌弹性乘以单一平台指数：$\eta^B = \eta_o^B \sigma$。

（2）在垄断平台、竞争性私有平台和竞争性竞合平台价格结构是相同的，满足：

$$\frac{p^B}{\eta^B} = \frac{p^S}{\eta^S}。$$

（3）如果卖方需求函数是线性的，则价格结构在三种情况下为拉姆齐最优。

（4）当且仅当 $\delta / 2$ 小于 $(1 + \sqrt{5}) / 2$ 时，价格向量满足二阶均衡条件。

五、消费者的不同类型对定价的影响

罗奇特和泰勒尔（2003）就消费者类型对银行卡定价的影响进行了研究。θ 是影响平台交易量的一个参数，令最终用户价格 p^B 和 p^S 变化一个微小的量 θ，其影响取决于市场结构（垄断或双头垄断）和平台的治理结构（营利组织和竞合组织）。

他们得出，控制性买者[①]、受控买者[②]和多归属消费者的存在都会影响到银行卡的定价。

（1）在垄断平台（营利组织或竞合组织）且对数需求函数为凹性的情况下，当存在控制性买者时，卖方价格增长；当存在受控买者时，卖方价格降低。买方价格朝相反方向变化。

（2）在竞合组织竞争的情况下，买方的多平台指数增加（需求弹性保持不变）导致买方价格增加、卖方价格降低。

通常，控制性买者使平台对卖者更具吸引力，使得平台对卖者的价格上升，则平台向买者提供服务的边际成本 $c-p^S$ 下降，因此买者的价格也就下降。对于受控买者，使得平台提高买者价格 p^B，由此降低了平台向卖者提供服务的边际成本 $c-p^B$，则卖者的价格也就降低。在竞争平台下一个必要条件，产生对诱导效应的补偿：每个平台的买方成员更多的唯一隶属于该平台，因此对卖方而言放弃该平台的成本也就更高。

（3）关于多归属问题，消费者多归属的增加会使商户的引导策略更有利可图，他们可以通过某些手段诱使多归属消费者采用商户扣率较低的银行卡类型，从而迫使卖方价格下降。

而阿姆斯特朗（2005）在关于双边市场下平台竞争的研究中，针对一端用户单归属，另一端用户多归属的情况，进一步提出了"竞争性瓶颈"的模型。所谓"竞争性瓶颈"，是指当一端用户单归属，同时另一端用户多归属时，平台就不必为吸引多归属一端的用户展开竞争。结果平台在单归属一端竞争激烈，以求独占单归属用户的接入权，单归属端的用户费率降低，福利提高；平台选择多归属端的用户数目，以最大化平台和单

---

① 所谓控制性买者是指对商品购买量较大的消费者。这类消费者无论是对商品本身价格还是对支付服务价格都有较高的需求弹性。

② 所谓受控买者是指不论卡费如何变化，都会忠于同一个卡组织的消费者。

归属端用户的联合剩余，多归属端用户的利益则被忽略。除非多归属端用户之间存在直接外部性[①]，否则给定每个平台中单归属端用户的数目，多归属端用户数目过少。这实际上意味着存在市场失灵：给定单归属一端的用户分布，多归属端参与人数目可能是次优的。这源于无效率的价格结构，即在平台竞争的情况下，一端用户单归属，另一端用户多归属，所造成的价格结构不但不利于多归属一端，对整个社会而言，也不是最优的。

Chakravorti 和罗森（2005）构建了为消费者和商户提供具有不同成本和收益的支付产品竞争平台的研究模型。研究了各类市场结构的均衡状态，包括双头垄断和卡特尔，对称和非对称平台，以及关于归属平台和消费者偏好假设。他们分析了竞争的支付平台对消费者和商户的福利、支付系统利润以及消费者和商户的相对价格的影响。发现竞争无疑能够改进消费者和商户的福利，而使支付系统利润下降；消费者和商户的价格比取决于各自利益的差别；更进一步发现，平台竞争的特点是价格竞争总是在市场当中隶属于单一平台的一方展开。如果消费者隶属于单一平台，商户隶属于多平台，竞争总是对消费者比对商户更有利。然而，他们忽略了商家接受其他支付产品的策略性因素。

实际上，互联网支付的消费者和商家在一定程度上都是多平台。但模型很难模拟出如罗奇特和泰勒尔（2003）指出的此种状况。

第四节　银行卡互联网支付产业策略及定价建议

通过对互联网支付产业、国外互联网支付定价的考察，以及我国目前互联网支付市场现状的分析，本节对第三方支付公司参与互联网支付产业的策略定位和定价提出建议。

一、新兴公司参与互联网支付产业的建议

（一）积极创新商业模式

目前一般的第三方支付公司参与互联网支付产业所采取的是网关型第

[①] 直接外部性是指网络规模越大，网络的价值越大。比如在电信网络中，入网用户越多，可以通话的对象越多，因此入网带来的收益越大。

三方支付商业模式，只提供集成支付服务，即实现一点接入，支持多种银行卡的网上支付。但这种商业模式首先由于受到我国社会信用体系不健全的限制，难以有效解决电子商务交易中双方信任问题，因而发展前景不大。其次，该模式是银行支付网关的延伸，与网银直联模式形成竞争，尤其是当商户成长为大商户，就可能直接采用网银直联模式以降低成本，因此其市场空间区域萎缩。再次，该商业模式进入壁垒更低，市场竞争更为激烈。此外，该商业模式服务单一、收入来源单一，附加值低，因而不具竞争力。因此，新进入该产业的公司必须延伸互联网支付产业链，开拓新的商业模式。

（二）拓展互联网支付服务领域

通过前面的分析可以看出，目前情况下提供实物交易的互联网支付领域收费极低，而对于金融产品、数字产品、票务等虚拟产品及服务的网上交易的支付价格较高，交易额巨大、利润可观，同时对于跨国交易、外币交易的支付价格较高。因此目前情况下，如果第三方公司能加大网上跨国交易、外币交易支付市场的开拓力度，拓展新的盈利空间；此外，虚拟产品交易支付市场在中国还存在很大的拓展空间。因此，新兴公司参与互联网支付市场的竞争策略是，不断针对性地开发新的支付产品，不断地占领高附加值的业务领域，以提升自身的盈利能力。

（三）对于网上商户的开发是客户开发的重点

通过前面对于互联网支付产业链中各方市场地位及作用的分析，我们得出结论，支付平台两端用户，网上商户对于支付平台的需求起决定作用，消费者处于被动选择地位。这是因为电子商务平台本身就是一个网上交易平台，其自身作为独立商户参与到支付平台中，自然带来了庞大的客户群，只要参与该交易平台的消费者自然只能选择该平台提供的支付平台。因此，对于第三方支付公司互联网支付市场策略，应把网上商户，尤其是控制性商户、大商户的开发作为重点，采取积极市场策略加大对于商户的开发力度，而消费者的开发更多是商业银行的事。

二、第三方支付公司定价策略建议

（一）短期内银联也应采取免费方式争夺市场份额

目前，在现有市场格局下，互联网支付市场竞争异常激烈，由于进入成本低，同时国家对此缺乏相应的准入限制，导致其进入壁垒（经济和政策）较低，而且市场前景巨大，因而不断有新的进入者，并存在较大的潜在竞争者，由此进一步加剧市场的激烈竞争。特别是目前国内互联网支付市场中，前两大第三方支付公司对两端客户均免费，并提供信用中介服务，由此较好地解决了市场信用问题。因此，银联作为网关型支付平台提供支付服务，要在市场中占有一席之地，应该接受行业领先的价格策略，采取免费的价格策略。

除了支付平台之间的激烈竞争，对于互联网支付市场中两端用户的转化成本极低，而且两端用户均属于多平台归属，因此两端用户子市场的竞争也决定了银联应遵循行业领先者的价格策略。

由此可见，在现有的市场格局和支付环境下，以前、现在和以后一段时间，为了培育市场，免费提供支付服务的定价策略将是有效的竞争策略，因而还是会持续；待市场成熟到一定程度后，针对特定行业的应用和产品创新才是有效的竞争手段，此时再收费也就是合理的了。

（二）市场培育阶段，对商户应采取更为优惠的价格策略

在市场培育阶段，网上商户对于支付平台的选择在一定程度上决定了市场对该支付平台的需求及市场地位，因此，网上商户，特别是有影响力的商户是平台重点争取的对象，应采取较为优惠的价格策略吸引网上商家的参与。

在互联网支付市场发展初期，支付平台提供的支付服务差异性不大，技术性、安全性也大同小异，价格竞争策略对于争夺市场份额更为有效，因此，对于互联网支付市场培育阶段，对于商户采取更为优惠的价格策略更为有效。

（三）进行市场细分，采取差别定价

首先，对于不同的业务领域，一是其市场利润率高低不同，如，通常情况下，金融产品的利润率水平比实物产品交易的利润率高很多；二是其互联网支付与传统支付成本差异较大，如电子客票交易；三是不同的业务领域采用互联网支付便利性的差异较大，如金融产品、数字产品、票务、游戏点卡等虚拟产品交易，由于其产品所具有的同质性更高、差异化更低，且不需要物流，因而比实物产品的交易更适合网上交易、网上支付，因而两端用户采用网上支付的意愿更强。因此，基于上述分析，可以针对不同业务领域，根据其利润空间、支付意愿所决定的价格弹性，采取差别

定价模式。

其次，对于不同类型的用户，采取差别定价。从网上商户来看，对于从事不同产业领域的商户，其价格弹性不同，如前面所分析的，提供虚拟产品的商户与实物交易的电子商务商户之间的不同；此外不同规模的商户，其价格弹性不同，因此，可以根据所掌握的这方面的用户信息，采取差别定价。

从网上消费者来看，其个人支付能力、支付意愿、消费偏好、效用评价、机会成本等方面存在较大差异，对于互联网支付的需求不同、价格弹性不同，可以对网上消费者高端用户（VIP用户）与低端用户，采取不同定价策略和服务内容，高端用户可以采取两部制定价，如较高的接入费、年费加交易费；而对于低端用户，可以采用线性定价。

（四）长期的价格策略将是PayPal的定价模式

从成本收益角度分析，目前互联网支付价格水平，对于第三方支付行业的收入规模、利润水平其实都不足以维持行业发展。第三方支付公司是通过吸引投资和未来上市的方式来解决当前开拓市场期间收支不平衡的问题。这种价格策略在短期内实现均衡，然而，这个行业不可能一直免费下去，待市场趋于成熟时，第三方支付公司应采取PayPal的价格策略，第二类差别定价，根据交易额的大小采取不同的价格折扣，同时向商户收费而非向个人收费，POS和互联网都一样，服务好商户，从商户赚取佣金，对个人免费。

第五节 本章小结

本章首先总结了国内外银行卡互联网支付公司市场竞争和定价现状特点，我们发现，相对于国外而言，中国目前互联网支付市场发展还很不成熟，市场竞争秩序也比较混乱。就定价模式而言，目前我国互联网支付对商户端的定价方式主要采取完全差别定价（一户一价）且定价缺乏透明度；从定价水平看，中国市场存在银行卡网上交易扣率低于传统POS交易扣率、外币交易高于人民币交易扣率、新的金融工具等虚拟商品或服务的扣率较高，以及一些支付凭借其暂时的融资结构优势提供免费服务并以此达到占领更大市场份额目的的情况。

在了解了所处的竞争环境之后，为了为第三方支付平台的定价提供分析的切入点，我们分别从平台的成本、需求、平台间竞争和外部性四个角度分析了影响银行卡互联网定价的关键因素，以及各种因素对价格的影响方向。其次，针对如何综合这些因素进行适当定价的问题，我们还从实践和理论指导的角度分别描述了谈判定价、基于成本定价和应用最优定价原则——拉姆齐定价方法。为了从更加具体的价格水平角度对定价进行深入分析，我们在介绍了互联网支付定价基本模型的基础上，还分别介绍了在对称价格、非对称价格、线性需求，以及考虑消费者不同类型对平台定价影响等几种情况的银行卡互联网定价模型，旨在为具体的定价考虑提供指导。

最后，我们根据从理论模型和国外相关经验所得到的启示，以及中国市场实践等情况，认为在市场定位与发展策略方面，新兴公司参与中国互联网支付应该重点考虑以下三个方面：一是对目前存在的各种商业模式缺陷的改进，也就是新型业务模式的探索；二是对新的服务领域的开发；三是在两端用户的开发方面要更加重视网上商户的开发。对于具体的定价而言，我们认为，在目前市场环境下，为了长远发展短期内也有必要采取免费服务以增加平台吸引力的策略；从网上商户对平台的重要性角度考虑，应该适度降低商户扣率；具体对与商户而言应该实行行业等商户细分，进行适度的差别定价；就长期来看，目前美国市场 PayPal 的定价模式值得借鉴。

主要参考文献

1. Akers, Douglas, Jay Golter, Brian Lamm and Martha Solt, 2005, "Overview of Recent Developments in the Credit Card Industry", *FEIC Banking Review*, Vol. 17, No. 3.

2. Armstrong, M., 2005, "Competition in Two – sided Markets" [J], *RAND Journal of Economics*, forthcoming.

3. Armstrong, M. and Wright, J., 2005, "Two – sided Markets, Competitive Bottlenecks and Exclusive Contracts" [R], mimeo, University College London and National University of Singapore.

4. Baxter, W. F., 1983, "Bank Interchange of Transactional Paper: Legal and. Economic Perspectives" [J], *Journal of Law & Economics*, Vol. 26, No. 3.

5. Ben S. Bernanke, 2008, "Financial Regulation and Financial Stability", *BIS Review 78/2008*.

6. Caillaud, B. and Jullien, B., 2001, "Chicken & Egg: Competing Matchmakers" [R], mimeo, IDEI and GREMAQ, Toulouse.

7. Caillaud, B. and Jullien, B., 2003, "Chicken & Egg: Competition among Intermediation Service Providers" [J], *RAND Journal of Economics*, Vol. 34, No. 2.

8. Carlton & Picker, 2007, "Antitrust and Regulation", NBER Working Paper 12902.

9. Catharine Lemieux, 2003, "Network Vulnerabilities and Risks in the Retail Payment".

10. System, Federal Reserve Bank of Chicago, Emerging Payments Occassional Papers Series, 2003 – 1F.

11. Chakravorti, S. and Emmons, W. R. , 2001, "Who Pays for Credit Cards?" [C], Emerging Payments Occasional Paper Series, Federal Reserve Bank of Chicago.

12. Chakravorti, S. and Roson, R. , 2006, "Platform Competition in Two – Sided Markets: The Case of Payment Networks" [J], *Review of Network Economics*, Vol. 5, Issue 1.

13. CHANG, Evans and Swarts, 2005, "The Effect of Regulatory Intervention in Two – sided Markets: An Assessment of Interchange Fee Capping in Australia", LECG. LLC, Sep. 2005.

14. Cirasino and Guadamillas, 2007, "Reforming Payments and Securities Settlement systems in Latin America and the Caribbean", The World Bank.

15. Claudio Borio, 2003, "Towards a Macro – prudential Framework for Financial Supervision and Regulation".

16. David Balto, 2000, " The Problem of Interchange Fees: Costs Without Benefits?" http: //www. fmi. org/docs/interchange/baltoRKMC. pdf.

17. David S. Evans and Richard Schmalensee, 2005, "The Economics of Interchange Fees and Their Regulation: An Overview", http: //www. kansascityfed. org/PUBLICAT/PSR/Proceedings/2005/Evans – Schmalensee. pdf.

18. David T. Llewellyn, 2006, "Institutional Structure of Financial Regulation and Supervision: The Basic Issues".

19. Emília Zimková and Viktória Vargová, 2006, "Trends in Institutional Structure of Financial Regulation and Supervision in European Union", BIATEC, Volume XIV, 5/2006.

20. Epstein and Brown, 2006,"The War On Plastic", Regulation, Fall 2006.

21. Evans, 2006, "Turbulent Times: Recent Developments in the Payment Card Business in the United States and European Community".

22. Evans and Schmalensee, May 2005, "The Economics of Interchange Fees and Their Regulation: An Overview", MIT Sloan Working Paper 4548 – 05.

23. Ans, Joshua S. , and Stephen P. King, 2003, Approaches to Regulating Interchange Fees in Payment Systems, Review of Network Economics, Vol. 2, No. 2.

24. Garcia Swartz, Daniel D. , Robert W. Hahn, and Anne Layne – Far-rar, 2004, The Economics of a Cashless Society: An Analysis of the Costs and Benefits of Payment Instruments, AEI – Brookings Joint Center for Regulatory Studies.

25. Geradin and Sidak, 2003, "European and American Approaches to Antitrust Remedies and The Institutional Design of Regulation in Telecommuni-cation".

26. Goodhart, C. A. E. , Schoenmaker, D. and Dasgup ta, P. 2001, "The Skill Profile of Central Bankers and Supervisors". *London School of Economics*.

27. Guthrie, G. and Wright, J. , 2003, "Competing Payment Schemes" [R], Working Paper No. 0311, Department of Economics, National University of Singapore.

28. Guthrie, G. and Wright, J. , 2006, "Competing Payment Schemes" [J], *Journal of Industrial Economics*, forthcoming.

29. Hunt, Robert M. , June 2003, "An Introduction to the Economics of Payment Card Networks", *Review of Network Economics*, Vol. 2, Issues 2.

30. Hausman, Jerry, Jeffrey Yu Hu, and Xinzhu Zhang, 2004, Economic Analysis of Wireless Point of Sale Payment in China, Working Paper, MIT and RCRC of CASS.

31. Hayashi, Fumiko and Weiner, Stuart E. , 2006, "Interchange Fees in Australia, The U. K. and The U. S. : Matching the Theory and Practice", *Economic Review*, Third Quarter, 2006.

32. Hayashi, Fumiko and Weiner, Stuart E. , 2006, "A Guide to the ATM and Debit Card Industry—2006 Update".

33. James. M. Lyon, June 2006, "The Interchange Fee Debate: Issues and Economics ", Federal Reserve Bank of Minneapolis, http: // www. minneapolisfed. org/pubs/region/06 – 06/ interchange. cfm.

34. Jayawardena, Kapila, 2005, "Global Trends in Financial Regulation and Supervision".

35. Katz, Michael L. , 2005, "What Do We Know About Interchange Fees

and What Does It Mean for Public Policy".

36. Kenneth N. Kuttner and James J. McAndrews, December 2001, "Personal On – Line Payments", *FRBNY Economic Policy Review* .

37. Knight, Malcolm D. , Oct. 2006, "Marrying the Micro – and Macro – prudential Dimensions of Financial Stability: Six Years On", Speech at the 14th International Conference of Banking Supervisors.

38. Litan and Pollock, 2006, "The Future of Charge Card Networks", AEI – Brookings.

39. Matues, C. , and A. Padilla (1994), Shared ATM Networks and Banking Competition, European Economic Review 38. Joint Center for Regulatory Studies, Working Paper 06 – 03.

40. Melanie S. Milo, 2007, " Integrated Financial Supervision: An Institutional Perspectives for The Philippines ", ADB Institute Discussion Paper No. 81.

41. Muris, Timothy J. , 2005, "Payment card Regulation and the (Mis) Application of the Economics of Two – sided Market", Columbia Business Law Review, Vol. 2005, No. 3.

42. Northcott, Carol Ann, 2004, "Competition in Banking: A Review of Literature", Bank of Canada, Working Paper 2004 – 24.

43. Oosterloo, S. and de Haan, J. , (2003), "A Survey of International Frameworks for Financial Stability", Occasional Studies Vol. 1/No. 4, De Nederlandsche Bank, Amsterdam.

44. Owen, Bruce M. , 2005, "Competition Policy in Emerging Economics", SIEPR Discussion Paper No. 4 – 10.

45. Stijin Claessens, Dec. 2006, "Current Challenges in Financial Regulation", WPS4103.

46. RBA, December 2001, "Reform of Credit Card Schemes in Australia I – A Consultation Document".

47. RBA, May 2007, "Reform of Austrailian's Payment System—Issues for the 2007/08 Review".

48. Rochet, J. C. and Tirole, J. , 2002, "Cooperation among Competitors:

Some Economics of Payment Card Associations" [J], *RAND Journal of Economics*, Vol. 33, No. 4.

49. Rochet, J. C. and Tirole, J. , 2003, "Platform Competition in Two – Sided markets" [J], *Journal of European Economic Association*, Issue 1.

50. Rochet, J. C. and Tirole, J. , 2004, "Two – sided Markets: An Overview" [R], IDEI Working Paper.

51. Rochet, J. C. and Tirole, J. , 2005, "Two – sided Markets: A Progress Report" [R], IDEI Working Papers 275, IDEI, Toulouse.

52. Rochet, Jean – Charls, 2007, "Competing Payment System: Key Insights From the Academic Literature", Conference Paper, Payment System Review Conference, Sydney, Nov. 29, 2007.

53. Rysman, M. , 2004, "Competition between Networks: A Study of the Market for Yellow Pages" [J], *Review of Economics Studies*, Vol. 71, No. 2.

54. Schmalensee, R. , 2002, "Payment Systems and Interchange Fees" [J], *The Journal of Industrial Economics*, Vol. 1, No. 2.

55. Schwartz, M. and Vincent, D. , 2002, "Same Price, Cash or Card: Vertical Control by Viscusi and Vernon, 1995, "Economics of Regulation and Antitrust", The MIT Press, Cambridge, Massachusetts, London, England.

56. Steven Semeraro, March 2007, "Credit Card Interchange Fees: Three Decades of Antitrust Uncertainty", http: //works. bepress. com/context/steven – semeraro/article/1000/type/native/viewcontent.

57. Suit Chakravorit and Roberto Roson, 2006, "Platform Competition in Two – Sided Markets: The Case of Payment Networks", *Review of Network Economics*, Vol. 5, Issue 1 – March 2006.

58. Swartz, Hahn and Layne – Farrar, 2006, "The Move towards a Cashless Society: A Closer Look at Payment Instrument Economics", *Review of Network Economics*, June 2006.

59. Tan, Guofu, 2004, Recent Developments in Industrial Economics: A Selective Review, USC Working Paper.

60. Weiner and Wright, 2005, "Interchange Fees in Various Countries: Developments and Determants", Federal Reserve Bank of Kansas City, Working

Paper 05 – 01.

61. Winston, Cliford, 2006, "Government Failure versus Market Failure – Microeconomics Policy Research and Government Performance", AEI – Brookings Joint Center for Regulatory Studies, Payment Networks [R], Georgetown University Department of Economics.

62. Wright, J., 2003, "Optimal Card Payment Systems" [J], *European Economic Review* (47).

63. 陈野华:《西方货币金融学说的新发展》, 西南财经大学出版社 2001 年版。

64. 江其务:《中国金融监管实证分析》, 载李扬等主编《中国金融理论前言Ⅱ》, 社会科学文献出版社 2001 年版。

65. 王俊豪:《政府管制经济学导论——基本理论及其在政府管制实践中的应用》, 商务印书馆 2001 年版。

66. 顾敏康、王天:《从澳大利亚法律改革看香港普通法的发展方向》,《法学》2003 年第 1 期。

67. 吕廷杰:《中国电子商务的支付问题研究——网上支付和第三方支付》, 北京邮电大学研究报告。

68. 苏同华:《金融监管模式的国际比较及其启示》,《华东师范大学学报》, 2003 第 3 期。

69. 项卫星、李宏瑾:《当前各国金融体制安排及其变革——兼论金融监管体制安排的理论模式》,《世界经济》2004 年第 9 期。

70. 于立:《规制经济学的若干基本概念及其关联》, 东北财经大学出版社 2006 年版。

71. 张昕竹:《中国银行卡交易定价机制研究》, 中国社会科学院规制与竞争研究中心工作论文, 2005 年。

72. 张昕竹:《ATM 跨行查询收费》, 中国社会科学院规制与竞争研究中心工作论文, 2006 年。

73. 张昕竹、J. 豪斯曼:《我国基准结算价格研究, 提交给信息产业部的研究报告》, 2003 年。

74. 中国基础设施产业政府监管体制改革课题组:《中国基础设施产业政府监管体制改革研究报告》, 中国财政经济出版社 2002 年版。